dtv

»Alles machten sie mit mir, sagt Silvia Tolchinsky, alles, einzig auf ihr elektrisches Bett legten sie mich nicht. Mit dir, sagten sie, haben wir Besseres vor.« Erwin Kochs mehrfach ausgezeichnete Reportagen sind meisterhaft gestaltete Literatur. Lebensgeschichten – verborgene und prominente, tragikomische und mörderische – sind ihr Stoff. Wie das Porträt von Stepan, der sich fünfzig Jahre auf einem Dachboden versteckte. Oder das von Markus T., der sich scheinbar widerstandslos von seiner Frau und deren Liebhaber töten ließ. Oder wie die Geschichte von Silvia, einem Folteropfer der Militärdiktatur, die Kochs hoch gelobtem Romandebüt ›Sara tanzt‹ zugrunde liegt. »Sprachlich brillant und luzide zeigt Erwin Koch eine erstaunliche Fähigkeit zur Einfühlung.« (Frankfurter Allgemeine Zeitung)

Erwin Koch, geboren 1956, lebt in der Nähe von Luzern. Er ist Journalist und schreibt Hörspiele und Reportagen. Von 1984 bis 1990 war er Redakteur, seit 2002 ist er Reporter für ›Das Magazin‹ des ›Tages-Anzeigers‹, dazwischen schrieb er u. a. für ›Die Zeit‹, ›Geo‹ und das ›Frankfurter Allgemeine Zeitung Magazin‹, 1999 bis 2002 war er Reporter beim ›Spiegel‹. Er wurde mehrfach ausgezeichnet, u. a. zweimal mit dem Egon-Erwin-Kisch-Preis.

Erwin Koch

Wir weinen nicht

Zeugnisse, Berichte, Reportagen

Deutscher Taschenbuch Verlag

Ungekürzte Ausgabe
Mai 2004
Deutscher Taschenbuch Verlag GmbH & Co. KG, München
www.dtv.de

Quellennachweis siehe S. 255
Umschlagkonzept: Balk & Brumshagen
Umschlagfoto: © Photonica/Elke Hesser
Gesetzt aus der Sabon Antiqua 10/12,25·
Gesamtherstellung: Druckerei C. H. Beck, Nördlingen
Gedruckt auf säurefreiem, chlorfrei gebleichtem Papier
Printed in Germany · ISBN 3-423-20703-5

Inhalt

Dolores

Ihre Stimme war die Stimme eines Kindes, sie sprach leise. Dann schwieg sie, starrte in die Wand, und vielleicht verschwand sie darin. Irgendwo gingen Schritte. Dolores sei ihr Name. Sie sagte: Ich gehe in keine Restaurants. Das Gezerre ertrage ich nicht.

Die Frau saß in der Küche, die Ärmel des schwarzen Pullovers über beide Hände gezogen. Maria möchte Kuchen und Xenia Wein und Doris eine Portion Himbeereis, immer bestellt Doris Himbeereis. Nicole ekeln die Aschenbecher, und Simone will an einen Tisch, wo alle Männer sie sehen. Dolores L. hält diesen Hader nicht aus.

Bürgerkrieg in ihrem Innern.

Denn Dolores ist nicht nur Dolores. Sie ist viele. Eine multiple Persönlichkeit. Wie vierzigtausend andere Deutsche, schätzt man, wie dreihunderttausend Menschen in den USA. Sie fuhr sich mit der Hand übers Gesicht, als wäre sie nicht sicher, ob sie eines habe. Dünne Haut. Blasse Lippen.

Multipel ist, definiert das ›Diagnostische und Statistische Manual psychischer Störungen‹, wer in sich die Existenz von zwei oder mehr unterschiedlichen Persönlichkeiten oder Persönlichkeitszuständen aufweist und mindestens zwei dieser Persönlichkeiten wiederholt die vollständige Kontrolle über das Verhalten des Individuums übernehmen.

Sie kauerte auf einem Stuhl, wußte nicht, wohin mit Kopf und Händen. Manchmal schüttelte sie das Haar aus der Stirn. Der Kaffee war kalt, der Kuchen unberührt. März 1996, ein

Wochenende in Deutschland. Die Tochter, sagte Dolores L., habe sie weggebracht, um ihre Geschichte ungestört auf Tonband zu reden. Der Ehemann, der sie für eine Simulantin halte, sei im Ausland, zum Glück. Falsch, widerrief sie, eigentlich habe sie gar keine Geschichte. Ein weißes Nichts sei sie.

Am Anfang der Multiplen Persönlichkeitsstörung steht das Unerträgliche, die Verletzung der Seele, vielleicht auch des Körpers. Das Trauma. Mit solcher Heftigkeit tritt es ins Leben eines Menschen, daß der nur den Ausweg weiß, sich aus Schmerz und Demütigung wegzuphantasieren, sich gleichsam totzustellen wie ein Tier, auszuklinken aus der realen Welt, um eine neue zu bevölkern. Ein Mensch gerät außer sich. Sein Bewußtsein spaltet sich auf, multipliziert sich. Aus dem Ich wird ein Wir, aus dem Individuum Individuen, jedes mit Namen und eigener Identität, eine Doris, eine Simone, Edith, Nora, Xenia, eine ganze Menschengemeinde in einem einzigen Körper. Sie habe einst, sagte die Frau in einer gelben Küche, aus ihrem Körper aussteigen können, um auf ihn hinunterzuschauen, wenn der Vater mit dem Stock ausholte. Ins Muster der Tapete habe sie sich verwandeln können, in einen Tiger, als er ihr den Zahn ausschlug. Da war kein Schmerz mehr, nur noch der Schweiß des Vaters, wenn er nachts in ihr Bett schlich.

Einmal sagte die Mutter zu ihrem Mann: Schlag mir bloß das Kind nicht tot!

Mehr sagte sie nicht.

Maria.

Wer ist Maria?

Maria, antwortete Dolores L. mit der Stimme einer Vierjährigen, ist ein Mädchen, vier Jahre alt. Sie entstand als erste. Als mein Bruder geboren wurde. Meine Mutter war im Krankenhaus, ich mit dem Vater alleine. Damals wurde ich krank, es war Nacht, und der Vater brachte mich zum Arzt. Der Arzt berührte mich, und ich schrie und schrie

schrie schrie schrie. Der Vater schämte sich. Zu Hause schlug er mich blau. Und da kam Maria hinzu.

Wie ist sie?

Maria ist ein trauriges Kind, ganz ruhig. Traurig, mit großen Augen. Maria spielte oft mit Linda. Linda ist meine Tochter. Und wenn Maria mit Linda spielte, sagten die Leute: Was hat diese Mutter doch für ein kindliches Gemüt. Niemand wußte, daß ich Maria war.

Dolores L. ist dreißig Jahre alt. Einige derer, die sie ist, sind Linkshänder, einige sprechen Spanisch, andere verstehen kein Wort davon. Manche kennen sich in der Stadt, in der sie lebt, gut aus, andere getrauen sich nicht über die Straße. Manchmal schreibt eine ins Tagebuch, das Dolores L. im Keller aufbewahrt, und je nachdem, wer sie gerade ist, berichtet sie in einer anderen Schrift und Sprache.

Sind Sie oft Maria?

Maria meldet sich nur noch selten. Sie ist nichts als traurig.

Gibt es auch eine Lustige?

Nora.

Sie schwieg und zeichnete mit einem Finger den Quadraten nach, die aufs Tischtuch gedruckt waren, zog ihn wieder in den Ärmel zurück. Die Frau war schmal. Wenn sie redete, schien es, als schmerzte sie jedes Wort.

Darauf aber, wieso der eine Mensch multipel wird, wenn sein Leben zum Trauma gerät, der andere hingegen nicht, weiß niemand eine Antwort. Die Verletzlichkeit der Seele läßt sich nicht berechnen. Nur Kinder, nicht älter als fünf Jahre, sind imstande, ihr Bewußtsein entscheidend aufzufächern. Denn nur als Kind besitzt der Mensch die unbewußte Fähigkeit zur Selbsthypnose, jenes schöpferische Talent, sich so lange wegzudenken, bis vielleicht der Spielkamerad, der einem gerade fehlt, in der Imagination ersteht.

Je früher jemand dem Unerträglichen begegnet, desto größer ist die Wahrscheinlichkeit, daß sich sein Bewußtsein multipliziert. Ständig neu. Mit der Zeit selbst dann, wenn keine Traumatisierung mehr passiert. Der Prozeß, sich in einer Mehrzahl von Identitäten zu erlösen, droht unumkehrbar zu werden.

Nie, sagte die Frau, sei sie sich so mächtig vorgekommen wie damals, als sie die Suppe aufs Tischtuch leerte. Als sie mit der Gabel ihre Puppe aufspießte. Sich mit einer Schere die Finger zerstach und das Blut über die Bettdecke spritzte. Und dabei lächelte, weil sie wußte, daß die Schläge ihr nicht mehr weh tun konnten. Denn Dolores L. war bereits einige andere. Eine Dolores gab es nicht mehr in diesem Verein. Dolores war nur der Name für die Außenwelt, Buchstaben auf dem Schulheft.

Dolores gab es nicht mehr.

Nora ist das Naturkind. Sie hat lange Haare, sie liebt das Meer und ihren Körper. Sie ist die fröhlichste von uns.

Wie alt ist Nora?

Sechzehn.

Wie entstand sie?

Die Frau schloß die Augen. Sie versuchte zu sprechen. Schluckte. Sie zog sich den Schal vor den Mund. Erinnerung bedeutet Wiederholung des Unerträglichen. Seit drei Jahren ist Dolores L. in Therapie, seit Jahren kennt sie die Diagnose, versucht sie die Teile in sich zusammenzubringen, ihre Personen miteinander zu versöhnen, die traurige Nina mit der lustigen Nora, die kluge Xenia mit dem Jungen, der weder Haare noch Namen hat, Doris, die Verletzte, Simone, die Nutte, die alle verachten.

Eines Tages sagte der Großvater: Die Augen dieses Kindes halte ich nicht mehr aus.

Was sagten die Eltern?

Sie schwieg lange.

Nora entstand, als ich mit meinem Vater in Spanien war. Ich war sechzehn, und dort verkaufte er mich seinen Freunden. Nora ging oft am Meer spazieren, und der Wind blies ihr ins Haar. Dann riß sie aus, reiste alleine nach Hause, und die kleine traurige Maria schrie, und der Junge ohne Haare schrie, alle wollten sie nach Hause, und zu Hause sagte die Mutter: Da bist du ja, du Hure.

Nicht physische Gewalt allein führt zur Aufspaltung eines Bewußtseins. Auch die Gleichgültigkeit jener, die das Kind bedingungslos liebt, der Eltern. Verharmlost zum Beispiel die Mutter, was das Kind ihr als reale Erfahrung hinterbringt, den Mißbrauch durch den Vater, Großvater, Onkel, oder leugnet sie ihn gar, bleibt ihm nur der Glaube, es, das Kind, lüge. Denn Eltern lügen nicht. Niemand hilft. Und die Wirklichkeit bringt um. Eine Konfusion, die ihren Ausgang in der Zersplitterung des kindlichen Bewußtseins sucht.

Mit zwölf kam Nicole zu uns.

Die Frau stand auf, legte sich die Arme um die Brust, als friere sie. Sie ging einige Schritte, sah in den Hof hinunter, murmelte etwas oder atmete laut, setzte sich wieder. An der Wand hing eine Uhr, schlug die Zeit in Splitter.

Nicole ist das Burgfräulein. Sie lebt mit ihrem Vater in einer Burg, Nicole darf keine Kinder mit nach Hause nehmen. Alles ist edel und schön und voller Musik. Nicole ist zwölf Jahre alt, und sie tafelt mit ihrem Vater an einem langen Tisch. Der Vater ist ein lieber alter Burgherr. Der sagt immer: Hier dürfen keine Fremden rein.

Eines Nachts, vielleicht vor einem Jahr, stand Xenia plötzlich auf, die Kluge, die viele Bücher liest und Klavier spielen kann, und schrieb ein Gedicht. Sie schrieb es wie im Rausch, gab ihm keinen Titel:

bohrt sich ein fleischiger finger ins hautgehäuse.
zuckt durch den mund.
vielbeinig.
verschenkt sich die milchstraße an meinen gaumen.
unhörbar getrunken.
schwimmt im erbrochenen.
der vernichtete körper.

Die meisten Multiplen sind Frauen. Das hat nicht allein damit zu tun, daß Mädchen häufiger sexuell mißbraucht werden als Buben. Und daß Frauen sich eher zum Arzt wagen als Männer. Wahrscheinlich ist bei der Entstehung von MPS, der Multiplen Persönlichkeitsstörung, auch eine kulturelle Prägung von Gewicht, wonach bereits weibliche Kinder Unerträgliches eher zu erdulden suchen. Während männliche oft abwehren, zurückschlagen.

Als Dolores zehn Jahre alt war, hörte sie zu sprechen auf. Die Eltern brachten sie in eine psychiatrische Klinik, dort blieb sie während Monaten, redete nicht, stolz darauf, daß keiner merkte, daß sie viele war. Fünfzehnjährig, Gymnasiastin und längst drogensüchtig, fragte sie ein Lehrer, ob sie schwanger sei. Sie war es. Und wußte nicht, von wem.

Multiple verlieren Zeit. Ihre Personen kennen einander in der Regel nicht. Bestimmt die eine das Verhalten und Fühlen, wissen die anderen, die weggetaucht sind, nicht, was während dieser Spanne geschieht. Manchmal lade ich jemanden ein, und wenn er dann vor der Tür steht, weiß ich nicht, wer das ist. Letzthin kam die Schwiegermutter, und sie war mir fremd wie eine Frau auf der Straße. Manchmal helfe ich mir mit einem Zettel: Ich bin schon einkaufen gewesen! oder: Der Milchmann hat graue Haare! Manchmal führt mich die kleine Maria ins Kasperletheater, und plötzlich bin ich Xenia, die sich schämt, unter Kindern zu grölen. Manchmal gehe ich ins Kino und kaufe sechs Eintrittskarten. Eine für jede von uns.

Das Kind in ihrem Bauch war sechs Monate alt, als es starb. Heroin. Dolores L. lag im Krankenhaus, die Ärzte leiteten eine Geburt ein. Ihr totes Kind sah sie nur kurz, und sie glaubte, es sei ein Monster, und sie schrie und schrie und sah eine Puppe, die einer Frau gehörte, die im Nebenbett lag, sie sah diese Puppe und wollte sie haben, nichts lieber als diese Puppe, dann war plötzlich Doris da. Doris, die Verletzte, die immer nur Himbeereis will, Himbeereis. Die sich ekelt vor Milch und Quark und weißem Joghurt und glaubt, Blut fließe ständig aus ihrem Unterkörper, Schlangen kröchen daraus und Käfer. Die sich nachts den Bauch und die Arme mit Zigaretten verbrennt. Immer nur Himbeereis.

Die Frau in der Küche zog sich wieder den Schal vors Gesicht, schaute in die Wand, unbeweglich, jagte nach Luft, dünn und körperlos.

Es gibt ein Wort, das konnte ich bis vor einem halben Jahr nicht aussprechen.

Welches Wort?

Vater, piepste es aus ihr.

Eines Tages, vom Therapeuten geführt, habe sie Nicole gesehen, auf dem Boden liegend, Parkett, Kinderzimmer. Der Vater über ihr, die Hose geöffnet. Er sagte: Schluck's! Schluck das! Und Nicole hat es gekotzt. Und er hat sie wieder geschlagen, bis er müde war. Böser lieber Vater. Neulich, keine zwei Monate her, hat er ihr angeboten, ihr von seinem Blut zu spenden, als sie nach einem Unfall im Spital war. Blut von diesem Mann! Alles, Kopf, Bauch und Leben, drehte sich im Kreis: Siehst du, das hast du alles nur erfunden. Vati liebt dich. Luder, Lügnerin, Nichtsnutz. Schlag mir bloß das Kind nicht tot. Da bist du ja, du Hure. Vati liebt dich doch. Schluck's. Erstunken. Sie nahm das Blut eines Unbekannten.

Zwar entdeckte bereits vor mehr als hundert Jahren der Franzose Pierre Janet, ein Theoretiker des Unbewußten, das Phänomen der Multiplen Persönlichkeitsstörung an seinen berühmten Versuchspersonen Lucie, Leonie und Rose, und doch ist MPS hierzulande über die Zweifel der Schulpsychiater nicht erhaben. Die erkennen in Multiplen besonders halluziniertüchtige Schizophrene, die zudem falsch behandelt würden, indem deren Ärzte so lange auf die Patienten einredeten, bis diese nicht mehr anders könnten, als schmerzhafte Stimmungen in Charaktere oder Personen umzuformen. Zum Gefallen der Therapeuten.

Folgerichtig läßt sich keines der drei großen deutschen

Lehrbücher über den Begriff näher aus. In der Tat fechten jene, welche die Wirklichkeit der Multiplen Persönlichkeitsstörung behaupten, wider schwer Verrückbares: eine deutsche Lehrmeinung.

Dem Menschen, im Unerträglichen gefangen, stehen zwei Möglichkeiten offen, sein Elend zu bewältigen. Entweder verkleinert er die Welt, verdrängt Teile aus ihr. Oder er vergrößert sie, zersetzt die Welt mit dem Sprengstoff der Phantasie, schönt die Realität. Erstes, so nun das Dogma, führe zu einer Neurose. Die sei seelisch begründet, durch eine exogene Irritation verursacht, psychotherapierbar. Das zweite, die Rettung ins Phantastische, habe einen genetischen Defekt zum Ursprung oder eine physiologische Stoffwechselstörung, sei also körperlich bedingt, demnach medikamentös behandelbar.

Multiple gleichen in ihrem Verhalten Schizophrenen. Zwar haben sie keine Wahnsysteme, fühlen sich nicht von wilden Tieren verfolgt oder von Marsmenschen, Giften, radioaktiven Strahlen. Aber das lindert nicht die Not ihrer Vertreter, die zu beweisen versuchen, daß Multiple in der falschen Schublade des Psychiatriebetriebes abgelegt werden. In der Schublade der körperlich Defekten. Wo doch am Anfang die Verletzung der Seele stehe.

Leichter tut man sich damit anderswo. In Kanada, den Niederlanden und den USA gibt es mittlerweile für multiple Persönlichkeiten eigene Kliniken, in Amerika seit 1984 auch eine entsprechende Gesellschaft, die viertausend Mitglieder zählt. In der Schweiz jedoch, ergab eine Umfrage, haben neun von zehn Psychiatern noch nie eine Multiple gesehen.

Bei meiner ersten Periode sagte mir die Mutter: Jetzt bist du eine richtige Frau. Da rannte ich los, ging auf die Straße und verkaufte mich. Einmal sagte sie: Du hast den Körper deines Vaters! Immer sagte sie das. Und dein Bruder hat den Körper seiner Mutter! Immer hatte ich dieses Ekelgefühl, heute noch. Mein Körper ist sein Körper. Ich glaubte, an meinem Bauch hingen Männerbeine. Ich ekelte mich vor meinem Körper. Vor diesem Bauch, vor diesen Beinen. Zog mich nur aus, wenn alle Fenster verdunkelt waren. Wenn ich mich nicht sah. Ganz schnell. Vielleicht zehnmal am Tag, weil jede andere Kleider wollte.

Wer von Ihnen ging auf den Strich?

Das war Simone.

Die meisten Multiplen, als suchten sie zwanghaft das Unglück zu wiederholen, haben eine Person in sich, die sexuell sehr aktiv ist. Eine Untersuchung aus den Vereinigten Staaten von Amerika ergab, daß jede fünfte von zweihundertsechsunddreißig befragten Multiplen als Prostituierte gearbeitet hatte.

Die konnte das total gut. Die war, wenn sie sich verkaufte, überhaupt nicht dabei. Wie eine Maschine.

Wenn Sie mit Ihrem Mann schliefen, wer waren Sie dann?

Wahrscheinlich Simone.

Sie schüttelte sich eine Zigarette aus dem Paket, entzündete sie, blies den Rauch in die Küche. Es schien, als zitterte sie. Dann war ihre Hand wieder ruhig. Asche fiel aufs Tuch. Eingeklemmt zwischen Verputz und elektrischer Leitung hing ein Foto von Linda, der wirklichen Tochter, an der Wand. Lachendes Kind, einen Papagei auf der Schulter. Sonnenschein.

Und wer nahm Drogen?

Das war Edith. Die war frech. Die hatte diesen naiven Blick drauf. Die stieg als braves Mädchen in den Keller und kam in Lederklamotten wieder hoch. Die dealte und klaute. Wo sie nur konnte.

Wer gebar Ihre Tochter Linda?

Die Frau in einer gelben Küche begann zu wimmern. Sie sagte lange nichts, legte den rechten Arm auf den Tisch, den Kopf darauf. Rotes Haar fiel ihr wie ein Vorhang ins Gesicht. Die Uhr schlug immer lauter. Simone? Nicole? Xenia? Dolores?

Die Zahl der Abspaltungen bestimmt die Schwere der Störung. Der amerikanische Psychiater Colin Ross, Fachmann für Multiple, kam auf durchschnittlich neun und der deutsche Psychosentherapeut Peter K. Schneider, Verfasser des ersten wissenschaftlichen Buches in deutscher Sprache über MPS, auf fünf.

Schneider mißt jeder Person eine Funktion bei. Danach bevölkert sich ein multipler Mensch mit einer erwachsenen Person, die sich um den Alltag des Vereins sorgt. Dann mit einer Kindperson – auch wenn diese mehrere Namen hat –, die in sich die Erinnerung an das Unerträgliche bewahrt und zwischen Angst und Zuneigung schwankt. Drittens mit einer beschützenden Person, deren erste Aufgabe es ist, die Erinnerung, und damit den Schmerz, zu verhindern. Und mit einer Verfolgerperson, die straft, wenn die Erinnerung doch passiert. Endlich mit einer gegengeschlechtlichen Person.

Alle erleben sich so sehr als Ich, daß sie, obwohl im Körper eines einzigen Menschen, verschiedene Stimmen haben, verschiedene Herzfrequenzen, Hormonhaushalte, Blutdrucke, Hautwiderstände, Hirnströme. Bekannt ist die Geschichte eines multiplen Mannes, der, je nachdem, welche Person ihn gerade bestimmte, auf Orangensaft allergisch war – oder nicht. Der Fall einer Multiplen, die dreimal im Monat menstruierte, für jede Frau in ihr einmal.

Und doch, scheint es, ist allen etwas gemein, eine Art von übergeordneter Instanz, die jede Person, kaum zum Leben erstanden, mit Fähigkeiten, Kenntnissen und Erfahrungen ausstattet.

Dolores L. heiratete, handelte mit Drogen. Sie wurde schwanger, die schönste Zeit ihres Lebens, vierundzwanzig Jahre alt. Ihr gefiel dieser Bauch, der ständig wuchs und rund wurde. Ein Zeichen an die Männerwelt, daß sie besetzt war. Der dicke Bauch gab ihr Schutz. Bis im neunten Monat.

Dann hatte sie das Gefühl, sie müsse sich den Leib aufschneiden, weil, was darin war, ein Junge hätte sein können. Es war Linda.

Ich weiß nicht, sagte die Frau, ohne den Kopf aus ihrem Arm zu heben, wer Linda geboren hat. Die Geburt, ein Zeitloch.

Wer ist Lindas Mutter?

Die Mutter ist einfach die Mutter. Einen Namen hat sie nicht.

Sie richtete sich auf, zog den Pullover zum Hals und zauste ihr Haar.

Die Mutter in mir ist eine gute Mutter. Zuverlässig und ausgelassen. Aber kaum ist Linda weg, ist es auch die Mutter. Dann kommen die anderen, Doris, Nicole, Nora, verlangen neue Frisuren, anderes Essen, verschiedene Bücher.

Wer kommt am häufigsten?

Xenia. Die Intellektuelle. Die alles weiß und alles kann. Malen, zeichnen, Gedichte schreiben. Nächtelang. Xenia kann Farben in Töne umsetzen.

Jemand läutete an der Tür.

Wenn eine weiß, was mit mir geschehen ist, dann Xenia. Aber die sagt es mir nicht. Oder höchstens in Gedichten.

Wem sagt sie es nicht?

Dolores. Hastig zirpte sie das Wort.

Sie ging zur Tür, öffnete: Ach hallo, meine Teure, flötete sie mit der kräftigen Stimme einer jungen Frau, aber klar, die Waschmaschine ist frei. Tschüssi.

Dann trat sie wieder in die Küche.

Das war meine Stimme für die Draußenwelt.

Sie setzte sich auf den Stuhl, zog die Beine hoch und legte den Kopf auf die Knie.

Siebzig Prozent der Multiplen suchen irgendwann den freiwilligen Tod. Dreimal probierte es Dolores L. Immer wieder fand sie sich in psychiatrischen Kliniken. Sie sei, halfen sich die Ärzte, magersüchtig, drogensüchtig, sie leide an Schizophrenie, an Borderline. Der berühmte Von-allem-etwas-Befund des zwanzigsten Jahrhunderts.

MPS ist eine Metadiagnose, anderen Störungen übergeordnet. Multiple können, wie Nichtmultiple, depressiv, neurotisch, narzißtisch, autoaggressiv, zwanghaft sein.

Wer bestimmt, wann welche Person Ihr Verhalten steuert?

Ich weiß es nicht, sagte sie, rauchte wieder eine Zigarette. Manchmal genügen irgendwelche Reize, damit die eine geht und die andere kommt. Ich weiß es nicht. Früher bin ich nachts häufig mit dem Auto durch die Stadt gefahren, ziellos. Oft war das Auto dann irgendwo abgestellt, und eine von uns ist mit der Straßenbahn nach Hause. Edith fuhr einmal los, Edith, bei der immer was läuft. Sie sah ein Signal nicht, fuhr einfach weiter, plötzlich stand ein Polizist vor ihr, hielt den Wagen auf, und kaum war er an ihrem Fenster, kam die Mutter hoch, die ganz brav und glaubhaft sagte, ihr Kind sei im Krankenhaus, sie müsse es sofort besuchen, ihr Kind, es drohe zu sterben.

Jeder taugt zur Multiplizität. Allein die Tatsache, daß der Mensch sein eigenes Denken überdenken kann, zeigt, daß sein Bewußtsein zumindest ein doppeltes ist. Jeder dissoziiert, verstößt Erlebtes, Gefühle, Verhaltensweisen aus dem Bereich des Wissens. Besäße er die Fähigkeit nicht, Informationen unterschiedlich zu werten und entsprechend zu verschatten, würde seine Psyche von den Reizen, die ihr jeden Augenblick widerfahren, zugeschüttet, zerstört.

Die Aufspaltung des Bewußtseins ist ein schöpferischer Akt der menschlichen Seele. Und der dient auch der Bewältigung von kaum Bewältigbarem. Er äußert sich in der Besessenheit durch gute oder böse Geister in Afrika, in der Ekstase indianischer Medizinmänner, im Trancezustand religiöser Heiliger. Ob Multiplizität als Störung empfunden wird, mißt sich erst an den Regeln einer Gesellschaft. Und gerade die abendländische, die wohl manche multiple Frau einst dem Scheiterhaufen überließ, sieht sich heute an den Beispielen kinofähiger Aufspaltungen nicht satt: ›Werwolf‹, ›Superman‹, ›Jekyll and Hyde‹, ›Wonder Woman.‹

Ich bin eifersüchtig auf Linda. Manchmal schleiche ich nachts in ihr Zimmer. Dann sehe ich sie schlafen, so ruhig schlafen. Ich bin eifersüchtig auf ihren Schlaf, eifersüchtig auf ihren Körper. Eifersüchtig darauf, daß Linda immer nur Linda ist.

Sie rieb die dünnen Hände warm. Ihre Lippen, ohne Blut.

Seit drei Jahren, Woche für Woche, besucht Dolores L. einen Therapeuten, hangelt sich mit seiner Hilfe von Erinnerung zu Erinnerung. Im Grunde tut sie es wider ihren Willen. Denn die Aufspaltung geschah mit dem Zweck, Erinnerung zu verhindern. Simone, die Nutte, weigerte sich lange, dem Therapeuten nur ihren Namen zu sagen. Und fragte der, ob jemand in Dolores' System sich an sexuelle Erlebnisse erinnere, schrien sie alle durcheinander, Maria, Doris, Edith, Simone. Verrat uns nicht. Das geht diesen Weißkittel einen Scheißdreck an. Raus hier. Nach Hause. Verrat uns nicht. Das ist ein Mann.

Die Personen einer multiplen Persönlichkeit sind Erinnerungspakete, zu öffnen mit dem Skalpell des Wiedererlebens. Unter Schmerzen. Manchmal, am Morgen nach einer Therapie, wachte Dolores L. mit Brandmalen auf, die Strafe dafür, daß sie ihrem Arzt vertraut hatte. Manchmal kam sie nach einer Sitzung nach Hause, setzte sich ans Telefon, rief den Therapeuten an, den sie eben verlassen hatte, und sagte: Was ich Ihnen erzählte, haben Edith und Simone frei erfunden. Alles nicht wahr. Manchmal war Nicole eifersüchtig auf diesen Mann, dem die kleine Maria und der haarlose Junge so viel vorbrachten. Einmal fragte Simone, ob der Arzt mit ihr schlafen wolle.

Das Ziel der Therapie heißt Integration. Die Personen eines Multiplen sollen sich kennenlernen, ein Auskommen finden, jede soll erfahren, was die anderen denken und wollen, die Großen sollen die Kleinen trösten, wenn sie nach einer Mutter flennen, die Kleinen sollen die Großen nicht mehr fürchten, keiner soll verlorengehen. Auf daß mit der Zeit ein Gefühl für ein neues Ich entstehe, das wieder Dolores heißt.

Wer ist Dolores?

Sie zog die Hände wieder in die Ärmel, steckte sie in die Höhlen ihrer Achseln.

Dolores? Das bin irgendwie ich. Aber ich bin auch die andern. Oder war es.

Ihre Stimme war die Stimme eines Kindes. Eine Küche, gelb und dunkel. Schritte gingen, bleierne Wolken vor dem Fenster.

Eine Multiple Persönlichkeitsstörung, behaupten deren Verfechter, ist bei frühzeitiger Diagnose gut behandelbar, Heilungschance bei achtzig Prozent. Bis aber jemand, der sich der Großpsychiatrie überantwortet, als multipel erkannt wird, vergehen in den USA durchschnittlich sieben, in den Niederlanden zwölf Jahre. Die Therapie selber dauert kaum ein Drittel davon. Geheilt ist, wer alltagsfähig ist, sich und seine Besatzung sozialverträglich über die Runden bringt. Auch so bleibt das Leben eine Zitterpartie.

Dolores? Ja, das bin ich jetzt wohl. Aber wer ist Dolores? wisperte die Frau. Dolores ist höchstens zwei Jahre alt, in meinem dreißigjährigen Körper. Eben erst aus dem Himmel gefallen. Eben erst geworden. Dolores hat keine Geschichte. Alles ist ihr fremd. Nichts hat sie sich selber gesucht. Den Ehemann nicht, die Wohnung nicht, nichts. Dolores ist leer. Einsam. Sich selber fremd. Dieses Ich, das ich jetzt bin, ist nicht mehr als ein Körper-Ich. Als wir aber noch viele waren, war das Leben spannend. Einsamkeit etwas Unbekanntes. Dolores ist Jungfrau.

Es war Sommer, als Dolores L. sich im Hinterhof in den Mann ihrer Nachbarin verliebte. Zum ersten Mal in ihrem Leben. Alles war Leidenschaft. Eines Abends, Dolores'

Mann war, wie so oft, nicht in der Stadt, kam der Nachbar in ihre Wohnung, auch verliebt, sie setzten sich in die Stube, sahen einander an. Ende der Erinnerung.

Haben Sie mit ihm geschlafen?

Ich weiß es nicht. Dolores hat noch nie mit einem Mann geschlafen. Sie weiß nicht, wie das ist. Ich weiß nicht, wie das ist.

Haben Sie den Nachbar gefragt?

Dann wüßte er ja, wie es um mich steht.

Die Frau in der Küche stand auf, es war März und kalt. Wortlos ging sie zum Herd, drehte ihn an, wärmte sich die Hände über brennendem Gas. Sie schaute in die gelbe Wand, vielleicht verschwand sie darin. Gerade noch hörbar, sagte sie: Zum ersten Mal hat mich einer gewollt, er glaubte, ich sei normal.

Weinen Sie oft?

Wir weinen nicht.

Eddie und Fred

Capps schläft schlecht in seiner letzten Nacht, Trucks brechen durch die Gräunis, Vögel und Gespenster ohne Namen, 2444 Glasgow Road, anderthalb Meilen vor Burkesville, Cumberland County, es ist fünf Uhr früh in Kentucky, 5. Juni 2000. Das Haus, roter Klinker, wächst aus handgekämmtem Rasen, es hat sechs weiße Säulen, Schaukelstühle auf der Veranda und geflochtene Sessel aus Weiden, Blumen hängen vom Dach, rot und gelb. Es ist Montag, die letzte Stunde des Roy Fred Capps, Staatsanwalt im Nebenamt, geboren am 1. September 1953.

Neben dem Bett, sorgsam hingelagert, liegt Capps Krawatte. Die trägt der Mann, wenn er ins Court House darf und Unrecht jagt, gut ist gut, falsch bleibt falsch. Das Gerichtshaus, eine Burg aus gebackenem Stein, steht in der Mitte der Stadt, zwischen Symantha's Full Service Beauty Salon und First Christ Church, *he died for us that we might live for him.* Trägt Capps Krawatte, muß jemand ins Gefängnis. Capps windet sich in den Tüchern.

Die Frau an seiner Seite ist Cathy Brown. Als sie ihm zu gefallen beginnt, ist sie vierzehn, er achtzehn und der Beste seiner Klasse. Capps, Sohn einer Näherin und eines Zimmermanns, ist klein und bleich, ein Gedichteleser, der selten lacht und jünger aussieht, als er ist. Als einziger trägt er an Klassenfesten Krawatte, redet klug und viel. Einen Park werden wir nach ihm benennen, sagt Mike Irby, Bürgermeister von Burkesville, eintausendachthundert Menschen, vierzig Kirchen, sechs Tankstellen, zwei Bestattungshäuser, eine Verkehrsampel, kein Buchladen.

Capps schläft schlecht. Um neun Uhr ist Prozeß. Sexueller Mißbrauch ersten Grades, KRS 510.110, Kentucky Revised Statute, Capps kennt das Gesetz auswendig, Sünde ist Sünde. Der Staatsanwalt kann kaum essen, wenn er ins Court House darf, wenig anderes bereden als das Verbrechen, das er hetzt. Darf Capps ins Court House, steht er meist um drei Uhr auf, überlegt sich ein letztes Mal Taktik und Angriff. Heute bleibt er liegen, 5. Juni 2000, Montag. Gestern ist es spät geworden, das Baseballspiel des Sohnes, das Klavierkonzert der Tochter. Um sechs Uhr erst will Capps aus dem Bett. Zumal der Fall klar und einfach ist, fünf Jahre Zuchthaus für diesen Eddie Vaughn, der einst mit ihm zur Schule ging. Der einer Neunjährigen zwischen die Beine griff, und sie ihm.

Als Capps sein Mädchen Cathy heiratet, ist es sechzehn, die gottgewollte Liebe. Aus der High School entlassen, wird der Mann zuerst Gärtner, dann Schweißer, er wartet, bis auch seine Frau der Schule entkommt. Gemeinsam werden sie Juristen, Chase College of Law at Northern Kentucky University, krümmen sich zu zweit über ein Buch. Ein Traumpaar, sagt Sheriff James Pruitt und reibt sich die Tränen aus den Augen, Burkesville wird nie mehr sein, was es war.

Burkesville läßt nicht los. 1982 kehrt Capps mit Cathy ins Dorf zurück, wohnt im Haus ihrer Eltern. Sie mieten einen Raum neben dem Court House, nennen ihn Capps Law Office, die Frau hilft dem Mann, sie gebärt zwei Kinder, einen Knaben, ein hübsches Mädchen, *the best family in town,* schluchzt jetzt der Sheriff. Eines Tages hängt Capps Schwiegervater tot in der Garage, man begräbt und schweigt. Im Herbst 93 wird Capps, der Republikaner, Staatsanwalt für die Landkreise Adair, Casey, Monroe und Cumberland, Cathy seine Assistentin.

Nebel liegt in Cumberland, es ist kurz nach fünf. Capps schläft, und sein Mörder, unterwegs, den Staatsanwalt zu töten, der einst mit ihm zur Schule ging, sitzt neben seiner Frau und schweigt, sie steuert ihren alten Buick über die Road 61, ein schöner Tag zum Sterben, murrt der Mann. Eddie Vaughn hat sich schön gemacht für sein Werk, trägt saubere schwarze Jeans, ein weißes T-Shirt, keine Schuhe, das lange braungraue Haar hat er mit einem rosa Band in den Nacken gebunden, der Wagen rollt, eine Tafel am Wegrand: *Jesus is coming, are you ready?*

Zuerst zu James, befiehlt Vaughn, dann zu Capps.

Eddie Vaughn, neunundvierzig Jahre alt, ist der Älteste von neun Brüdern und Schwestern, wächst auf in einem verfallenen Haus neben der Müllhalde von Burkesville. Die Eltern verdingen sich den Tabakbauern, die Hände der Mutter sind groß wie Schaufeln. Zu Eddies Begräbnis, sagt sie, ging ich nicht, der war so gemein, sagt sie und schweigt. Einst liebte ich ihn.

Täglich steigt das Kind Eddie aus den Hügeln nach Burkesville hinunter, wo die Sauberen wohnen, Anstand und Stolz, barfuß setzt es sich ins Schulhaus, versteht wenig, hungert, es sucht den Streit, prügelt sich, wirft mit Messern, nach vier Jahren gibt Vaughn die Schule auf, er kann kaum lesen, kaum schreiben, wird, was seine Eltern sind, Tagelöhner, und die Messer, die er wirft, treffen immer genauer. Er konnte, sagt sein Sohn Tommie, auf der Veranda sitzen und mit einem Messerwurf ein Kaninchen töten, das vorbeirannte.

Als Eddie zwölf Jahre alt ist, verläßt er die Eltern, zieht durch die Hügel, schläft bei Verwandten. Der Vater schlägt die Mutter, Vaughn haßt ihn, erträgt die Schreie der Mutter nicht mehr. Manchmal lauert er seinen Brüdern auf, stiehlt ihnen das wenige Geld, das sie haben, zwingt sie vor ein Scheunentor, wirft mit Messern neben sie.

Zu James, befiehlt der Mann.

Es ist fünf Uhr zwanzig. Die Frau am Steuer ist Patricia Ferguson. Als Vaughn sie zum ersten Mal sieht, ist sie fünfzehn, klein, dick, und er zehn Jahre älter. Patricia droht ihrer Mutter, sich umzubringen, wenn sie Vaughn nicht heiraten dürfe. Bei der Hochzeit, drei Monate später, gefällt sich Eddie Vaughn mit einem breiten hohen Hut, ein Schußloch im Filz. Er sei fähig, redet man in den Hügeln um Burkesville, mit dem Messer genauer zu zielen als andere mit der Kugel. Er treffe, lobt man, auf zwanzig Yard Distanz einen Dime genau in Roosevelts Ohr. Vaughn nennt sich *Fast Eddie,* der schnelle Eddie. Ein Terrorist war er, ein fauler Apfel, sagt David L. Williams, Senatspräsident des Staates Kentucky, vor grüner goldgestreifter Tapete, wichtigster Bürger von Burkesville.

Der Buick fährt von der Einundsechzigsten ab, Meile sechzehn, stottert die Willet Road hinauf. Kein Asphalt mehr. Zu James, befiehlt Vaughn. Patricia schweigt, sieht ihren Mann nicht an. Er schlug sie, schlug sie jeden Tag, sagt Tommie, der Sohn, seit ich denken kann hörte ich die Schreie meiner Mutter, sagt der Sohn, Familienbilder hängen an der Wand, Plastikrosen daneben, rote, weiße, mein Vater sperrte meine Mutter ein, weil er glaubte, sie hätte was mit seinem Bruder James, er klaute ihr sogar die Schmerztabletten, die sie täglich nahm.

Patricia stellt das Auto auf eine Wiese, Vaughn klopft an den Wohnwagen seines Bruders James, es ist kurz vor halb sechs am 5. Juni 2000. James öffnet, Vaughns Augen sind rot und weit, er krächzt: Ein guter Tag zum Sterben. He? sagt James, fünf Jahre jünger als sein Bruder. *A wonderful morning to die.* Als sie sich vor Jahren zum letzten Mal sahen, trug Eddie ein Messer in der Hand, schrie nach Marihuana. Eddie war ein verdammter Rüpel, ich sagte ihm, nie im Leben komme ich zu deinem verdammten Begräbnis, knurrt James, er grinst aus faulen Zähnen.

Burkesville läßt Vaughn nicht los. Zwar zieht er, kaum

verheiratet, nach Louisville in den Norden Kentuckys, 1 South First Street, arbeitet auf dem Bau, wird Rausschmeißer, Hausverwalter, Geldeintreiber, er säuft, legt sich in den Kneipen mit den Stärksten an. Die Sommer aber verbringt er in den weiten Hügeln von Cumberland, fährt umher, Patricia am Steuer. Manchmal setzen sie sich ins Gras, und die Frau liest dem Mann aus der Bibel vor. Wann immer, gelobt er ihr, wann immer die Faust eines anderen je schneller sei als die seine, höre er auf, sich zu prügeln. Während Stunden drischt er auf Aschesäcke ein, übt sein Leben. Manchmal, wenn er die Frau geschlagen hat, ohne die er nicht sein kann, weint er. Er läßt sich ein Herz in den linken Oberarm stechen, die Buchstaben EV und P, Eddie Vaughn und Patricia. Im November 1976 bringt sie einen Sohn zur Welt, er nennt ihn Tommie. Ich kann mich nicht erinnern, daß er mich je gestreichelt hätte.

Vaughn sagt zu seinem Bruder: Bring mich zu Capps, dem Staatsanwalt, ich weiß nicht, wo der wohnt.

Tu's nicht, sagt James, tu's nicht.

Gib mir dein Telefon, schreit Vaughn. Er reißt die Antenne aus dem Gerät, schmeißt es an die Wand. Jetzt treten sie vor den Wohnwagen, es ist längst hell an der 90 Willet Road, sechs Meilen hinter Burkesville, Cumberland County, wo ein Drittel der Menschen arm ist, zwei Drittel die Schule nie abschließen, der Handel mit Alkohol verboten ist, wo zwischen den Hügeln heimlicher Marihuana gedeiht, der die Tage erträglich macht, und wo Hähne um ihr Leben kämpfen. Und wo Vaughn ein langes Messer im Gürtel trägt.

Du fährst, schreit er den Bruder an.

James, barfuß, setzt sich ans Steuer seines Wagens, eines Olds Cutlass, Jahrgang 1983. Patricia, vierzigjährig und schwer, setzt sich neben James, sie zittert. Sie ist eine wunderbare Frau, sagt Vaughns Mutter, Versie Young, die nie zur Schule ging und Hände hat wie Schaufeln, Patricia hat nicht verdient, daß sie nun büßen soll für das Böse ihres Mannes, verdammter Gott da droben, Vaughns Mutter wuchtet sich aus ihrem alten Sofa in ihrem schiefen Haus, zieht den roten Pullover straff, University of Louisville.

James und Patricia sitzen im Wagen, warten stumm, Vaughn trabt zum Buick, der in der Wiese steht, holt seinen Hund, befiehlt Redson, der auf Befehl tötet, in James' Cutlass, trabt zurück, bringt dann ein Gewehr, SKS 7.62x39, Halbautomat, chinesisch, eine Flinte mit abgesägtem Lauf, Stevens 16ga. 94C, einen Revolver Smith & Wesson, zwei Jagdmesser, die Klingen vierzehn und vierundzwanzig Zentimeter lang, ein Stellmesser, zwei Stiefelmesser in ledernen Scheiden, eine Axt, hundertzwanzig Schuß Munition. Gott liebte Eddie, spricht Pfarrer Carlos H. Coop bei Vaughns Begräbnis.

Es ist halb sechs. In der Mitte seiner Waffen kauert Vaughn auf dem Rücksitz, James fährt los, die Willet hinunter, dann auf die 61, die nach Burkesville führt, niemand spricht.

Und der Staatsanwalt dämmert in seinem Bett. Capps hat das Gesicht eines Jungen, faltenlos. Während zehn Tagen im Jahr nur verläßt er den Süden Kentuckys, reist, schlecht gelaunt, mit Cathy und den Kindern in den Urlaub nach South Carolina. In Flugzeuge setzt er sich nie, Capps haßt Menschenmengen und den Präsidenten zu Washington, der einer Praktikantin zwischen die Beine griff, und sie ihm, haßt es, wenn die Heftklammer seiner Akten nicht genau in der linken oberen Ecke steckt. Unter den Deckel des Strafgesetzbuches, das er in seinem Büro oft braucht, hat er das Bild eines Kindes geklebt, *this is a victim of sexual abuse*. Capps arbeitet viel, schläft meist nur fünf Stunden, er lacht immer seltener, doch Cathy hat auf ihren Tisch ein altes Foto gestellt, das ihn lächelnd zeigt. Manchmal fährt Capps an den Dale Hollow Lake, fischt, jagt in den Hügeln Hasen. Mit Waffen kann er umgehen, wie jedermann in Cumberland, der Staatsanwalt hat, für alle Fälle, unter seiner schweren Matratze einen Revolver, Magnum, Kaliber .357. Niemand in Burkesville war besser als er, sagt David L. Williams, der Senatspräsident, und schraubt an seinem Siegelring, Fred, haucht Williams, stand für das Gute schlechthin. Ein Golfturnier haben wir nach ihm benannt, sagt Mike Irby, der Bürgermeister, das R. Fred Capps Memorial Golf Tournament, bezahlt, unter anderem, von Pepsi und Coca-Cola, Burkesville Do-it Center, Chamber of Commerce, Citizens Bank of Cumberland, Kentucky State Police, Norris & New Funeral Home.

Vaughn, der Bruder und die Frau rollen über die Road 61, es ist zehn vor sechs am 5. Juni 2000, die einzige Ampel springt auf Grün, James fährt weiter, vorbei am Court House, das die Stadt beherrscht, sie schweigen, hoher Marmor steht im Rasen, die Namen Toter darauf, Korea vier, Vietnam drei, *they answered their nation's call and sacrificed their lives that others might live free*. Vorbei am Corner Pool & Lunch, wo Capps, wenn er zur Arbeit geht, jeden Morgen seinen Kaffee trinkt, kostenlos, weil der Besitzer es so will. Ich kannte sie beide, Capps und Vaughn, sagt David Lee, der Kellner, Capps stand jeweils hier, unter dem Hirschgeweih, redete wenig, trank. Und Eddie Vaughn war gut, hart, aber gut. Bis Capps ihn vor Gericht brachte, sagt der Kellner, ein goldenes Kreuz baumelt am Hals.

Nun biegt der Wagen in die Glasgow Road, fährt durch ein kleines Tal, vorbei an einer Tafel, die am Straßenrand steht, Willkommen in Burkesville, hält vor dem Haus des Staatsanwalts, es ist Montag, sechs Minuten vor sechs, Capps schläft, Vaughn sagt: Gib mir die Autoschlüssel. James gibt sie, sieht Vaughns rote Augen, das steingewordene Gesicht. Vaughn greift sich den chinesischen Halbautomaten, steigt aus. Macht sich klein und bucklig, rennt los, Fast Eddie. Er war kein Kinderschänder, sagt Tommie, der Sohn.

Die Menschen fürchten Eddie Vaughn, und ihm gefällt ihre Furcht. Er läßt niemanden in sein Haus, behauptet, er könne von Baum zu Baum setzen wie ein Eichhörnchen, könne, sich vorwärts überschlagend, aus dem Stand auf den Tisch springen. Aufs linke Schienbein läßt Vaughn sich einen Dolch und drei Herzen zeichnen, grün und blau, und das Wort Burkesville KY, auf seinem Rücken steht PUSHER MAN geschrieben, Draufgänger, Haudegen, eine Fahne weht auf Vaughns linkem Unterarm, ein Schädel darauf, eine Katze auf der rechten Wade, eine nackte Frau, Try Me Baby, Eddie. Das schönste war der Tag von Thanksgiving, da kochten wir zu dritt, Vater, Mutter, ich, sagt Tommie, der Sohn, eine große weiße Katze auf dem Schoß.

Als Tommie vierzehn ist, erträgt er die Tränen der Mutter nicht länger und verläßt die Eltern. Vaughn hält sich giftiges Geziefer, Schlangen, Skorpione, Spinnen, er weint, als Young Billy stirbt, seine liebste Schlange, er fertigt ihr einen hölzernen Sarg und begräbt sie in den Hügeln von Cumberland. Eines Tages wird ihm die linke Niere aus dem Leib geschnitten, Krebs, seither lebt er von den siebenhundertsechzig Dollar, die ihm der Staat jeden Monat bezahlt. Vaughn trinkt, er schlägt seine Frau Patricia, wenn sie mit anderen Männern redet, er holt aus, wenn sie keine saubere Wäsche bereithält. Vaughn duscht zwei-, dreimal täglich, putzt sich ständig die Zähne, kämmt sich das üppige Haar, viermal greift die Polizei ihn auf, Alkoholmißbrauch, Marihuanabesitz, Herumlungern, Erregung öffentlichen Ärgernisses. Eddie Vaughn möchte sein wie Jesse James, Held des Wilden Westens. Er glaubt, der Krebs, den er hatte, stecke noch in ihm und höhle ihn aus. Patricia redet nur noch, wenn er es erlaubt, einmal prügelt Vaughn so stark auf sie ein, daß die Frau ins Krankenhaus muß, Vaughn weint.

Im Sommer 1998 reist Eddie Vaughn mit Patricia für immer nach Cumberland County zurück und zieht in einen Wohnwagen. Wenn ihn etwas glücklich machte, dann diese verdammten Hügel, sagt der Sohn. James sagt: Das war nicht mehr Eddie, der aus meinem Auto stieg am 5. Juni, es war der Teufel.

Vaughn rennt und schießt, Holz splittert, 2444 Glasgow Road, fünf Uhr fünfundfünfzig, Capps schreckt auf, sagt zur Frau: Sag den Kindern, sie sollen in ihren Zimmern bleiben, Capps läuft zur Schlafzimmertür, die Frau schreit in die Gegensprechanlage: Lydia, John, kommt nicht runter, bis ich euch rufe.

Sie sind Capps Stolz. Anständig, klug, sauber. Lydia, die Elfjährige, spielt Klavier, malt bunt und gern, ein hübsches blondes Kind, und John, sechzehn, ist Starpitcher der Cumberland County High School Panthers. Capps läßt roten Lehm aus Alabama kommen, walzt ihn aufs Baseballfeld, jenen teuren roten Stoff, auf dem die besten Mannschaften des Landes spielen. Capps verbietet dem Sohn, wenn er stürzt und sich blutig schlägt, das Weinen, Capps spendet für die strenge Church of Christ, die in ihren Wänden keine Musik zuläßt, für Baseball, Antidrogenprogramme, gegen die Abtreibung. Eines Tages möchte Capps Richter von Burkesville sein. Ein neues Gerichtshaus werden wir bauen, lobt der Bürgermeister, vier Millionen teuer, und sein Name wird sein: R. Fred Capps Justice Center.

Acht Schüsse jagt Vaughn in die Wand des Hauses, nun steht er vor der Tür, er schießt das Schloß auf, tritt sie ein. Nachbarn sitzen vor dem Fernseher, sie hören den Lärm, rufen sofort den Sheriff. Patricia bleibt im Wagen sitzen, starr vor Angst, James rennt weg, legt sich hinter einen Strommasten ins nasse Gras.

Eddie Vaughn weiß nicht, wie ihm geschieht, als er im Sommer 99, Patricia am Steuer, in eine Polizeikontrolle gerät und gefesselt wird. Vaughn knurrt und schreit. Vaughn, letztmals seßhaft an der 206 East Adair Street, Louisville, ist seit vier Monaten zur Verhaftung ausgeschrieben, er ahnt es nicht, bekommt rote Augen. Die Mutter einer Neunjährigen habe ihn angeklagt, ihr Kind zwischen den Beinen berührt zu haben, dann, unter Zwang, das Kind ihn. Nie im Leben, schreit Vaughn. Ja, er kenne dieses Kind, ein Nachbarskind, das oft bei ihm und Patricia war. Mit dem er nachts Glühwürmchen jagte. Das gar bei ihm und Patricia bleiben wollte, weil seine Eltern sich schieden. Nie im Leben, ihr gottverdammten Bullen. Sie zwingen Vaughn vor eine Kamera, ID. No. 263 622, sexual abuse 1st degree, Fall 99-CR-00 002, zuständiger Staatsanwalt: R. Fred Capps. Während neunundvierzig Tagen sitzt Vaughn in Untersuchungshaft, er wird stumm und dünn und kommt erst frei, als seine Frau dem Gericht ihr geringes Eigentum zur Kaution anbietet, ein Stück Land im Wert von zehntausend Dollar, das, sobald Vaughn untertaucht, dem Staat Kentucky gehört. Wir nannten ihn *Crazy Eddie,* sagt Senatspräsident Williams, der sich, sein Doppelkinn zu verbergen, nur von oben fotografieren läßt. Kam Eddie mir entgegen, wechselte ich die Straßenseite, sagt Senator Williams vor goldgeäderter Tapete, George Washington in Öl. So einer war das, ein Soziopath.

Dem Kerker entkommen, ist Vaughn nicht mehr der alte. Er redet mit seinen Messern. Patricia, die er schlägt und liebt, verzweifelt, sie ruft einen Anwalt an, den jungen Scott Johns, 835 W. Jefferson Street, Louisville. Zweimal fährt Johns nach Burkesville in den Süden Kentuckys, hundertvierzig Meilen weit, verschiebt den Prozeß, Oktober 1999 und März 2000, Vaughn schwört, nie im Leben gehe er wieder ins Gefängnis. Eddie dachte, sagt Anwalt Johns, die Klage gegen ihn sei die Tat der Bürger von Burkesville, *the vendetta of the Burkesville elite,* er dachte, Staatsanwalt Capps wüßte genau, daß Eddie Vaughn nicht Kinder schändet, Vaughn glaubte, Capps hasse ihn, Burkesville wolle ihn loswerden, sagt der Anwalt aus der Fülle seiner Akten.

Den Menschen in den Hügeln erzählt Vaughn, zum Prozeß, bei Gott, werde es nie kommen. Mit Jesse James springt man so nicht um.

Vaughn sieht, wie der Staatsanwalt aus dem Schlafzimmer tritt. Der trägt Boxershorts und ein weißes T-Shirt, Vaughn zielt, Capps rennt zurück, schließt die Tür, greift unter die Matratze, Vaughn schießt, LOVE ist auf die vier Knöchel seiner Linken geschrieben, eine Kugel dringt durch die Wand, trifft Capps in den Rücken, reißt ihm die Leber auf, rast durch die linke Lunge und die Hauptschlagader, Capps stöhnt, steht auf, den Revolver in der Hand, geht zur Tür, öffnet sie wieder, steht jetzt drei Meter vor Vaughn. Der mit ihm zur Schule ging vor Ewigkeit.

Der immer schwarze Fingernägel hatte.

Nie Schuhe trug.

Nur Messer schmiß.

Ende April, der Brief. Prozeß am 5. Juni 2000, neun Uhr, Court House, Burkesville. Vaughn versteckt sich, der Anwalt sucht ihn, telefoniert Vaughns Mutter, der Schwiegermutter, richtet aus, Vaughn möge sich, den Prozeß vorzubereiten, sofort melden. Am Nachmittag des 2. Juni endlich, Freitag, ruft Vaughn an, er wütet, als der Anwalt ihm sagt, er sei im Begriff, mit Staatsanwalt Capps eine Lösung zu treffen. Was für eine Lösung? Damit du nicht die Höchststrafe kriegst, fünf Jahre. Sondern? Vielleicht nur drei. Und was muß ich tun? Dich schuldig bekennen. Keine einzige Stunde gehe ich in den Knast, schreit Vaughn.

Am anderen Tag ruft Vaughn wieder an. Der Handel mit Capps sei nun perfekt, sagt Anwalt Johns, falls er, Eddie, damit einverstanden sei: drei Jahre Gefängnis für ein schnelles Geständnis. Die beste Lösung. Nie im Leben, krächzt Vaughn. Bei guter Führung, antwortet der Anwalt, wirst du nach einem halben Jahr auf Bewährung entlassen. Nie im Leben, krächzt Vaughn. An diesem Samstag sprach ich zum letzten Mal mit meinem Vater, drei Stunden am Telefon, und ich merkte, daß er gebrochen war, ohne Hoffnung, sagt Tommie, die weiße dicke Katze auf dem Schoß.

Zwölf Stunden vor dem Prozeß, Sonntag abend um neun,

sitzt Anwalt Johns in seiner Kanzlei zu Louisville, wartet, wie besprochen, auf Eddie Vaughn, um letzte Kleinigkeiten zu bereden. Er wartet, Vaughn kommt nicht. Noch in der Nacht macht Johns sich auf den Weg nach Burkesville, drei Stunden weit, sieht, anderthalb Meilen vor der Stadt, ein halbes Dutzend Polizeiwagen neben einem Haus stehen, drei Krankenwagen, 2444 Glasgow Road, Fall No. 15-00-1327.

Vaughn trifft Capps in Bauch, Hals, Arm, Rücken, Capps trifft Vaughn zweimal in die Brust, Held und Held kippen auf ihre Rücken, die Gesichter himmelwärts, beide barfuß, Capps Magnum fällt auf den hellen Teppich des Schlafzimmers, Vaughn liegt auf seinem Sturmgewehr, fünf Uhr siebenundfünfzig, ein Polizist fährt vor, Cathy, von einem Holzsplitter getroffen, hält Capps Kopf. Sie weinte nicht an Freds Begräbnis, sagt David Lee, der Kellner im Corner Pool & Lunch, weder sie noch eins ihrer Kinder. Weinten nicht. Lee fährt sich über den Mund, er schweigt, sagt dann: Eddie berührte keine kleinen Mädchen, Survivors berühren keine kleinen Mädchen.

Polizisten knien im Rasen, sie stecken Fähnchen und heben die zerschossene Tür aus den Angeln, sammeln dreiundzwanzig Gewehrhülsen, Cathy weint nicht. Die Hände auf den Rücken gefesselt, sitzen James und Patricia im Auto des Sheriffs, der beide für Komplizen hält. Wo ist Eddie? stammelt die Frau, wo ist mein Eddie? Er wird dich nie mehr schlagen, sagt James. Man bringt sie ins Gefängnis nach Columbia, öffnet dann Patricias alten Buick, der vor James Wohnwagen steht, findet darin siebzehn Flaschen mit Tabletten, Kapseln, Mixturen und Fotos von Vaughn mit Frau und Hund, lächelnd an einem See, und eine Kopie der KRS 510.110, sexueller Mißbrauch ersten Grades.

Vor dem Court House wehen die Fahnen halbmast, es ist der Nachmittag des 5. Juni 2000, Kränze hängen an den Türen, am 3. Januar 1864 raubten hier, so ist mit goldenen Buchstaben auf schwarzes Metall geschrieben, die feindlichen Truppen des Nordens unsere Läden aus, sie stahlen Pferde, brannten das Court House ab.

Man frachtet Vaughn und Capps in einen Wagen, Seite an Seite, bringt sie nach Louisville zur Totenschau, Commonwealth of Kentucky Justice Cabinet, die Ärzte machen sich ans Werk, besehen sich die Körper, dreimal ist das Wort LOVE in Vaughns Haut gestochen, grün und blau und deutlich, SOS I love you, einmal das Wort PEACE.

An der 2444 Glasgow Road putzen Polizisten das Blut weg, sie wechseln Türen, Fenster, Teppiche und stopfen Löcher, Cathy weint nicht, die Kinder weinen nicht, es wird Abend und Nacht, Familie Capps, um Mann und Vater gebracht, schläft in den gewohnten Betten. Sie ist eine tapfere Frau, wimmert der Sheriff, so tapfer, wie ihr Mann war. James und Patricia sitzen im Adair Regional Jail, Verdacht auf Mord. Hier gibt es Leute, die würden James und Patricia am liebsten an eine Laterne knüpfen, flüstert David Lee, Kellner im Corner Pool & Lunch.

Vor dem Norris & New Funeral Home an der Route 61, die zum nahen Friedhof von Burkesville führt, warten dreitausend Menschen, hohe Eichen stehen neben dem Bestattungshaus, die Fahne der Vereinigten Staaten von Amerika flattert, und Cathy Capps und ihre Kinder schütteln reglos Hände. Es ist Mittwoch, zwölf Uhr, der Staatsanwalt seit zwei Tagen tot. Capps liegt in einem offenen Sarg, eine Krawatte um den Hals, die Ehrengarde der State Police neben ihm, Politiker, Juristen, Beamte. Statt mit Blumen möge man den Verstorbenen mit einer Spende ehren, an Sportvereine oder Antidrogenprogramme. Pfarrer Raymond Castillo spricht: Fred Capps verließ diese Erde so, wie er zuvor auf ihr gelebt hatte, als Liebender und Schützender. Fred Capps ist ein Held zu einer Zeit, da wir dringendst einen brauchen.

Einen Tag später, neun Häuser weiter, 8. Juni 2000, Donnerstag. Zwei Dutzend Menschen sitzen im Ballou Funeral

Home, das neben Burkesvilles einziger Ampel liegt, neben Shell und Godfather's Pizza. Tommie, Vaughns Sohn, hockt krumm und müde auf dem Stuhl, eine dunkle Brille vor den Augen, zuckt manchmal auf, Pfarrer Carlos Coop liest aus Psalm 46, sagt: Gott liebte Eddie, wie er jeden von uns liebt. Dann schieben sie Vaughn in einen Leichenwagen, fahren hinaus in die Hügel, über die Route 90, dann die 449, fünfzehn Meilen weit, vorbei am schiefen Haus seiner Mutter, die sich versteckt, fünf Autos nur folgen Fast Eddie, einige Schwestern, ein Bruder, Neffen, die Polizei weigert sich, die Schar zu begleiten. Vor dem Perkins Cemetery, einer kleinen Wiese, die von Wald umgeben ist, hält der Umzug, Eddie Franklin Vaughn, aus seiner Mutter gerutscht am 12. Dezember 1950, rutscht in die Erde, neben Bruder Gary, der einst starb, weil ihm eine Kugel in den Leib fuhr, und Bruder Weldon, Alkohol. Tommie schenkt die gelben Plastikrosen, die auf Vaughns Sarg lagen, den wenigen Gästen, er sagt: Das hier ist nicht mehr Amerika.

Jetzt bindet er einen Ballon an den kleinen Kranz, der Ballon legt sich in den Wind, silberfarben und rot, Patricias Geschenk, die im Kerker liegt, *I Love You*. Und könnte ich Eddie zurückholen, sagt Vaughns Mutter, ich täte es nicht, Eddie benähme sich doppelt so schlecht wie zuvor.

Eddie Vaughn, der einst von Baum zu Baum setzte, als könnte er fliegen.

Der, linker Unterarm, ein Herz auf seiner Haut trug und den Schrei MOM. Mama.

Elisabeth

Ein Schlüsselerlebnis hätten Sie gern?

Das ganze Leben ist eines.

Ich war in der vierten Klasse, 1918, als ein Italienerkind, der kleine Soldera, das Tintenfaß umkippte, damals schrieb man noch mit richtiger Tinte und richtigen Metallfedern. Die Tinte floß über Bank und Boden. Da packte der Lehrer den Knaben und schleifte ihn an seinen roten Haaren durchs ganze Zimmer. Der Bub schrie vor Angst, der Lehrer vor Wut, wir andern erstarrten.

Am Abend erzählte ich den Vorfall meiner Mutter. Wenn ich einen Sinn für Gerechtigkeit habe, dann von ihr. Zwei Tage später, ein Zufall, leerte meine Banknachbarin das Tintenfaß aus. Wieder wurden wir ganz steif vor Angst.

Das Mädchen aber war die Tochter des Schulinspektors von Trogen. In Trogen bin ich groß geworden. Appenzell Ausserrhoden.

Da sagt der Lehrer: *Määteli,* das kann halt passieren.

Jetzt platzt es aus mir: Aber den Soldera letzthin haben Sie verhauen, wieso?

Der Lehrer: Schweig.

Ich: Das ist nicht recht.

Schweig, sage ich dir.

Ich schweige nicht.

Fahr ab. Geh nach Hause.

Also ging ich, ich war zehn Jahre alt. Ich weinte. Der Mutter sagte ich, ich könne nie mehr in die Schule. Der

Lehrer würde mich zu Tode schlagen. Das war meine wirkliche Angst. Da schwieg die Mutter lange. Auf einmal sagte sie: Gratuliere. Das hast du gut gemacht.

Am anderen Tag brachte sie mich ins Schulhaus und redete mit dem Lehrer. Der war auf seine Weise ein armer Mensch, Alkoholprobleme. Aber als wir kamen, war er sehr freundlich. Und der rothaarige Soldera spitzte mir fortan sämtliche Griffel. Ich hatte das Gefühl, der Bub erfuhr zum ersten Mal, daß sich im Dorf jemand für ihn einsetzt.

Ist es das, was Sie hören möchten, Herr Journalist?

Im neunundachtzigsten Jahr ihres Lebens, den Rücken so gerade wie zu Anbeginn, redet Elisabeth Pletscher ihre Geschichte über den Tisch. Blumen stehen auf dem Möbel, das Nähzeug liegt in einer ledernen Schatulle, daneben das neueste Buch von Danielle Mitterand, französische Ausgabe. Ihr weißes Haar hat Frau Pletscher mit Schwung in den Nacken gebunden, Geschmeide braucht sie keines. Sie spricht sich ins Feuer, klopft, als beschwöre sie die Erinnerung, mit der flachen Hand ständig aufs Holz.

Wenn Sie wollen, sagt die Frau, der man zuschreibt, sie habe den Ausserrhoderinnen die politische Gleichberechtigung im Alleingang zwischen die Hügel geholt, wenn Sie wollen, schreiben Sie ruhig, ich sei keine Feministin. Dann schreiben Sie aber auch: Die Elisabeth Pletscher ist zeit ihres Lebens ohne Männer bestens über die Runden gekommen.

Bei allem, was ich gemacht habe, wollte ich mich nicht *à tout prix* durchsetzen. Es gibt Dinge, die brauchen Zeit. Und diese Zeit habe ich den Dingen gelassen.

Frühling leuchtet durch die kleinen Fenster ihres Hauses am Waldrand. Hier ist sie geboren, am zwölften Oktober 1908, hierhin ist sie nach Jahrzehnten im fernen großen Zürich zurückgekehrt, zuerst als Fräulein Pletscher, von dem man in Trogen oft redete, weil es über so manches anders dachte und dabei erst noch lächelte, später als Frau Pletscher, die sich für wenig zu schade war, wenn Männer, klönend und allzeit überlastet, sie in ihre Runde riefen, Baukommission des psychiatrischen Pflegeheimes, Kantonsschulverein, Spitalkommission, Betriebskommission.

Beim Kantonsschulverein, sagt sie und muß laut lachen, war ich dreißig Jahre lang die Aktuarin, also typisch: die Sekretärin der Herren. Aber Arbeit, wenn sie nötig war, machte mir nichts aus. Dieser Verein ist eine Organisation der ehemaligen Schülerinnen und Schüler der Kantonsschule von Trogen, die von meinem Ururgroßvater mitgegründet wurde, dem berühmten Jakob Zellweger. Napoleon hatte ihn eine Zeitlang eingesperrt, und doch hatte Jakob Zellweger später an dessen Krönung teilgenommen. Die Schule, übrigens, bauten die Zellwegers, reiche Trogener Textilhändler, für ihre Söhne – und für ihre Töchter, *c'est remarquable,* 1821. Item, als eines Tages der Präsident dieses Vereins zurücktrat und es darum ging, ihn zu ersetzen? Können Sie mir noch folgen?

Sie schlägt wieder die flache Hand auf den Tisch, lacht, daß es sie schüttelt.

Als die Männer sich also aus der Verantwortung redeten, sagte einer halb im Scherz: Wie wär's mit dem Fräulein Pletscher? Die Männer lächelten. Elisabeth Pletscher aber antwortete: Warum nicht?

Dann schwiegen sie. Bis einer schüchtern fragte: Aber wie müßten wir Sie dann anreden? Fräulein Präsidentin?

Elisabeth Pletscher sagte: Mit Frau Pletscher.

Mein Gott, es dauerte Jahre, bis ich den lieben Männern abgewöhnt hatte, nicht jeden Satz, den sie zum besten gaben, mit »Verehrte Präsidentin, verehrte Anwesende« einzuleiten.

Sind Frauen beweglicher als Männer?

Elisabeth Pletscher denkt lange nach: Ich vermute es fast.

So wenig Männer die Läufe ihres Lebens lenkten, so viel weiß Elisabeth Pletscher über die Vorväter der eigenen Familie. Der Ururgroßvater, Leinwandhändler und Landammann Jakob Zellweger, Erzeuger von siebzehn Kindern, machte 1815 am Wiener Kongreß mit, wo Europa neue Gestalt gewann, war Mitbegründer der modernen Schweiz. Mitten in Trogen baute er sich ein mächtiges Haus. Darin wohnte er mit Familie und Gesinde. So groß war das Gebäude, daß es heute das Rathaus ist. Zellwegers Enkelin Karoline, Frau Pletschers Großmutter, rutschte aus der Konvention und heiratete den Sohn eines Kleinbauern, Michael Kern, der sich Miguel nannte, weil er zwölf Jahre lang in Mexiko gewesen war, um dort mit Kaffee und Tüchern zu handeln.

Mit Miguel zog Karoline nach Paris, 1871. Sie gebar fünf Kinder, das jüngste, Susanne, war fünf Jahre alt, als der Vater starb. Zurück im kleinen Trogen, hielt Karoline ihre Kinder zu französischem Umgang an, damit sie, in der Mitte von Appenzell, die fremde Sprache nicht sofort vergäßen. Sie baute sich ein Haus am Waldrand, drei Minuten hinter dem Rathaus. Fünfundneunzig Jahre war sie auf der Welt, fünfundfünfzig davon als Witwe. Ihre Jüngste, Susanne, heiratete einen Lehrer der Kantonsschule, Theodor Pletscher. Sie hatten zwei Töchter, Elisabeth und Madeleine, und die ältere war kaum vier, als auch ihr Vater an Blutarmut starb.

Ich bin, neuzeitlich ausgedrückt, das typische Produkt einer alleinerziehenden Mutter, die ihrerseits auch von einer alleinerziehenden Mutter erzogen wurde.

Elisabeth Pletscher kichert. Handlichen Formeln mißtraut sie aus Erfahrung.

Mutter und Großmutter waren beide während fünfundfünfzig Jahren verwitwet. Das hat mich geformt. Ich bin sogenannt matriarchalisch geprägt. Einen Vater habe ich nie vermißt, im Gegenteil. Wenn meine Schwester und ich andere Kinder reden hörten, daß ihr Vater dieses oder jenes polternd verbiete, dankten wir unserer Vaterlosigkeit. Zu Hause sprachen wir französisch, im Dorf unser Appenzeller Deutsch.

I ha glese vonere, i ha gkhört vonere, Trögner hend allpot vonere verzellt, nüd ali gliich zwoor, aber alli met emene ardlig ägne Reschpekt, begann im Januar 1997 das Haupt der Ausserrhoder Regierung, Landammann Hans Höhener, seine Lobrede auf Elisabeth Pletscher, die klein und strahlend auf einer Bank im Kantonsratssaal saß, den Preis der Kulturstiftung zu empfangen: »In Anerkennung«, war auf eine Urkunde geschrieben, »Ihres jahrzehntelangen vielfältigen und beharrlichen Einsatzes für die Gemeinschaft, für Menschlichkeit und Gerechtigkeit.«

Wie ist es, Frau Pletscher, mit neunundachtzig für etwas geehrt zu werden, wofür Sie vor achtunddreißig Jahren noch geächtet wurden?

Sie legt das Gesicht in ihre Hände, flüstert: Ich kann nur sagen: Es freut mich.

Wie kamen Sie zu Ihrer Rolle als ...

Sie unterbricht: ... als Appenzeller Suffragette?

Eines Tages im Jahr 1959, als die Schweizer Männer sich anschickten, darüber zu befinden, ob die Schweizer Frauen endlich mitbestimmen dürften, saß Frau Pletschers Mutter, schon über achtzig, vor dem Haus am Waldrand. Elisabeth Pletscher, ihre Tochter, lebte in Zürich, war Cheflaborantin der Frauenklinik, heimatlos, daheim nur in Trogen. Da spazierte Dr. Schläpfer vorbei, der Präsident des örtlichen Freisinns.

Wie geht's, Herr Doktor? fragt meine Mutter.

Ach, sagt der, gar nicht besonders.

Wo fehlt's?

Ich finde niemanden, der an unserer Versammlung aufs Podium steigt und für das Frauenstimmrecht weibelt. Weil wir hier ja sowieso alle dagegen sind.

Meine Mutter sagt: Aber mich haben Sie noch nicht gefragt.

Um Gott's willen. Sie wollen doch nicht sagen, Sie seien fürs Frauenstimmrecht.

Doch doch, Herr Doktor.

So so, Frau Pletscher.

Genau, Herr Doktor. Und wenn ich nicht so schmerzende Gelenke hätte, stiege ich wirklich auf Ihr Podest. Aber fragen Sie die Lisebeth in Zürich, meine Tochter. Die kommt.

Und so kam Elisabeth Pletscher zu ihrer Bestimmung. Der Kronen-Saal war voll, und der Ausserrhoder Regierungschef persönlich, ein Mitglied des gesamtschweizerischen Komitees gegen die Mitbestimmung der Schweizerinnen in der Politik, waltete als Frau Pletschers Widerborst. Da es um Frauen ging, waren zum ersten Mal auch Frauen in den Raum gelassen, die vielbesungene Appenzeller Demokratie zu erfahren. Eine holte aus: Schon in der Bibel steht: Die Frau sei dem Manne untertan.

Ich antwortete: Wenn ich in der Bibel genug lange suche, finde ich eine Stelle, die das Gegenteil behauptet. So ging das hin und her, und sogar der Pfarrer mischte mit.

Die meisten Männer meinten, die Frauen dürften im Politischen nicht mithalten, weil der Landsgemeindeplatz, auf dem die Ausserrhoder sich jeden April treffen, ihre Geschäfte zu bestellen, zu klein sei, um auch noch Frauen aufzunehmen. Quadratmeter gegen Menschenrechte.

Am nächsten Morgen saß meine Mutter wieder vor dem Haus. Da kam der Milchmann. Der sagt: Eure Lisebeth hat gestern abend gut gesprochen. Eine gescheite Frau, bravo.

Aha, fragt die Mutter, dann seid Ihr jetzt auch für das Frauenstimmrecht?

Nää.

Sie lacht.

Ich habe versucht, sagt Elisabeth Pletscher, mich für die Appenzeller nie zu schämen. Und eigentlich ist es mir gelungen. Ich habe unsere Männer, wenn sie außerhalb des Kantons oder im Ausland angegriffen und als Rückständige, als Eingeborene geschimpft wurden, verteidigt. Ihr Widerstand galt nicht in erster Linie den Frauen. Sie hatten Angst um die Landsgemeinde, ihre liebe Tradition, die jahrhundertelang ohne Frauen auskam. Ich konnte sie begreifen, die Männer. Als Schülerin an der Kantonsschule war ich ja auch dagegen gewesen. Das Leben hat mich das Gegenteil gelehrt.

Elisabeth Pletscher wollte Ärztin werden. Die Mutter trieb ihr den Wunsch aus dem Sinn. Das wenige Geld, das sie besaß, hätte für das Studium der Tochter nicht gereicht. Stipendien gab es nur für Söhne. Ein Jahr vor der Matura besuchte Elisabeth Pletscher den kantonalen Berufsberater, der sich einmal im Monat dazu hergab, eine Stunde lang Mädchen zu empfangen. Der Mann riet ihr, Köchin zu werden. Oder Korsettnäherin. Elisabeth Pletscher weinte.

Monate später las sie im Mitteilungsblatt des Gemeinnützigen Frauenvereins – die Mutter war, wie alle Frauen, Mitglied – in Bern stehe die Gründung einer neuen Schule für medizinische Laborantinnen und ärztliche Gehülfinnen an. Die Notiz war Elisabeth Pletschers Erlösung.

Ich las sie, wo wir hier sitzen, rannte in den unteren Stock und fragte meine Mutter, ob Geld dafür vorhanden sei, fünftausend Franken, ein Kredit, ein Vermögen.

Zehn Monate war sie in Bern, als die Zürcher Frauenklinik die Schule anging, ob eine der dreizehn Schülerinnen bereit sei, sofort die Leitung ihres Labors zu übernehmen, aber die Logarithmentafel müsse sie beherrschen.

Also ging ich nach Zürich, die Lehre noch nicht abgeschlossen, wurde Chefin und dachte, ich bliebe ein Jahr. Ich blieb vierzig.

Elisabeth Pletscher wohnte in der Klinik, ihr Raum war Stube, Schlafzimmer und Büro, sie verdiente zweihundertfünfzig Franken, fünf Jahre brauchte sie, um mit dem Geld, das übrigblieb, die Anleihe ihrer Mutter zurückzubezahlen.

Einundzwanzigjährig, gründete sie den nationalen Berufsverband medizinischer Laborantinnen. Als Mittel wider die

Männerwelt, die glaubte, wer helfe, helfe gratis und sei weiblich.

Während des Weltkriegs wurde Elisabeth Pletscher Mitglied des militärischen Frauenhilfsdienstes, Gattung 10, Sanität. Sie faßte einen grauen Ärmelschoß und erhielt den Sold eines Korporals, so lange, bis das Schlachten an den Grenzen der Schweiz ein Ende hatte. Dann, um zu sparen, wurde sie wie ein kleiner Soldat entlöhnt.

Uns Frauen, sagt sie, hat man zurückgestuft, kaum wurden wir nicht mehr dringend gebraucht. Männer ließen sich solches nicht gefallen. In meinem Leben, ich muß es sagen, habe ich männliche Schäbigkeit oft erfahren.

Sie schweigt, schaut aus dem Fenster, schüttelt den Kopf: Wie oft hieß es: Ach liebe Frau, wenn Sie sich beschweren wollen, schicken Sie doch Ihren Mann vorbei.

Nach Kriegsende reiste sie in Mission des Roten Kreuzes nach Italien, sie sprach, neben deutsch und französisch, italienisch, englisch, holländisch, portugiesisch. 1953 flog sie in die USA, gierig darauf, zu erfahren, wie andere ihre Rechte forderten. Im Jahr darauf fand der erste internationale Kongreß des medizinischen Laborpersonals in Zürich statt, Pletschers Tat.

Selbstverwirklichung, ein gefährliches Wort.

Elisabeth Pletscher streicht sich übers Haar.

Es verführt zu Egoismus.

Bevor man verlangen dürfe, sagt sie, müsse man bereit sein zu geben. Eines Tages, sie wisse nicht mehr wann, habe sie mit sich ausgemacht, nicht nein zu sagen, wenn jemand sie um ihren Dienst bitte und sie fähig sei, diesen Dienst zu leisten.

Und also stand ich plötzlich im Kronen-Saal und verlangte gleiche Rechte.

Haben Sie nie resigniert?

Ich kam nicht dazu. Wahrscheinlich neige ich auch nicht dazu. Es gab immer etwas, das mich geduldig machte.

Bewonderet han i si scho, gestand der Landammann in seiner Laudatio, bevor i si je emol gsea ha. Von Elisabeth Pletscher gehe etwas aus, sagte der Regierungschef, das ihn neugierig gemacht habe. Und das habe mit der Faszination zu tun, die jemand erwirke, der mit Überzeugung vorausgehe und einstehe, selbst dann, wenn dies nicht leichtfalle.

Zwei von drei Schweizern waren 1959 gegen das Frauenwahlrecht auf eidgenössischer Ebene, in Trogen schrieben sieben einsame Männer Ja auf den Zettel. Zwölf weitere Jahre gingen ins Schweizerland, bis am 7. Februar 1971 die Gleichberechtigung auf dem Papier war. In Ausserrhoden blieben die Frauen, ging es um Kantonales, zum Schweigen verdammt.

Elisabeth Pletscher, frisch in Pension, zog am ersten Januar 1973 ins Haus am Waldrand. Mit ihrer Schwester, einer Lehrerin, die keine Stelle gefunden hatte und deshalb in Kairo Erzieherin geworden war, sprach sie, als wäre sie nie weg gewesen, französisch. Zusammen betrieben sie den fröhlichen Haushalt älterer Damen, empfingen häufig Besuch, hüteten die Kinder der Verwandtschaft und freuten sich an der Leichtigkeit des ehemannlosen Seins. Sie kochten, ein Grund zum Reden im Dorf, unregelmäßig, kleideten sich mit langen, bunten Strickjacken. Doch Elisabeth Pletscher, in Trogen neu geboren, gab ihren Kampf nicht auf.

Kampf. Welch häßliches Wort. Schreiben Sie: Einsatz. Oder meinetwegen Engagement.

1989, im Januar, reiste Frau Pletscher nach Bonn, saß in der Runde der Sozialdemokraten, welche das siebzigjährige Bestehen des deutschen Frauenwahlrechts beredeten. Als sie an der Reihe war, sich vorzustellen, sagte sie: Ich komme aus dem Kanton Appenzell Ausserrhoden, Schweiz, und habe in kantonalen Dingen nichts zu sagen. Da hub ein Grölen an, und es vergingen keine fünf Minuten, bis die ›Tagesschau‹ der ARD mit der Kamera da war, das Unikum für die Hauptausgabe zu filmen.

Elisabeth Pletscher holt Luft: 71, 76, 79 und 84 haben die Appenzeller uns an ihrer Landsgemeinde jedesmal zurückgewiesen. 1989 aber wurden sie vernünftig. Seither gehört die Landsgemeinde auch den Frauen, und ich habe noch keine verpaßt.

Es war ein heller, warmer Tag im April 1990, als Elisabeth Pletscher, die ihr halbes Leben lang für die Gleichberechtigung gestritten hatte, ihre Appenzeller Sommertracht anzog und zum Landsgemeindeplatz ging, drei Minuten vom Waldrand. Sie war stolz und auch ängstlich, zweiundachtzig Jahre alt, stand neben dem Palast, den ihr reicher Ururgroßvater einst hatte bauen lassen, um seine Nachkommen, die Bediensteten und die Gäste aus Genua und Marseille unterzubringen, und nichts von dem, was sie befürchtete, geschah. Da war keine Gehässigkeit unter den Geschlechtern, der Platz reichte für Frauen und Männer. Und manche, die im Vorjahr noch ihre Gegner gewesen waren, ihr vorgehalten hatten, eine Appenzeller Tracht gehöre an den Busen einer Bäuerin, nicht aber an den einer Studierten, jene, die ihr anonyme Briefe geschickt und am Telefon gedroht hatten, grüßten sie, als hätten sie sich immer schon in Wonne befunden.

So sind wir wohl, die Appenzeller, sagt sie laut.

Im Regal steht von Salis' ›Grenzüberschreitungen‹ neben ›Heimatmuseum‹ von Lenz. Steine beschweren Briefe und Notizen. Madeleine, die Schwester, ist vor fünf Jahren gestorben. Das Haus hat Elisabeth Pletscher verkauft. Seither lebt sie im obersten Stockwerk, hat das Wohnrecht auf Lebenszeit. Während der Radionachrichten strickt sie Wollbären für die Schweizerische Fachstelle für Alkoholkranke, sie liest und schreibt in vielen Sprachen, meidet jeden Fernseher und kommt dennoch vor ein Uhr nachts selten ins Bett. Wird es Morgen, bleibt sie eine Weile liegen, weil der Regen ans Fenster klopft. Oder weil die Sonne gerade so wunderbar das Bett beleuchtet.

Frau Pletscher, gab es nie einen Mann, der in Frage kam?

Es gab einige, sagt sie. Aber immer war etwas, das mich zaudern ließ. Eine Ehe und ich?

Schließlich härtet sie den Satz: Es ging, mein Herr, ohne Herren bestens.

Wieder die neunundachtzigjährige Hand auf den Tisch, zack.

Und letzte Woche kaufte ich mir ohnehin einen Computer.

Imad und Adel

1

Die Nacht war Angst und Schweiß. Iqnua Awadallah schreckte aus dem Fieber, als zehn Männer das Haus umstellten, Beamte des Preventive Security Service in schwarzen Hosen, und ihre Gewehre an die metallenen Türen schlugen: Aufmachen, Geheimdienst, im Namen des palästinensischen Volkes. Es war der 16. August 1998, drei Uhr am Morgen.

Iqnua Awadallah, Mutter und Großmutter, rief ihren Mann, der seine besten Jahre in Deutschland und Amerika gelebt hatte, und nun, für immer nach El-Bireh zurückgekehrt, durch die Zeit dämmerte, müde, verbraucht, und wenig sprach. Geh ans Fenster, schrie die Frau, frag sie, ob Imad noch lebt.

Die Schwarzmänner stürmten das Haus, Waffen vor Brust und Bauch, öffneten jedes Zimmer, jeden Schrank. Wo ist Imad? schnarrten sie. Kinder weinten, und Iqnua Awadallah begann zu zittern.

Wo soll Imad schon sein? Doch wohl in eurem Gefängnis, lärmte sie.

Ausgebrochen, sagte einer, wehe allen, die ihn verstecken.

Und Iqnua Awadallah, im sechsundfünfzigsten Jahr ihres Lebens, wußte plötzlich, was Gott ihr im nächtlichen Traum bedeutet hatte: Imad wird Märtyrer.

Dann schluchzte sie leise, bekam keine Luft mehr. Neunundneunzig Namen hat mein Gott. Awadallah ist einer davon.

2

Unter Tränen hatte sie, Frau des Ahmed Ismail Saleh Awadallah, einst ihren zweiten Sohn ins Leben gesetzt, Imad, der nicht ans Licht wollte, obwohl er längst fällig war, 6. September 1969, zwei Jahre und drei Monate nach dem Sechstagekrieg, als Israel nach El-Bireh kam und ins ganze Westjordanland, den Sinai nahm, Gaza, Golan.

Ruhig und schmal war der Knabe herangewachsen, fast schüchtern war er gewesen, ein fleißiger Schüler, bester Freund seines älteren Bruders Adel. Die Tage verbrachte er im Haus an der Abu-Jehad-Straße von El-Bireh, das der Vater, Gabelstaplerfahrer in einem Hamburger Gummiwerk, hatte bauen lassen. Nichts liebte Imad mehr als die Nähe der Mutter. Oft befahl sie die fünf Kinder zu den Priestern, dort lernten sie, was man ihnen predigte, den rechten und tiefen Glauben. Eines Tages werde er, versprach Imad seiner Mutter, die ihm das Haar streichelte, nach Mekka pilgern, so Allah wolle. Denn mehr noch als Adel und die anderen Brüder war der leise Imad das erste Glück der Iqnua Awadallah, die alle Nama nennen, niemand weiß wieso.

3

Wo ist dein Hundesohn? schnarrten die Männer des Geheimdienstes. Noch nie, schwärmten sie, ist uns einer aus dem Gefängnis von Jericho entkommen.

Ihr habt ihn gefoltert. Deshalb ist er geflohen, sagte die Frau.

Sei ruhig, schrien sie, er hat den Ingenieur Nummer zwei ermordet, seine Leiche in ein Auto gesetzt und es angezündet.

Als es heller Morgen wurde, ein Sonntag, verbot Colonel Jibril Rajub, Leiter des Preventive Security Service für das Westjordanland, der Familie Awadallah, ihr Haus zu verlassen oder jemanden darin zu empfangen. Bis Imad wieder gefangen sei. Colonel Rajub bestellte zwei Dutzend Beamte in die Abu-Jehad-Straße von El-Bireh, sie setzten sich vor das Haus Nummer 7, in den Garten, unter die Olivenbäume, blieben den ganzen Tag und auch nachts und leuchteten die Fenster ab, und trat ein Kind aus der metallenen Tür, um Brot und Milch zu kaufen, nahmen zwei Polizisten es in ihre Mitte.

Ausgehverbot in Jericho. Straßensperren im Westjordanland.

Yassir Arafat, Vorsitzender der Palästinensischen Autonomiebehörde, verlangte schnellen Aufschluß darüber, wie Imad Awadallah seinem Kerker habe entweichen können, ausgerechnet der jüngere Bruder und Vertraute von Adel Awadallah, dem meistgesuchten Anführer der Izzeddin-al-Kassam-Brigaden, des militärischen Arms der frommen Hamas-Bewegung, die betend und mordend jenen Frieden hintertreiben, den er, Chairman of the Palestinian Authority, mit den Israeli ausgehandelt hatte, Oslo, Washington, September 93.

Colonel Rajub aber tröstete: In der trockenen Wüste von Judäa kann dieser Imad nicht weit gekommen sein.

Ein Heuchler. Ein Lügner, krächzt die Mutter aus grauem Polster, große schwere Hände vor ihrem Gesicht. Wie hätte denn, schreit sie, wie hätte denn mein Imad aus diesem Gefängnis fliehen können? Aus der Mitte von Gewehren und Stacheldraht?

Iquna Awadallah jagt nach Luft, sie sucht zu reden, hat keine Stimme mehr. Sie zuckt und bebt, greift sich ein weißes Tuch, drückt es sich in die tiefen Augen. Jetzt heisert sie: Gott der Barmherzige weiß: Das war keine Flucht.

Sie sitzt unter den gerahmten Bildern ihrer zwei ältesten Söhne, Adel, mit Brille und Bart, Imad, vor einem Strauß blühender Tulpen, dazwischen ein Spruch in goldener Schrift: So lange reicht meine Geduld, bis sie mich erschöpft.

Dann sagt sie, kaum hörbar: Er war ja noch ein Kind.

4

Nur selten hatten die Brüder sich gestritten, und wenn, dann darüber, was ihrem Gott wohl besser gefalle: einen Zionisten zu bekehren oder ihn zu erstechen. Israelische Soldaten waren durch El-Bireh gezogen, Tag für Tag, Jahr um Jahr. Im Sommer 1979, auf der Suche nach einem Verdächtigen, sperrten sie die Abu-Jehad-Straße, holten die Menschen aus den Häusern, zwangen sie, Sprüche an den Mauern mit Erde und Wasser zu überstreichen. Iqnua Awadallah weigerte sich, weil sie wußte, daß Erde und Wasser, an ein Haus gemalt, Schrecken und Unglück bringen über jene, die darin leben. Da holte einer mit dem Gewehr aus, stieß es der Frau in den Bauch, Iqnua Awadallah lag im Staub, Imad, der neben ihr stand, krümmte sich zur Mutter, dann traf ihn ein Schlag, Imad, zehnjährig, fiel bewußtlos in den Schoß seiner Mutter, die nicht weinte, nur röchelte, und ihren Sohn mit schweren Armen umschlang. Schließlich, die Waffen der Besatzer am Kopf, dreckte Adel die Worte weg: Dies ist unser Land. Palästina den Palästinensern.

Im Jahr 1980 kehrte Ahmed Ismail Saleh Awadallah, der Vater, aus Deutschland zurück, versuchte sich als Metallarbeiter, hielt es in der Heimat nicht aus, floh weiter nach New Orleans, Louisiana, Amerika.

Adel, zwei Jahre älter als der Bruder, versprach Imad: Ehe ich dieses Land verlasse, vertreibe ich die, die meinen Vater nach Amerika jagen. Imad antwortete: Laß es uns gemeinsam tun.

Vor Stolz hatte Imad geweint, 1984, als die Gelehrten der Jamal-Abdel-Nasser-Moschee den wilden Bruder Adel, der so glutvoll reden konnte, mit einem Preis bedachten, dafür, daß der Siebzehnjährige ganze Teile des Korans auswendig sprechen konnte. Fünfmal am Tag kniete Imad nieder, dankte Gott für das Geschenk des klugen Bruders, und lobte ihn.

Am 9. Dezember 1987 – Imad studierte in Jerusalem

Geschichte, Adel in Bethlehem Psychologie und Arabische Literatur – überfuhr in Gaza ein Sattelschlepper der israelischen Besatzer einen kleinen Bus, vier Palästinenser, Landarbeiter, starben. Man begrub sie am anderen Tag, die Feier geriet zum Volksaufstand, Beginn der Intifada. Intifada bedeutet Zittern, Beben, auch Abschütteln. Die Wut der jungen Palästinenser von Gaza griff auf das Westjordanland über, Steine, Flaschen, Wut gegen die Kugeln und Panzerwagen der Israeli.

Iqnua Awadallah, Mutter von fünf Kindern, Ehefrau des Ahmed Ismail Saleh, der in New Orleans die Gestelle eines Supermarkts füllte, hatte sich eines Tages zu ihren Oliven gebückt, als sie plötzlich einen Schatten sah, einen jungen Mann, Angst im Gesicht, verfolgt von drei Soldaten der IDF, Israeli Defence Force. Wo ist er hin? fragte einer in Arabisch. Iqnua, Oliven in den großen Händen, antwortete nicht. Hündin, sagte der, und stieß die Frau über eine Mauer. Iqnua Awadallah brach sich Arm und Bein. Imad und Adel gaben ihre Studien auf, als sie davon hörten, kehrten nach El-Bireh zurück, zogen wieder ins Haus der Mutter an der Abu-Jehad Nummer 7, über dessen Tür geschrieben steht: Im Namen Gottes des Barmherzigen.

Adel, der Ältere, fuhr dann jeden Morgen nach Ramallah hinauf, verkaufte Süßigkeiten ohne Gewinn, Imad wurde Geldeintreiber der Wasserwerke, er reiste von Haus zu Haus und teilte, was er verdiente, mit seinem Bruder. Und hörten sie von einem Streit mit den Israeli, ließen sie die Arbeit, wurden Teil der Intifada, schmissen Steine und Benzin, verbrannten Reifen, Woche für Woche. Sollte einer, beschlossen Imad und Adel, von den Feinden je gefaßt werden, würden sie einander nie verraten.

Sie hatten sich, den Schwur zu festigen, geküßt, viermal, 1988.

5

Dem weißen Zuchthaus von Jericho glücklich entkommen, schlich Imad in einen verlassenen Stall am Rand der Stadt, blieb darin bis zum Morgen des 16. August 1998. Dann querte er die judäische Wüste, erreichte El-Bireh in einem Taxi, die Stadt der Eltern. Der Direktor des israelischen General Security Service, Ami Aylon, sprach, die Flucht dieses Imad Awadallah könne er sich ohne palästinensische Hilfe kaum vorstellen.

Propaganda, knurrt Colonel Jibril Rajub, Leiter des palästinensischen Preventive Security Service für das Westjordanland, einem der zwölf Geheimdienste, die Yassir Arafat ins Leben setzte, als Israel ihm, 1993, die Macht über einige Prozente eigenen Bodens verlieh, feindliche Propaganda, nichts anderes. Colonel Rajub, blaues Hemd, schwarzer Kittel, hockt in schwarzem Leder vor schwarzen Tischen, schwarze, graue Teppiche an den Wänden, verdunkelte Fenster, Neonlicht. Der Geheimdienstchef.

Es ist meine heilige Pflicht, spricht der Mann, der über viertausend Spitzel befiehlt, meine heilige Pflicht, unser nationales Projekt zu sichern: einen unabhängigen, demokratischen, säkularen, prosperierenden Staat mit der Hauptstadt Ost-Jerusalem. Warum also hätte ich Imad Awadallah, einem Mörder, Mitglied der Hamas, zur Flucht aus meinem eigenen Gefängnis verhelfen sollen?

Achtzehn Jahre seines Lebens verbrachte der Colonel in israelischen Gefängnissen, weil er, noch Kind, eine Bombe auf ein israelisches Fahrzeug geworfen hatte. Noch Fragen? Zornig klopft er auf das Holz des glänzenden Tischs.

Wie der lügt, jammert Iqnua Awadallah unter den Bildern der Söhne, Abu-Jehad-Straße in El-Bireh, ein Tuch zwischen den Fingern, von ihren Tränen längst feucht, im Traum hat Allah mir bedeutet, wie es wirklich war.

Ach, Mutter, sagt Shifa, Imads Witwe, die weiß verschleiert neben Iqnua sitzt.

Imad Awadallah aber, der Flüchtige, war sicher, daß ihm niemand folgte. Drei Tage und drei Nächte lang verbarg er sich im Frauenraum der Jamal-Abdel-Nasser-Moschee, in der er als Knabe so oft gewesen war, um den Koran zu lesen. In der vierten Nacht verließ er seine Stadt, machte sich auf, den Bruder zu suchen. Adel. 19. August 1998. Mittwoch.

Colonel Rajubs Untergebene lauerten noch zehn weitere Tage vor dem steinernen Haus der Familie Awadallah, ließen niemanden hinein, nur Kinder hinaus. Dann stellten sie ein Zelt auf das Dach des Nachbarn, darin zwei Männer, die alles aufschrieben, was sie sahen.

Am Freitag, vielleicht Samstag, fand Imad Awadallah seinen Bruder Adel, Anführer der Izzeddin-al-Kassam-Brigaden, bester Bombenbauer der Hamas, getrieben und verfolgt von Geheimdiensten, israelischen, palästinensischen. In ihrer Nähe ahnten sie einen Verräter, sie sprachen darüber und wußten nicht, wer es sein könnte. Also beschlossen sie, niemandem mehr zu trauen. Außer sich selber. Imad dem Adel. Adel dem Imad.

6

Tage später, am Nachmittag des 4. September 1998, stießen Bewohner des Dorfes Dura, wenige Kilometer neben Hebron, auf die Trümmer eines unbemannten Kleinstflugzeuges, ausgestattet mit Sender, Empfänger, Kamera, einer sogenannten Drohne, die Israel auszuschicken pflegt, um Verdächtiges zu beobachten. Die Bauern trugen die Teile in ihre Häuser, lachten darüber. Bis palästinensische Polizisten kamen und befahlen, jedes Stück, selbst das kleinste, sei ihnen zu übergeben. Geheimsache.

7

Noch immer war heilige Intifada, 1992, Steine gegen Gummigeschosse, als Imad Awadallah, eben erst Mann geworden, Stolz der Mutter, die Frau heiratete, die seine Familie für ihn bestimmt hatte, Shifa, eine Cousine aus dem Dorf Doraa Al-Qaraa, die Tochter der Tante Naema. Das Fest war groß gewesen, drei Tage lang hatten in der Abu-Jehad-Straße Menschen getanzt und gegessen, Shifa, im weißen Schleier, trug ihren schönsten Schmuck. Dann zog sie ins Haus ihrer Schwiegereltern, bedeckte ihr Gesicht, wenn sie es verließ.

Imad und sein Bruder Adel sprachen immer weniger, leiser, gingen morgens aus dem Haus, kehrten nachts zurück, und fragte die Mutter, wo sie gewesen seien, antworteten sie: Wo man uns braucht. Manchmal flüsterten sie über Scheich Ahmed Yassin, das bärtige gelähmte blinde Haupt der Hamas, der seit 1989, zu lebenslanger Haft verurteilt, in einem israelischen Käfig lebte und auf dem Boden Palästinas eines verbot: die Aussöhnung mit dem Staat der Juden.

Adel gab Imad seine Pläne preis: Man werde, um alle Gefangenen der Hamas aus israelischen Käfigen zu pressen, fünf Autos mit schweren Bomben beladen, die Fahrzeuge in die fünf größten Städte Israels stellen und eines nach dem anderen zur Sprengung bringen, im Stundentakt, bis die Gefangenen frei wären. Man werde, flammte Adel, den Bürgermeister von Jerusalem entführen, Ehud Olmert, dann umbringen. Offizieren der IDF, Israeli Defence Force, werde er Mobiltelephone und Videokassetten zuspielen, darin eingebaut ein Stück TNT, das platze, sobald jemand das Gerät bediene. Und den Wasservorrat der Stadt Tel Aviv vergiften. Und Minister ermorden.

Januar 1993. Israelische Soldaten schlugen im Haus der Familie Awadallah den Kühlschrank in Stücke, den Fernseher, die Waschmaschine, die elektrische Uhr, legten dann Adel, den ältesten Sohn, in Handschellen. Israel sprach ihn schuldig, Mitglied der Hamas zu sein, Adel Awadallah habe, befand der Militärrichter von Ramallah, Gelder aus den Vereinigten Staaten von Amerika zu terroristischen Zwekken verwendet, verwaltet, versteckt. Zweieinhalb Jahre Gefängnis. Dreitausend Schekel Buße.

Imad schwor, den Bruder zu rächen, und als die Strafe des geliebten Adel endlich vorüber war, reiste er nach Ashkelon ans Mittelmeer, den Bruder in die Arme zu schließen. Er wartete vor dem Gefängnistor, es war heißer Sommer, wartete den ganzen Tag, bis jemand sagte, Adel Awadallah habe, weil unbelehrbar, ein weiteres halbes Jahr zu bleiben, zweimal drei Monate Verwaltungshaft im Zuchthaus von Megido, Freilassung im nächsten Januar.

Es war Winter. Adel Awadallah aber, in neuer Freiheit, kehrte nicht in die Abu-Jehad-Straße zurück. Er schlief in fremden Häusern, gab sich andere Namen, Yusuf, Nasser, Jamal, trug Handschuhe oder strich sich Leim an die Finger, um nirgends Spuren zu hinterlassen. Besuchte er die Familie in El-Bireh, schlich er nachts ins Haus, ängstlich und unruhig, blieb nur kurz.

Imad fragte: Was hast du im Sinn? Adel: Du wirst schon sehen.

8

Am 21. März 1997, dreizehn Uhr sechsundvierzig, zersprang im Garten des Kaffeehauses Apropos von Tel Aviv, Avenue Ben Gurion 75, eine Bombe, drei Kilogramm Trinitrotoluol, versetzt mit Nägeln, Schrauben, Splittern. Es war Frühling und warm, der Vortag des jüdischen Purimfestes, die Kinder trugen bunte Kostüme. Fenster barsten, Autos, Möbel, dann war Ruhe, sekundenlang, kein Geräusch mehr.

Dann ein Wimmern. Schreie. Achtundvierzig Verletzte wanden sich im Blut. Vier Tote: der Palästinenser, der sich in die Mitte der Israeli gesetzt hatte, eine schwarze schwere Tasche an der Hand, und drei junge Frauen, neunundzwanzig Jahre alt, einunddreißig, zweiunddreißig: Yael Gilad, Michal Avrahami, Anat Winter.

Anat war überzeugt, daß Israel den Palästinensern unrecht tat. Tut.

Michael Winter, Zahnarzt, kauert im engen Warteraum seiner Praxis, Dizengoff 170, zweihundert Meter neben dem Kaffeehaus, in dem seine Frau starb, er zaust sich das strähnige Haar, spricht langsam und leise. Drei Jahre ist er mit Anat verheiratet gewesen, die beste Zeit seines Lebens.

Ich hörte den Knall, ahnte, ich weiß nicht wieso, sofort Schlechtes, und stellte den Fernseher an. Dann sah ich einen Polizisten. Auf seinen Armen meine Tochter, blutverschmiert und regungslos, sechs Monate alt, Waise seit zehn Minuten.

Er fährt sich über das Gesicht, schweigt, versucht zu lächeln.

Aber lebend.

Gegen sechzehn Uhr rief ein Sprecher der Hamas den israelischen Fernsehsender Channel 1 an, übernahm, wie er sagte, die Verantwortung für die toten Zionisten, Allah ist groß.

Premierminister Netanjahu eilte in die Krankenhäuser, sprach, Arafat, der Palästinenserchef, habe Mitschuld am Schrecken. Arafat widersetzte: Im Gegenteil, schuld sei Netanjahu.

Anats Wunsch, stottert Zahnarzt Winter, ihr größter Wunsch war: Endlich Frieden im Land.

Wenn Israel Frieden will, braucht es nur zu tun, was mit uns abgemacht ist, schnaubt Colonel Jibril Rajub, Preventive Security Service für das Westjordanland, durch seine geheime Dunkelkammer.

Imad Awadallah, Vater von vier kleinen Kindern, war zu Hause in El-Bireh, als ein Unbekannter ihn anrief. Er sei ein Freund seines Bruders, sagte die Stimme, und habe ihm, Imad, auszurichten, er möge das Radio anstellen und die neuesten Nachrichten hören, dann werde er schon verstehen, beste Grüße von Adel.

Imad gehorchte, fuhr dann nach Ramallah hinauf. Er freute sich über das Werk seines wilden großen Bruders, aß, den Anlaß zu feiern, chinesisch, zum ersten Mal in seinem Leben, 21. März 1997.

Bevor sie starb, wechselte Anat den Tisch, damit unser Kind die Sonne sähe. An den Tisch ihres Mörders.

9

Die Brüder Awadallah, Imad und Adel, gejagt von Israel und Arafat, versteckten sich in einem unbewohnten Haus, weißer dicker Beton, in der Nähe des Dorfes Khirbet Teibeh, wenige Kilometer nur neben Dura, wo Tage zuvor eine Drohne der Israeli aus den Himmeln gekippt war. September 1998. Bäume, Steine, Staub und Wind, in der Ferne schwarzer Rauch.

Ein einziger Raum. An der Wand die grüne Fahne der Izzeddin-al-Kassam-Brigaden. Adel, nur auf sich und seinen jüngeren Bruder gestellt, der sicher war, daß niemand wußte, wohin er geflohen war. Dann legten sie sich schlafen.

Tage vergingen.

Dann: 10. September 1998, Donnerstag, sechzehn Uhr fünfunddreißig.

Man habe, verbreitete am späten Abend ein Sprecher der israelischen Armee, im Laufe eines Gefechts in der Nähe von Hebron, genauer in einem Haus auf einem Hügel nahe bei Khirbet Teibeh, Zone C, zwei Terroristen der Hamas erschossen. Auf die Männer, ein Zufall, sei man gestoßen, nachdem im Haus, in dem sie starben, seltsame Geräusche zu hören gewesen seien, Explosionen, Schüsse.

Stimmt nicht. Hussein Mrkratan, Bauer aus Khirbet Teibeh, fuchtelt mit der Rebschere vor seinem alten braunen Gesicht. Den ganzen Tag stand ich hier zwischen meinen Pflanzen, die älter sind als Israel, und hörte nichts, den ganzen Tag.

Man habe nicht gewußt, redete der Pressesprecher weiter, um wen es sich handle. Erst die Fingerabdrücke der Erschossenen, schnell ausgewertet, hätten gezeigt, daß die Toten wahrhaft gefährliche Menschen waren.

Auf einmal sah ich die Soldaten kommen, dort drüben, sie waren plötzlich da, vielleicht hundert Menschen in zivilen Kleidern, und umstellten das Haus und befahlen Hunde über die Mauer. Dann fünf, sechs Schüsse, schnell. Kein Gefecht.

Stunden später besserte die Armee ihre Wahrheit nach, meldete, die Männer seien tatsächlich ohne Warnung erschossen worden, und man habe sehr wohl gewußt, wer sie waren. Und im übrigen sei die Gegend um das Haus nun zum Sperrgebiet erklärt und der Fall mit einer Nachrichtensperre belegt.

Eine Hinrichtung war das, sagt Bauer Mrkratan, zielt mit der Rebschere, als wäre sie ein Gewehr. Zack, zack, zack. Er grinst.

Der Tod dieser Brüder bringt mir meine Frau nicht mehr. Aber er verhindert weiteres Sterben, sagt Zahnarzt Winter im Warteraum seiner Praxis. Vielleicht.

Am Freitag morgen, 11. September 1998, vier Uhr, setzte Israel seine Soldaten in Bereitschaft, verbot allen Palästinensern, ihre Wohngebiete, ob Gaza oder Westjordanland, zu verlassen. Der Abschluß der Friedensverträge von Oslo jährte sich zum fünften Mal.

Nur so viel noch, so der Armeesprecher, im Haus habe man eine Kalaschnikow gefunden, eine Uzi, zwei Pistolen,

FN, Kaliber 9 Millimeter, entsprechende Munition, neun Handgranaten, Kassetten mit ägyptischer Musik, den Koran, Perücken, Haarteile, auch Schläfenlocken, wie strenggläubige Juden sie zu tragen pflegen.

Der ehemalige stellvertretende Leiter des israelischen Inlandgeheimdienstes Schabak, Gideon Esra, aber wunderte sich: Nein, was da geschehen sei, sei kein Zufall. Eher die Frucht einer Zusammenarbeit zwischen Israeli und Palästinensern.

10

Immer wieder, während Monaten, hatte Imad Awadallah seinen Bruder gefragt: Kann ich dir helfen? Adel antwortete: Später, vielleicht.

Ein Jahr und eine Woche waren vergangen, seit Imad chinesisch gegessen hatte, um die Bluttat des Bruders zu feiern: drei zerfetzte Frauen im Kaffeehaus Apropos von Tel Aviv, als in Ramallah, es war Abend, schon dunkel, ein gestohlener Fiat Uno hell loderte. 29. März 1998. Die Menschen rannten los, löschten das Fahrzeug und entdeckten darin eine Leiche, den Körper von Mohijeddin Sharif. Der war, wie Adel Awadallah, ein Führer der Izzeddin-al-Kassam-Brigaden, die ihre Selbstmordmörder, versehen mit den Bomben, die sie bastelten, nach Tel Aviv, Ashkelon, West-Jerusalem befohlen hatten, fünfundzwanzig Tote am 25. Februar, achtzehn Tote am 3. März, dreizehn Tote am 4. März 1996, siebzehn am 30. Juli, acht am 4. September 1997.

Niemand wußte, wie der Mann gestorben war. Endlich entdeckte man drei Kugeln in seinem Leib. Gerüchte gingen, der israelische Geheimdienst habe den Mann gefoltert, erschossen und dann in ein Auto gesetzt und dieses angezündet.

Netanjahu, aus Angst vor der Rache der Hamas, tauschte sich mit Arafat aus, bat den Palästinenser, die Unschuld Israels vor der Welt zu bestätigen. Arafat tat es auf seine Weise: Colonel Jibril Rajub, Leiter des Preventive Security Service für das Westjordanland, der sechs Tage lang versichert hatte, israelische Agenten hätten Sharif ermordet, kam nun zum Schluß, nur einer könne den Mann, Bombeningenieur Nummer zwei, auf dem Gewissen haben: Adel Awadallah, Ingenieur Nummer drei. Im Streit darüber, wer von ihnen der größere Führer sei.

Adel, von einem Freund gewarnt, floh, auch Imad begann sich zu fürchten, nahm einen fremden Namen an und versteckte sich, seine junge Frau Shifa und die vier Kinder, in der Altstadt von Ramallah.

II

Am anderen Morgen, 7. April 1998, der erste Tag des Opferfestes, fand ein Fotograf der Nachrichtenagentur Reuters, Abbas al-Mumani, vor seiner Tür in Ramallah eine Videokassette. Reuters strahlte sie sofort aus: ein Maskierter gab vor, Adel Awadallah zu sein, und schwor, weder er noch Israel habe Mohijeddin Sharif ums Leben gebracht, sondern Arafats eigene geheime Polizei, den Zionisten zuliebe, damit die endlich jene Stückchen Land zurückgäben, die sie längst versprochen hatten. Friedensprozeß.

So sehr mißfiel diese Botschaft der Palästinensischen Autonomiebehörde, daß sie in Gaza das Büro von Reuters schloß. Colonel Rajub verbot den Zeitungen, den Fall zu beschreiben, und schickte seine Schwarzmänner aus, Adel Awadallah einzufangen oder zumindest seinen jüngeren Bruder Imad. Sie umstellten das Haus, in dem Imad sich verborgen hielt, sieben Uhr morgens, 11. April 1998, brachten ihn ins Gefängnis des Preventive Security Service von

Ramallah, dann nach Jericho, näher zu Colonel Rajub, jenseits der trockenen Wüste von Judäa. Adel aber war entkommen.

Hamas setzte sofort eine Warnung ins Internet: Wir raten der Palästinensischen Autonomiebehörde und ihrem Sicherheitsapparat, den heiligen Krieger Adel Awadallah weder zu berühren noch zu behindern. Andernfalls ist mit schmerzlichen Konsequenzen zu rechnen.

Imads Frau Shifa und ihre vier Kinder zogen wieder nach El-Bireh, Abu-Jehad Nummer 7. Sie lehrte ihre kleinen Söhne und Töchter, das Bild des Vaters zu küssen, Imad vor blühenden Tulpen.

›The New York Times‹ schrieb: Der Grund der Verhaftung ist offensichtlich: Hamas soll gehindert werden, weiter zu behaupten, Israel und die Autonomiebehörde steckten gemeinsam hinter dem Mord an Sharif.

Hamas gab nicht auf, warnte Colonel Jibril Rajub, den Gefangenen Imad Awadallah zu foltern.

Folter, beruhigte der Geheimdienstchef, finde in Israel statt, nicht in palästinensischen Anstalten.

Shifa ging kaum noch aus dem Haus, hatte in der Ehefrau ihres Schwagers Adel eine Freundin, auch sie Mutter von vier Kindern.

12

Imad Awadallah, ins weiße Verlies von Jericho gesperrt, war nie allein gewesen, ständig bewacht. Es war Sommer 1998, die Zelle heiß und feucht, und Imad begann zu hungern, sechzehn Tage lang.

Die Eltern, Iqnua und Ahmed Ismail Saleh, hatten überlegt, nach Jericho zu fahren, ihren Sohn zu besuchen, auch Shifa, Imads Frau, dachte daran, aber sie wagten sich nicht aus El-Bireh hinaus, fürchteten, sie könnten, unterwegs in israelisch besetztem Gebiet, Zonen B und C, von israelischen Soldaten belangt und abgeführt werden. Schließlich reiste Shifas Mutter ans Tote Meer, Imads Schwiegermutter Naema, und nahm zwei ihrer Enkel mit, sah Imad, dünn geworden, so dünn, daß sich die Hände seiner kleinen Tochter, als sie ihn umschlang, hinter Imads Rücken berührten.

Imad sagte, er werde täglich gefoltert. Wie geht es Adel? Die Schwiegermutter antwortete: Wir wissen es nicht. Imad: Ich habe nichts verraten.

Imad sei so durstig, erzählte die Schwiegermutter, als sie ihre Enkel an die Abu-Jehad zurückbrachte, daß er sich die Venen öffne und das eigene Blut trinke.

Auf daß er dieser Hölle bald entkomme, hatte die Mutter zu jammern begonnen, August 1998.

13

›The Voice of Palestine‹, sechs Uhr dreißig, 11. September 1998. Israelische Soldaten, strahlte das Radio aus, hätten am Vorabend in der Nähe von Hebron zwei Mitglieder der Izzeddin-al-Kassam-Brigaden erschossen.

Iqnua und Ahmed Ismail Saleh Awadallah, Eltern von Imad und Adel, saßen beim Morgentee. Sie schwiegen. Dann sagte die Frau zu ihrem Mann: Hol eine Zeitung.

Er ging aus dem Haus, kaufte ›Al-Hayat-al-Jadidah‹, »Neues Leben«, Seite zwei, las die Namen: Imad und Adel Awadallah.

Ahmed Ismail Saleh setzte sich den ganzen Tag vor den Fernseher, stumm und ohne Tränen, wartete, sah endlich einige Soldaten, die schwarze Plastiksäcke wegschleppten, darin die Leichen seiner Söhne.

Netanjahus Sprecher pries den Tod der Brüder als Beispiel dafür, daß Israel Terroristen verfolge, wo immer sie sich befänden. Arafats Sprecher redete von Staatsterrorismus.

Und Scheich Ahmed Yassin, Haupt der Hamas, scharte seine Jünger um sich und rief dann aus: Die Märtyrer Awadallah sitzen beim Propheten. Unsere Antwort auf ihren Tod kommt bald, so Allah will.

12. September 1998, Samstag. Hamas rief zum Aufstand. Tausende strömten durch die Straßen, in Gaza, Nablus, Hebron, Ramallah, El-Bireh, warfen Steine gegen alle, die sich in ihre Wege stellten, israelische Soldaten, palästinensische Polizisten, zündeten Reifen an, Fahnen. Die meisten schrien: Tod den Zionisten. Einige: Verräter Arafat, Henker Rajub.

Israel verlängerte die Abriegelung des besetzten Bodens. Alarm.

Dann das Gerücht, Imad Awadallah sei, als er den Häschern entfloh, nicht wirklich entkommen, sondern freigelassen worden, ohne dies zu merken, ständig beobachtet von Spitzeln, bis er die zu seinem großen wilden Bruder Adel geführt habe, in die Nähe des Dorfes Khirbet Teibeh, wo ein Haus auf einem Hügel steht, weißer dicker Beton, umgeben nur von Bäumen und Reben.

Palästinenserchef Arafat bestellte Ahmed Ismail Saleh Awadallah, der achtzehn Jahre in Hamburg gelebt hatte, sechs in New Orleans, in sein Büro nach Ramallah. Fünf Minuten. Er drückte den Mann an sich, sprach von Beileid, bat ihn, dafür zu sorgen, daß wenigstens seine Familie das seltsame, unbegründete Gerede nicht fortsetze, Adel und Imad seien nur deshalb gestorben, weil palästinensische und israelische Geheimdienste sich für einmal zusammengetan hätten. Der Vater nickte.

Arafat hat recht, sagt Naom Tibon, Commander der Bethlehem Brigade der IDF, Israeli Defence Force, eine Kooperation gab es nicht. Er zieht das Gesicht breit. Zumindest mir ist nichts bekannt davon.

Dann verschränkt er die Arme hinter der Glatze, drei Telefonapparate neben sich, einen grauen, einen roten, einen mobilen, schaut zu seinem Sturmgewehr, das im Büchergestell liegt.

Der Sturm auf dieses Haus war allein unser Werk, sehr schwierig und delikat. Details kann ich nicht nennen.

Er zwinkert und lächelt, stellt die Teetasse auf einen Untersatz aus dünnem Kork, United States Army.

Israel beschloß am 14. September 1998, vier Tage nach dem Tod von Imad und Adel Awadallah, die Leichen der Brüder nicht der Familie zu übergeben. Man werde sie zwar begraben, wo, bleibe geheim.

Leichen, sagt Commander Tibon, sind eine gute Karte im nahöstlichen Spiel. Geben die anderen uns die unsrigen, geben wir ihnen die ihrigen.

14

Es wurde Freitag, 18. September 1998, der heilige Tag der Muslime. Die Familie Awadallah hatte ein Zelt vor ihr Haus gestellt, grünen Plastik, die Farben der Hamas. Eine Trauerfeier für Imad und Adel. Dutzende von Menschen saßen darin, niemand weinte. Ein Prediger sprach laut und lange, redete von Gott, der nichts vergesse. In großen Zeichen hatte jemand auf eine Fahne geschrieben: Im Namen Allahs schwören wir, den Tod unserer Märtyrer zu rächen, die ermordet wurden, weil die Geheimdienste zusammenspannten.

Amar, der jüngste der Familie, schrie: Arafat ist nicht mein Präsident, seine Regierung ist nicht meine. Dann schrie er: Das Blut der Zionisten will ich sehen, in der Luft, auf Zäunen und Steinen, überall.

Immer zorniger wurden die Gäste: Die Israeli sind Feiglinge. Sie haben nur Geld, krähte einer.

Und Huren, ein anderer.

Ins Meer mit ihnen.

Iqnua Awadallah, die alle Nama nennen, niemand weiß wieso, saß in einer Ecke, alt geworden, breit. Sie schwieg lange, sah nur zu. Begann zu zittern. Sie bebte. Dann brach es aus ihr, Gott der Barmherzige habe ihr im Traum bedeutet, die Teufel von Colonel Rajub hätten ihrem Sohn, dem schmalen Imad, als er zu Jericho in Ohnmacht lag, einen kleinen Sender ins Fleisch gesetzt, und die Israeli, mit ihren Satelliten und Flugzeugen, hätten also ständig gewußt, wo er war, was er tat, unterwegs zu seinem Bruder, den er so sehr liebte.

Ach Mutter, das hast du doch in der Zeitung gelesen, sagte Shifa, Imads Witwe.

Geträumt habe ich es, trotzte Iqnua Awadallah, Träume sind der Atem Gottes.

Eine gute Geschichte, lacht Commander Tibon vor der israelischen Fahne, leider nicht wahr.

Ahmed Ismail Saleh krümmte sich zu seiner Frau und flüsterte: Die einzige Wahrheit ist unser Schmerz.

15

Israel begrub Adel und Imad Awadallah, der seinen Bruder nie verraten wollte, in roter Erde.

Am Jordan, Nähe Adam Bridge, wehte ein kühler Wind. Dann schlug man zwei hölzerne Pfähle in den Staub, zwei Nummern daran.

Jean

Jean Ziegler sehen.

Vierter Stock der Uni Genf. Büro 4226. Ein Triebtäter sei der Mann – so hat man gelesen. Ein Schäumling wider Kapital und Globalisierung, Banken und Mafia. Rambo der Soziologie. Kitschbruder. Eine Dreckschleuder, ein Verräter seines Landes, der schweizerischen Eidgenossenschaft. Lügner. Vollmundig, ungenau, ungezogen. Und vergeßlich. Man klopft an die Tür, lauter als zuvor. Doch ein Charmeur sei er auch, von großer menschlicher Wärme, einem Frauenrock selten abhold. Und die Geschichte, irgendwie, habe ihm noch immer recht gegeben.

Ein heiseres *Oui*. Die Finger voller Tinte, der Kragen offen, das schüttere Haupt über Papier gekrümmt: Ziegler wie er leibt und leidet. Setz dich, sagt er und schaut nicht auf. Man weiß: Seinem kosmischen Du entkommt fast keiner.

Prof. Dr. Jean Ziegler, achtundsechzig, auf dem Höchstpunkt seines schnellen Lebens, ist UNO-Sonderberichterstatter für das Recht auf Nahrung. Im September 2000 ereilte ihn der Ruf von Mary Robinson, Hochkommissarin für Menschenrechte der Vereinten Nationen. Vierzehn Monate später legte er der Vollversammlung zu New York seine ersten Ergebnisse aus.

Ça va? fragt er, zaust mit dickem Stift ein Manuskript. Darf ich das hier noch rasch erledigen?

Die Braustube von Meister Ziegler. Wo so manches gedieh, was ihn berühmt machte – so sehr, daß es heißt, Studenten aus Asien, Afrika und Lateinamerika wallten in die Schweiz, allein um Jean Ziegler zu sehen und höchstens noch Schokolade zu kaufen. Wo entstand, was ihn berüchtigt machte – dermaßen, daß es, zumal im Land der helvetisch Bescheidenen, heißt, der Ziegler lasse, um seinen Ruhm zu mehren, keine Kamera und kein Schimpfwort aus: Kasinokapitalismus, Dschungelkapitalismus, Killerkapitalismus, Raubtierkapitalismus, Bankenbanditismus.

Allende hängt am Brett, Kafka, Guevara, Brecht und Nasser. Kinderzeichnungen, Fotos von Zieglers Sohn. Im Gestell stehen mehrbändig Marx und Hegel. ›Lenin in Zürich‹, ›In search of enemies‹, ›Tout passe‹. Auf dem Sims, zehn Zentimeter hoch, die fromme Muttergottes. Ziegler, der Berner Protestant, wechselte einst zum Katholizismus. Und vom Bürgertum zum Sozialismus. Lange her.

Mandarinen liegen auf dem Tisch, Aspirin und ein Rasierapparat, Parfüm, seit Jahrzehnten der gleiche Saft von Guerlain, Taschentücher, Akten. Ordnung behindert.

Darf ich reden? fragt er. Und legt los.

Die Koalition gegen den Terror ist zum Scheitern verurteilt, weil es zur gleichen Zeit keine Koalition gegen den Hunger gibt. Verstehst du? Diesen Satz sprach ich auch an der UN-Vollversammlung, letzten November. Schreib das auf.

Ziegler, schnelle Augen, gerät ins Wippen, sein Stuhl ist alt und ächzt.

Folgendes: Einhunderttausend Menschen sterben täglich am Hunger und seinen unmittelbaren Folgen. Einhunderttausend. Im Jahr 2000 verhungerten auf diesem Planeten sechsunddreißig Millionen undsoweiter undsoweiter. Alle sieben Sekunden stirbt ein Kind unter zehn Jahren. Achthundertachtundzwanzig Millionen von 6,2 Milliarden Menschen sind permanent schwerstens unterernährt. Alle sechs Minuten erblindet jemand, weil er zu wenig Vitamin A hat.

Undsoweiter. Das, das sind die Zahlen des Horrors. Ein Völkermord geschieht. Über zwei Milliarden Menschen haben krank machendes Trinkwasser, vier Millionen Kinder sterben jährlich an Diarrhö. Erzähl das deinen Leuten. Die Katastrophen passieren nicht nur in New York. Die Erde aber könnte doppelt so viele Menschen ernähren, wie wir heute sind. Problemlos. Zweitausendsiebenhundert Kalorien pro Mensch pro Tag. Der Genozid, mein Lieber, ist menschengemacht. Ist keine Fatalität. Erzähl das deinen Leuten.

Der Stuhl ächzt immer lauter, immer schneller.

Und dies, obwohl seit zehn Jahren die Globalisierung umgeht. Also freier Kapitalverkehr, weltweiter Einheitsmarkt ohne staatliche Normativität undsoweiter undsoweiter. Das Weltbruttoprodukt, also die Summe aller produzierten Güter und Dienstleistungen in dieser Welt, nahm im Laufe von zehn Jahren um das Dreifache zu. Der Energieverbrauch hienieden verdoppelt sich alle vier Jahre. Der Welthandel steigerte sich 1999 um 12,5 Prozent. Folgendes: Die Globalisierung funktioniert. Die Globalisierung schafft unglaublichen Reichtum. Die Neoliberalen haben recht. Wo möchtest du essen?

Im Intercontinental.

Ziegler grinst. Alle wollen sie, die auf seine saftigen Sätze lauern, ins Interconti. Journalistenfolklore. Dort tafelte Ziegler einst mit dem, der am obersten Nagel hängt, Ernesto Che Guevara. Sechs Wochen lang, so geht die Legende, chauffierte Jean Ziegler einst den Recken, 1964, als Che in Genf einer Zuckerkonferenz beisaß. In der letzten Nacht, morgens um vier, eröffnete Ziegler, achtundzwanzig Jahre zart, dem bärtigen Schönen den Wunsch, ihm in Wald und Kampf zu folgen. Che aber, hart und weitsichtig, sah aus dem Fenster des Intercontinental, zeigte auf Genf, die hellen Paläste der Banken,Versicherungen, Edelsteinhändler. Und sprach: Siehst du, Juan, dort diese Kavernen des Geldes? Sie sind das Hirn des Monsters. Was willst du mehr? Dein Schlachtfeld sei hier.

Man umarmte sich.

An einem Ständer hängen Pullover und Jacken, Schirme, ein Frotteetuch. An der Wand die Erklärung der Menschenrechte.

Und gleichzeitig steigt das Maß der Ausgrenzung, der Marginalisation, der *exclusion,* der Zerstörung des Menschen, verstehst? Die Welt wird reicher, und die Hungerkurve steigt. Eine negative Dynamik, negative Dynamik. Die oligarchische Form der Weltherrschaft wird immer deutlicher, schreib das. Der Welthandel, geldvolumenmäßig, belief sich im vergangenen Jahr auf sechstausend Milliarden Dollar. Sechstausend Milliarden. Ein Drittel davon fand ausschließlich im Innern transkontinentaler Gesellschaften statt, also innerhalb einer gleichen Firma, die Geld von einem ihrer Profitzentren zu einem anderen ihrer Profitzentren schob, innerhalb von Nestlé oder innerhalb von Siemens oder innerhalb von ABB. Ein anderes Drittel geschah zwischen verschiedenen transkontinentalen Gesellschaften, also zwischen Nestlé und Siemens. Und nur noch ein Drittel ist eigentlicher Welthandel. Ein Witz, ein Skandal, eine unglaubliche Monopolisierung. Die zweihundert größten Buden der Welt kontrollieren siebenundzwanzig Prozent des Weltbruttoprodukts. Erzähl das mal. Posaune es aus.

Er holt Luft.

Die Massengräber sind menschengemacht.

Holt Luft.

Menschengemacht.

Das Tonband läuft.

Aber natürlich ist es schwierig, das historische Subjekt analytisch zu identifizieren, verstehst? Als Intellektueller ist dies meine Aufgabe – und deine übrigens auch. Die transkontinentalen Machtgebilde, diese unsterblichen unsichtbaren Personen, die sich weltweit niederlassen, haben kein

Gesicht, keine Sprache, keinen Fingerabdruck, keine Urinspur. Aber sie beherrschen uns total.

Jean, man nennt dich einen Übertreiber.

Ziegler lacht nicht. Journalisten schreiben Journalisten ab. Ja klar, man muß, um gehört zu werden, laut sein. Man muß, wenn man bewegen will, beweglich sein. Meine Feinde sind die Krämer des Details. Details sind die Kanonen, die sich auf mich richten. Da halte ich es mit Karl Kraus. Der sagte: Er schießt oft über das Ziel hinaus, aber selten daneben. Und jetzt gehen wir essen. Aber nicht ins Intercontinental. Das gehört mittlerweile einem arabischen Halun ...

Darf man das so schreiben?

Warum nicht?

Weil du dann vielleicht schon wieder einen Prozeß am Hals hast.

Meinst du?

Sein Wortgut ist Zieglers Falle und Untergang.

Er steckt den Filzstift, ohne den er kein Haus verläßt, in den Kittel, sagt in bestem Berner Deutsch: Aber säg. Wiä geits de deer? Wie geht's dir denn?

Jean Ziegler heuchelt selten.

Jean begann als Hans. Am 19. April 1934. In Thun, einem Garnisonstädtchen im Berner Oberland. Der Vater war Richter, Oberst im Generalstab, Direktor der Militärversicherung. Die Mutter Hausfrau und gütig. Eine jüngere Schwester. Jean wurde Flügelstürmer, Hauptmann der Knabenkadetten, Busenfreund von Winnetou. Im Dezember 1943, im Alter von fast zehn Jahren, widerfuhr ihm jenes Ereignis, das Ziegler, längst zum Jean geronnen, in seinem vierzehnten Buch wiedergibt, früheste Kindheitserinnerung überhaupt: Die Entgleisung eines Güterzugs der Deutschen Reichsbahn während eines Schneesturms im Bahnhof zu Thun, in der Herzkammer des angeblich so neutralen Schweizerlandes. *Platanen knickten am Kai, der Himmel war pechschwarz und die Luft vom Geruch mehrerer Brände erfüllt. Tote Schwäne und vor Schreck gelähmte Enten strandeten am Seeufer. Dutzende von Waggons stürzten wie tödlich getroffene Tiere um. Gleich Leichen auf einem Schlachtfeld lagen Flugabwehrkanonen, Panzertürme, LKWs mit zerbrochenen Scheiben und schwere Maschinengewehre verstreut auf den Geleisen.* So schreibt Jean. Und Hansli, unschuldiger Augenzeuge, erkannte die Lüge von der lokalen Neutralität: Naziwaffen auf Schweizer Reise.

Jean Ziegler, du bist der einzige, der von diesem Unstern weiß, der einzige, der je deutsche Weltkriegswaffen auf Schweizer Boden sah, es gibt nichts Schriftliches darüber, nicht bei der Bahn, nicht bei der Wetteranstalt, nicht bei der Feuerwehr, nicht in den Archiven der Stadt und der Kirche, die damals, wie du schreibst, den rostigen Hahn vom Dach verlor. Ziegler, sogar deine Schwester meint, du habest dies alles erfunden. He, Jean?

Man sitzt nun, statt im historischen Intercontinental, im nahen Le petit Lyonnais, bestellt zweimal *Plat du jour,* Schaf, Kartoffeln, und Jean Ziegler schaut vom Tischtuch hoch, knurrt und lächelt. *Mon cher,* sagt er, was ist Genauigkeit, was Wirklichkeit? Wem dient sie? Was verhindert sie? Ich stehe zu meiner Erinnerung. Niemand kann sie mir nehmen. Und ich denke im übrigen wie André Breton, der sagte: Alles spricht dafür, daß der Geist zu einem gewissen Punkt kommt, wo Leben und Tod, Wirklichkeit und Einbildung, Vergangenheit und Zukunft, Sagbares und Unsagbares nicht länger als Gegensätze wahrgenommen werden. Verstehst? Hast du Kinder?

Hans lief bei der Studentenverbindung Zofingia mit. Vernahm plötzlich, was er später *die Trommel der Auflehnung* nennt. Ständig lärmte sie in seinem Kopf. Die Eltern wußten sich keinen Rat, schickten den Rohling nach Bern ans Freie Gymnasium. Wo fremde Mädchen waren. *Alle Feuer des Universums loderten* in Hansens Körper. Er stöhnte, wie er zugibt, *unter dem Joch der Begierde.* Und doch faßte er, wie er schreibt, *diese goldblonden Locken, diese zarten Brüste und Hüften niemals an.* Hans schaffte die Matura, zog nach Paris, sechstes Arrondissement, studierte die Rechte, er war schüchtern, verwirrt, begeistert, las Marx, Luxemburg, Plechanow, nannte sich fortan Jean. Jean Ziegler traf Sartre und de Beauvoir. Schrieb Aufsätze, zeitgemäß empört. Ziegler Hans aber sollte, wie jeder Schweizer, in die Schweizer Armee, am zwölften Tag der Rekrutenschule streute er Flugblätter klaren Gehalts, kam drei Monate in Haft, wurde ausgemustert. Eilte von Liebe zu Liebe, *hingerissen von einem Gefühl kosmischer Weite und absoluten Seins.* Weiterstudium in Genf. Bekehrung zur Soziologie. *Soziologie ist eine Befreiungsbewegung, eine Waffe in der Hand der Unterdrückten.* Er beging Schelmereien zugunsten der algerischen Nationalen Befreiungsfront FLN. Schnitt Zuckerrohr auf Kuba. Jean war endgültig kein Hans mehr.

Der Wirt hier, haucht Ziegler über den Mittagstisch, war früher Bankier. Entlassen. Und manchmal sitzt er mit ehemaligen Kollegen zusammen. Dann sagen die mir: Es ist richtig, Ziegler, was du in deinen Büchern schreibst.

Ziegler schaut sich um, dreht den Kopf nach allen Seiten, rutscht ins Flüstern: *Verschteisch?* Verstehst?

Er schaut auf die Uhr.

Paß auf, sagt er. Jede Minute kommen zweihundertdreiundzwanzig Menschen auf die Welt, hundertzweiundsiebzig davon in den sogenannten Entwicklungsländern, dort, wo die Massengräber am tiefsten sind. Und immer noch, bei der UNO, in der Kirche, an den Universitäten, immer noch geht der malthusianische Wahn um – Malthus, Thomas Robert, englischer Pastor und Sozialphilosoph, 18. Jahrhundert –, dieser Wahn, der besagt, der Hunger sei zwar bedauerlich, aber Gott richte dies so ein, um ein noch größeres Unglück zu verhindern, nämlich das einer übervölkerten Welt. Denn dann hätte gar niemand mehr zu essen, trinken, atmen. Das ist, *mon cher,* eine Nazitheorie. Eine Nazitheorie. Der Malthusianismus ist objektiv falsch, schreib das auf. Weil die Produktionskräfte so unglaublich gewachsen sind, daß der Planet ohne Schwierigkeit ... und da irrte sich übrigens auch Marx, als er behauptete, die Struktur der Weltherrschaft sei nicht menschengemacht, sondern für alle Zeiten auf dem objektiven Mangel begründet, das verdammte Paar des Herrn und des Sklaven undsoweiter, verstehst ...

Ziegler schaut sich um, klopft die Tintenfinger auf den Tisch.

... emm, schreib deinen Leuten folgendes: Der Planet ist fähig, ohne Schwierigkeit zwölf Milliarden Menschen zu ernähren. Dies ist eine Frage der Verteilung und des Zugangs. Steh auf, wir müssen.

Im September 1961, siebenundzwanzigjährig und vom Land seiner Eltern erschöpft, erreichte Jean Ziegler den Kongo. War Assistent eines Sonderbeauftragten der UNO. Fand in Afrika Krieg und Horden hungernder Kinder. Und seine Bestimmung. *Mit weit geöffneten Augen blieben die Kinder liegen. Andere warfen sich gegen den Stacheldraht und blieben darin hängen; wieder andere fielen mit ausgestreckten Armen zurück auf die Straße und starben. Bis an mein Lebensende werde ich den Blick ihrer starren Augen nicht vergessen. In diesem Augenblick habe ich mir geschworen, nie mehr – nicht einmal rein zufällig – auf der Seite der Henker zu stehen.*

1963 Rückkehr in die Schweiz, 1964 Begegnung mit Che Guevara, 1965 Heirat mit einer Ägypterin, Ziegler wurde Vater und Assistent für Soziologie an der Universität Genf. 1968 reiste er erstmals nach Brasilien, mischte sich unter die Armen, *mein Herz schlägt im Rhythmus der Trommeln, ich vergesse alles um mich herum.*

Brasilien ließ ihn nicht mehr los. Jahre später ging Ziegler in sich, schrieb in seinem Buch ›Wie herrlich, Schweizer zu sein‹: *Jahr für Jahr besteige ich in Genf das Flugzeug, das mich nach Salvador, Recife oder Rio de Janeiro bringt. Ich sehe, ich verstehe, ich empfinde Mitleid – und ich fliege wieder zurück, als sei nichts geschehen. Meine Bücher, meine Vorlesungen, mein vergänglicher wissenschaftlicher Ruf und mein gelegentlicher Medienruhm erwachsen aus dem Blut, den Tränen und der Not der Kinder Brasiliens. Ich komme mir manchmal wie ein Vampir vor, dessen Verhalten durch nichts, nicht einmal durch die Scham, zu entschuldigen ist.*

Man spaziert am berühmten See der reichen Stadt, vorbei an teuren Hotels und weißen Jachten, Professor Ziegler, die Schritte schon kurz, zeigt hinüber ans andere Ende des Wassers. Dort wohnen die arabischen Emire, die Scheiche und die ganze verdammte Mafia.

Ziegler schaut auf die Uhr.

Die Vereinten Nationen stellen ihm zwei kleine Räume zur Verfügung, im Schatten des Palais Wilson, wo einst der Völkerbund tagte, rue Rothschild 24. Den Spruch, der hier in den Stein gehauen ist, kennt er auswendig: Die Freiheit des Schwachen ist der Ruhm des Starken. Eine junge Frau, ein junger Mann tippen in Computer, was Ziegler vordenkt. Ziegler blättert durch die Post, eine Einladung nach Panama, eine nach Pakistan. Keine Zeit. Allende hängt, die ewige tote chilenische Hoffnung. Die Welthungerkarte.

Alors, wir müssen, sagt er, greift nach seinen Kladden.

Jean Ziegler hatte schon fünf Bücher hinter sich, als er 1976 zu Papier brachte, was ihn auffällig machte: ›Eine Schweiz – über jeden Verdacht erhaben‹. Ein Pamphlet, eine Tirade, ein Bestseller. Millionenfach verkauft, übersetzt in zwanzig Sprachen. *Die mehreren hundert Millionen Dollar, die alljährlich aus Zaire, aus Brasilien und aus so vielen anderen Ländern der dritten Welt abfließen und die, in Schweizer Franken umgetauscht, in den Ali-Baba-Höhlen unter der Zürcher Bahnhofstraße lagern, sind das Blut der Armen.*

Das hatte noch keiner so blumig zu sagen gewagt im Land

der Ewigverschonten. Man drohte dem Professor mit Mord, beschmierte sein Haus. Die Mächtigen heulten auf, wiesen Ziegler Dutzende von Irrtümern nach, Halb- und Unwahrheiten. Die ihn liebten, warnten davor, den Soziologen zum Statistiker zu machen, erinnerten vielmehr an die großen Wahrheiten, die Ziegler ans Licht zerrte. Doch nur einer rang sich zu einer Klage durch: der chilenische Schächer Pinochet. Dessen Junta Ziegler faschistisch hieß. Der Feinfühlige aus Santiago tippte auf üble Nachrede. Bekam von der Genfer Justiz recht. Und zweitausend Schweizer Franken.

1977 Berufung zum ordentlichen Professor.

1979 Wahl in den Nationalrat, Bundesparlament, Mitglied der sozialdemokratischen Fraktion. Ziegler wurde Volksgut, stieg empor zu Dürrenmatt und Frisch in die erste Schublade der Heimatdeuter.

1980 ›Retournez les fusils! Schießt zurück!‹, ein Handbuch der Oppositionssoziologie.

Im Jahr 1983 wurde Ziegler aus dem Bundeshaus gewählt. Ziegler litt. Tröstete sich mit einer Berufung an die berühmte Sorbonne zu Paris, fünfundneunzig Doktoranden saßen im Saal, als der Schweizer die erste Vorlesung hielt, *Staatenbildung in der Dritten Welt.*

Letzter Punkt, nachher fahren wir zum Palais des Nations, schnattert Ziegler nun aufs Band, letzter Punkt: Die Bipolarität der Weltordnung ist nicht mehr. Brach im August 1991 zusammen. Solange es Kommunisten gab – die waren ja so kommunistisch wie wir beide buddhistisch sind –, solange konnten sich die Grundvektoren des kapitalistischen Produktionssystems nicht frei entwickeln, Multilateralität der Weltherrschaft, Deterritorialität, totale Loslösung von irgendeinem normativen Gebiet undsoweiter. Kurz gesagt, nachher rasen wir zur UNO, es ist schon vier Uhr, kurz: Solange es Kommunisten gab, gab es keine Globalisierung. Wegen der Alchemistenfunktion, verschteisch? Bis 91 funktionierten die westlichen Gewerkschaften und Sozialdemokraten wie mittelalterliche Alchemisten. Was heißt, daß sie die Kommunistenangst der Herrschenden für ihre Klientel, die Arbeitermasse, einsetzten und so den Arbeitsmarkt stabilisierten und den Abbau der Sozialleistungen verhinderten. Und heute? Es gibt keine Sozialdemokraten mehr. Nenn mir einen. Es gibt nur noch Machertypen wie diesen deutschen Schröder, der nicht mehr als ein Etikett ist, eine Hülse. Zwischen Brandt und Schröder, *mon cher,* sind Lichtjahre. Wie zwischen Neolithikum und Cyberspace, verstehst? Undsoweiter.

Ziegler hustet vor Erregung.

Und die EU ist eine reine kapitalistische Rationalisierungsfabrik. Ohne Außenpolitik.

Er klopft sich auf die Brust, Dampf dringt aus der Jacke.

Also bleibt heute als transnationales Subjekt, das so etwas wie eine *volonté générale* belebt, nur die UNO. Und dorthin gehen wir jetzt. Die UNO vertritt die Kollektivinteressen des Planeten. Punkt. Schluß. Schon zehn nach vier.

Man eilt zu Zieglers Wagen, der am Ufer des Genfersees steht. Nissan Maxima QX. Auf Abzahlung geleast.

Weißt du, keucht er, der Ruf der UNO, mein Job als Sonderberichterstatter, war wie eine Himmelserscheinung, eine Erleuchtung, Erlösung. Ein Geschenk. Endlich kommt alles zusammen. Alles, was ich bisher in meinem Leben tat, macht jetzt Sinn: Meine Kritik am Kapitalismus, meine Beschäftigung mit der Dritten Welt, meine Schreie, meine Tränen, verstehst du? Und außerdem wagt nun die ›Neue Zürcher Zeitung‹, diese Augenbinde der Oligarchen, nicht mehr zu spotten.

1987 standen wieder Nationalratswahlen an, Jean Ziegler, inzwischen dreiundfünfzig, kandidierte erneut, bekannte sich, um sämtliche Splitter seines Publikums zu begrüßen, kurzfristig zum Vegetarismus. Ziegler wurde gewählt und mußte, weil die Bundesverfassung es so will, der französischen Auszeichnung zum Ritter der Künste und der Literatur abschwören. Ziegler tat es, holte zum zweiten Rundschlag aus: ›Die Schweiz wäscht weißer‹, 1990. Die Schweiz, wies Jean Ziegler nach, hortet das Geld der Drogenbarone. Ist eine *Brutstätte für Schurken aller Couleur.* Ziegler schonte nicht, nannte Namen und Firmen. *Die Schweiz ist zum Hehler des Bösen geworden, eine Insel des Verbrechens, sie braucht keine Gewehre zum Töten, sondern Telex.*

In Frankreich wurde der neueste Ziegler in wenigen Wochen hunderttausendfach gekauft, Ziegler eilte von Kamera zu Kamera, ›Le Figaro‹ schrieb vom »Geld des Todes«. Ziegler bekam eine Medaille der Sandinistischen Befreiungsfront. Fühlte sich vom CIA verfolgt. Ließ es sich im November 1990, einen Reporter der ›Schweizer Illustrierten‹ im Gepäck, nicht nehmen, zu Saddam nach Bagdad zu reisen, Operation Kalif, auf daß der Diktator einige Schweizer freilasse, die er sich als Geiseln genommen hatte. Saddam zeigte Gnade.

Doch des Professors patriotischer Ritt ins Reich des Bösen schützte ihn nicht vor der Nachstellung seiner Mitvolksvertreter. Auf Begehren eines Genfer Financiers, den Ziegler »Immobilienspekulanten« und »Baumwoll- und Erdölschieber« genannt hatte, hoben sie Zieglers parlamentarische Immunität auf, seinen Schutz vor Strafverfolgung. Die ›Neue Zürcher Zeitung‹ schrieb von einer notwendigen und überfälligen Lektion. Klagen brachen los, sogar der Gatte einer ehemaligen Justizministerin sah sich verleumdet, und Jean Ziegler zappelte schließlich in sieben Prozessen, sollte, ginge es nach den Klägern, fast sieben Millionen Schweizer Franken Schadenersatz leisten. Bis heute sind erst drei Verfahren beendet, Ziegler verlor, wurde verurteilt. Und hatte kein Geld. Die Gerichtsvollzieher standen ins Haus, holten, was zu holen war, auch den alten Wagen, Lohnpfändung, Professor Ziegler besitzt seither nur noch wenig, und was er hat, gehört seiner Frau oder ist, Köpfchen, geleast.

Mit Vorsicht fährt er seinen Sechszylinder vom Platz am See, fährt zum Palais des Nations, dem Genfer Sitz der Vereinten Nationen.

Gegen die UNO kannst du sagen, was du willst, klar, sie ist eine Krake, ein nebulöses Ding, eine Galaxie mit zweiundzwanzig Spezialorganisationen, aber sie vertritt, immerhin, die Interessen des gesamten Planeten. Und ich, Jean, bin der Sonderberichterstatter für das Recht auf Nahrung. Wurde dazu berufen von der Menschenrechtskommission. Die im April 2000, eine Revolution, beschloß, die zivilen Menschenrechte zu komplettieren durch soziale, ökonomische, kulturelle, verstehst? Der Menschenrechtskatalog soll ergänzt werden. Resolution 2000/10 vom 17. April 2000. Der Mensch hienieden hat nicht nur das Recht auf Würde und Unversehrtheit und Asyl undsoweiter undsoweiter, sondern auch das Recht auf Nahrung. Punkt. Schluß. Wahlzettel fressen macht nicht satt.

Und was schlägst du vor?

Ein einklagbares Recht auf Nahrung. Das Recht, Nahrung selber herzustellen. Oder das Recht, zu Nahrung Zugang zu haben.

Ziegler schweigt, er fährt sich durchs Haar, sagt dann plötzlich: Eine Utopie – das ist es doch, was du denkst?

Man sucht eine Antwort. Ziegler fährt dazwischen: Einklagbarkeit, *mon cher,* ist keine Utopie. Man muß nur den Mut dazu haben. Genauso, wie es einst Phantasie und Mut brauchte, ein Recht auf Asyl festzuschreiben, verschteisch? Und das machen wir jetzt. Es gibt verdammt noch mal kein Zurück. Punkt. Schluß.

1992 ›Marx, wir brauchen dich‹.

1993 ›Wie herrlich, Schweizer zu sein‹, Zieglers Autobiographie. Die ›Neue Zürcher‹ hielt sie für »bestenfalls ambitionierte Arbeiterkampfprosa«, die ›Frankfurter Allgemeine‹ für ein »erfreulich differenziertes und selbstkritisches Bild eines engagierten Zeitgenossen«. *Ich bebte vor Empörung.*

Ich glaubte – und glaube noch immer – an den Klassenkampf, an den radikalen, unüberbrückbaren, definitiven Gegensatz zwischen Unterdrücker und Unterdrücktem. Den Unterdrücker kann man nicht überzeugen, man muß ihn besiegen.

Seinen Gegnern im Nationalrat, die ihn den Klagen der Reichen und Mächtigen auslieferten, schenkte er Werk um Werk, versah sie mit netten Worten: »Meinem liebsten und interessantesten Feinde«. Wer immer mit Ziegler zu tun hat, ist schnell einzigartig. Ziegler umarmt gern, und wenn, den ganzen Planeten.

Ein Wachoffizier in Uniform und ledernen Handschuhen steht vor dem Palais des Nations, Ziegler zeigt seinen Ausweis, der Soldat, Kanadier, schaut dem Professor ins Gesicht, sagt: Ich habe Sie im Fernsehen gesehen. Als Sie gegen die Bomben in Afghanistan schimpften. Ich danke Ihnen. Wir brauchen Sie.

Ziegler lächelt. Gibt Gas.

Hesch jetz ghört? haucht der Professor.

Dann stellt er den Wagen vor dem Palast ab, öffnet den Kofferraum, darin eine Reisetasche, er zieht eine schwarze Weste an, eine gelbe Krawatte, zwängt sich wieder ins Auto, betrachtet sich im Rückspiegel, kämmt sich schnell und heftig, schüttet Parfüm in den Kragen.

Kann man so unter Diplomaten? fragt er.

Hohe Räume, glänzender Granit. Ziegler tauscht Nettigkeiten mit dem burundischen Außenminister, nickt, lächelt in Gesichter, die er von irgendwo kennt.

Seit Monaten, Woche für Woche, setzt sich der Sonderberichterstatter für das Recht auf Nahrung in einen Saal der UNO, hört sich den Kulturvortrag eines Landes an, vorige Woche die Chilenen über ihren Dichter Neruda, diese Woche die Finnen über den Architekten Aalto, nächste Woche die Franzosen über den Musiker Milhaud, »Dialog zwischen den Zivilisationen« heißt die UN-Sause.

Verstehst? sagt Jean Ziegler, irgendwann bin ich auf die Stimmen all dieser Länder angewiesen. Also nimmt man ein bißchen Langeweile in Kauf ... aber das darfst du nicht schreiben.

Artig schüttelt er dem Gesandten Finnlands die Hand, lobt das Fest, bevor es begonnen hat. Setzt sich in die hinterste Reihe und kann nichts dafür, daß es im Saal so wohlig dunkel ist und die Ventilation so lullig säuselt. Schließlich ist Ziegler, wie jeden Tag, seit sechs Uhr wach, schrieb heute morgen schon an seinem neuesten Buch, die fünfte Version.

1996 ›Das Gold von Maniema‹. Ein Roman. *Eine wandelnde Göttin der Freiheit hat nicht enden wollende Beine.*

1997 ›Die Schweiz, das Gold und die Toten‹. In fünf Monaten hingeschrieben. Im Auftrag von Bertelsmann. Hunderttausend Exemplare allein in Deutschland. Lizenzausgaben in zwölf Ländern. *Hitler war der Traum jeden Schweizer Bankiers. Die Schweizer Banken haben den Krieg verlängert.* Wieder Morddrohungen. Ziegler sei nicht ernst zu nehmen, verbreiten seine Gegner. Ziegler, als Beispiel, schreibe in seinem Buch vom Arbeitgeberverband, meine aber den Handels- und Industrieverein. Ziegler, in seinem Buch, lasse den eigenen Vater im granitenen Beatenberg Militärdienst leisten, wo es sich dort um Kalkstein handle. Ein ehemaliger Bundesrat heiße nicht Pierre-André, sondern Georges-André. Eine Waffenfabrik heiße nicht Bührle-Oerlikon, sondern Oerlikon-Bührle.

1998 ›Die Barbaren kommen‹. Ziegler warnte vor Mafia und Apokalypse.

Eine Schweizer Zeitung rechnete vor, daß im Nationalrat keiner so oft fehle wie Jean Ziegler.

Sechzehn Landsleute reichten gegen den Professor Klage ein: Ziegler habe, unter anderem mit seinen ehrenrührigen Erfindungen und Verleumdungen, die Unabhängigkeit der Eidgenossenschaft und die Sicherheit der Schweiz angegriffen. Ziegler der Landesverräter. Die sechzehn Patrioten waren Aktionäre der größten Bank im Land, Union Bank of Switzerland, UBS. Deren Aktienkurs stark gefallen war. Seit jüdische Naziopfer ihr Geld zurückverlangten, das Schweizer Banken versteckten.

»Schluß mit dem Kesseltreiben um Jean Ziegler«, verlangte eine Schar österreichischer Künstler, Jelinek, Turrini, Blaha. Im deutschen Bundestag unterschrieben fünfundvierzig Abgeordnete eine Depesche an die Schweizer Regierung: Meinungsfreiheit und die Einhaltung der Menschenrechte seien unabdingbare Güter. Ziegler im Glück: Seine Immunität, diesmal, hielt stand.

Und als im Jahr 1999 wieder Wahlen waren, durfte der Mann, inzwischen fünfundsechzig, nicht mehr auf die Liste seines Wahlkreises. Denn die Genfer Sozialdemokraten pflegen ihre Genossen höchstens zwölf Jahre lang nach Bern zu schicken. Ziegler, Schlaumeier, bot sich in Zürich den Jungsozialisten an. Die lupften ihn auf ihre Liste, Ziegler, vor allem scharf auf den Schutz vor Strafverfolgung, nannte sich auf den Plakaten Bruder Courage. *Damit unser Land nicht zum Albanien der Alpen verkommt.* Die ihn haßten, lachten. Die ihn liebten, lächelten. Ziegler verlor.

Artig schüttelt er nun die Hand des finnischen Gesandten, bedankt sich für die Schönheit des Abends.

Komm, wir müssen.

Er lockert die Krawatte, von Parfüm umhüllt.

Jean Ziegler steuert seinen Wagen, der nicht ihm gehört, durch die frühe Nacht, vorbei an der Botschaft der USA, einer Festung aus Stacheldraht und Licht.

Darf ich noch etwas sagen? fragt der Professor. Die Koalition gegen den Terror ist zum Scheitern verurteilt, weil es gleichzeitig keine Koalition gegen den Hunger gibt. Oder hab ich das schon gesagt?

Jetzt hält er am Rand der Stadt, Château de Penthes, er schaut auf die Uhr, zurrt die Halsbinde eng, trabt los. Empfängt dann, unter einem Ölgemälde selig grinsend, den Preis der Vereinigung der Auslandspresse in der Schweiz und Liechtenstein. Eine Schachtel Schokolade und gerolltes Pergament. Auf dem zu lesen steht: *Jean Ziegler, beliebteste Schweizer Persönlichkeit bei ausländischen Journalisten.*

Andächtig sitzt der Sonderberichterstatter auf einem Stuhl, die Hand vor dem Mund, und lauscht dem Gesang des Redners, ehemaliger Kassenwart der argentinischen Kleinkrieger Montoneros.

Und der spricht: Jean Ziegler, Freund der Freunde, lebt die Formel Lenins: Ein Revolutionär sei ein Opportunist. Aber einer mit Prinzipien.

Man umarmt.

Jesse

Dies ist die Geschichte des Jesse Gelsinger, der sich, an einem Tag voller Vulkane, ins Unglück aufmacht.

Am 9. September 1999, einem Donnerstag, achtzehn Jahre alt und dreiundachtzig Tage, verläßt er Mutter und Vater, Tucson ab 07.20 a.m., Philadelphia an 03.05 p.m., zwei Taschen trägt er zum Flugzeug und die Tränen der Schwestern, Flug HP 2820Y, der Vater haut ihm die Schulter, Jess, du bist mein Held, alles wird gut.

Auch ist dies die Geschichte eines Arztes, der Jesse Gelsinger nie sah, nie sprach, weder berührte noch tröstete, eines gewissen Dr. James M. Wilson, M. D., Ph. D., Gentherapeut. Gentherapie heißt der Versuch, funktionierende Gene in bestimmte menschliche Zellen zu bringen, auf daß sie dort schadhafte Gene ersetzen.

Am Abend ruft der Knabe die Eltern an, er redet leise und schnell, hab Video im Zimmer, morgen beginnen die letzten Tests, am Montag dann die große lange Spritze. Und in einer Woche werde ich wieder zu Hause sein. Angst? fragt die Mutter. Ich bin kein Kind mehr, sagt das Kind.

Jesse Gelsinger hat nun einen anderen Namen, OTC. 019.

OTC für Ornithin-Transcarbamylase. 019 für Versuchsmensch neunzehn des Instituts für humane Gentherapie, University of Pennsylvania, Philadelphia. Dessen Leiter Dr. James M. Wilson ist. Vierhundertneunzig Publikationen, zwanzig Patente, sieben Ehrenpreise, weltberühmt,

Präsident der American Society of Gene Therapy, von mir aus gesehen, so hat Dr. Wilson vor vier Monaten geredet, als er den Jahreskonvent seines Vereins eröffnete, von mir aus gesehen, ist das Ziel unserer Reise die breitgestützte Kommerzialisierung der Gentherapie.

OTC. 019 schläft schlecht am Tag, da er Abschied nahm von Mutter und Vater. Er windet sich in den weißen Tüchern der Universität. Wird, wie so oft, wenn er nicht schlafen kann, zu The Flying Squirrel, das fliegende Eichhorn, gemeinster und brutalster aller Berufsflegel im Wrestlingring, keine Finte ist ihm fremd, keine Schurkerei läßt er aus, den Feind auf Rücken und Bretter zu nageln. Zwei Taschen hat Jesse Gelsinger nach Philadelphia gebracht, Kleider und Wrestlingkassetten. Irgendwann schläft er ein in dieser Nacht, zum ersten Mal allein im Ring, achtzehn Jahre alt und vierundachtzig Tage.

Kaum geboren, am 18. Juni 1981 um zwei Uhr achtzehn nachts, wurde Jesses Haut gelb, blieb es während dreier Wochen. Kein Grund zur Sorge, sagten die Ärzte. Zwar wuchs das Kind langsamer, war kleiner, leichter als andere, trank lange die Milch der Mutter, fing spät zu sprechen an. Kein Grund zur Sorge. Im März 1984, zwei Jahre und acht Monate alt, begann Jesse seltsam zu knurren, zu bellen wie ein Tier, er aß kein Fleisch mehr, keinen Käse, nur noch Kartoffeln, er schrie um sich, schlug. Die Eltern erschraken. War da, in der Familie der Mutter, nicht einst eine Schizophrene gewesen? Der Hausarzt entschied auf Anämie, Blutarmut, und verschrieb Erdnußbutter, Speck, Schinken, Fett. Zwei Tage später, Samstag, schlief der Bub vor dem Fernseher weg. War durch nichts zu wecken. Der Vater brachte ihn ins Krankenhaus, Jesse im Koma. Die Ärzte fanden zuviel Ammoniak im Blut. Hauchten schließlich ein Kürzel: OTC, Ornithin-Transcarbamylase.

Ein Enzym, ein Eiweißstoff. Ein sogenanntes Protein. Also ein großes Molekül, aus Aminosäuren gebaut, die wie

Kettenglieder miteinander verbunden sind. Enzyme beschleunigen den Auf- und Abbau von Stoffen im Körper. Ohne Enzyme kein Leben.

Der Vater, Küchenbauer, verstand wenig, fragte: Und Jesse?

Weil Jesse dieses Enzym mangelt, das in der Leber gebildet wird, reichert sein Blut sich mit Ammoniak an, einem natürlichen Abbauprodukt, der Körper vergiftet, Ihr Sohn kippt ins Koma, Hirnzellen sterben. Eine Erbkrankheit, unheilbar, oft tödlich, die eines von vierzigtausend Neugeborenen trifft, ob männlich oder weiblich. Jesse aber, sagten die Ärzte, habe sie in milder Form, seine Leber schütte noch sechs Prozent dessen aus, was eine gesunde Leber an OTC herstelle, und dann legten sie dem Kind fest, nur noch eiweißarm zu essen, Zwiebelringe, Kartoffeln, Gemüse. Und täglich fünfzig Tabletten. Natriumbenzoat, Arginin, L-Citrullin, danken Sie Gott, Mr. und Mrs. Gelsinger, dies ist keine schlechte Prognose.

Jetzt liegt OTC. 019 im Spital der Universität von Pennsylvania, erwacht aus kurzem Schlaf. Schiebt Kassetten ins Gerät, weiß nicht, wen er heute am heftigsten liebt, The Giant, Stone Cold Steve Austin, Chris Jericho, Little Guido Maritato. Ihre Schläge, Bisse, Niedertracht kennt Jesse Gelsinger auswendig, während Jahren hat er sie studiert, in der Zeitschrift der Rincon High School davon geflammt und an Mary, der jüngeren Schwester, furchtlos erprobt, bis der Vater dazwischenfuhr, hör auf, Idiot, du treibst die Familie in den Infarkt.

Er stellt das Gerät aus. Ruft den Vater im fernen Arizona an, sagt, er könne nicht schlafen, könne sich nicht entscheiden zwischen Stone Cold und El Hijo del Santo. Alles wird gut, sagt der Vater, hast du schon Dr. Wilson gesehen?

Der, Jahrgang 1954, wurde, weil als Footballspieler zu schlecht, Biochemiker, dann Arzt. Assistenzprofessor mit dreiunddreißig. Der bekannteste Mediziner der Welt, der sich der Gentherapie verlobte, was immer ich tat, ich träumte von der Gentherapie. 1992 Berufung nach Philadelphia. Dr. James M. Wilson, lobte der Dekan des University of Pennsylvania Medical Center, sei ein monumentaler Gewinn für die medizinische Gemeinde der Stadt, und ließ Dr. Wilson ein Labor bauen, drei Millionen Dollar teuer, zweihundertfünfzig Mitarbeiter, fünfundzwanzig Millionen Dollar Jahresbudget. *I am planning big,* sprach Dr. Wilson den Journalisten aufs Papier, als ich das Angebot erhielt, hierherzukommen, erweiterte ich meine Vision darüber, wo ich in zehn Jahren sein wollte.

Als Dr. Wilson, Gentherapiepapst, nach Philadelphia wechselte, Institute for Human Gene Therapy, verlangte er, eine Firma zu gründen. Die alles, was er an seinem neuen Institut erfindet, nach Kräften vermarktet. Die Universität lumpte nicht, gestand, gegen die eigene Regel, dem Verehrten zu, nicht nur fünf Prozent der Firma selber zu besitzen, sondern dreißig. Die Genovo Inc. of Sharon Hill. Bald verstrickt mit Ariad Pharmaceuticals Inc. und Genzyme Corp., mit Dompé und Biogen Inc., die, für 4,5 Millionen Dollar, Aktien von Dr. Wilsons Firma kaufte, und Dr. Wilsons Firma mit fünfunddreißig Millionen Dollar ausstattete, damit Dr. Wilsons Firma schnell Gentherapien gegen Lungen- und Leberkrankheiten liefere. Und weil Dr. Wilsons Firma verkaufen darf, was Dr. Wilson an der Uni ausheckt, vermacht erstere der letzteren jährlich vier Millionen Dollar Forschungsgeld, von mir aus gesehen, ist das Ziel unserer Reise die breitabgestützte Kommerzialisierung der Gentherapie.

An leberkranken Babys, wünschte James M. Wilson, sollte versucht werden, klinische Phase 1, was er an Mäusen und Affen schon geübt hatte. Die Universität verbot es ihm, 1994. Dann eben an leberkranken Erwachsenen. 1995 ging er die National Institutes of Health, Bethesda, Maryland, um eine Bewilligung an, Anfang Dezember beriet das Recombinant DNA Advisory Committee RAC, eine Runde der amerikanischen Gesundheitsbehörde unter dem Vorsitz eines katholischen Theologen, über Wilsons Menschenversuch, CHOP IRB #1994-7-794, Penn IRB #366-0, Gebäude einunddreißig, Zimmer zehn. Siebzehn Männer und Frauen blätterten durch vierhundert Seiten Papier, hielten dafür und dagegen, in den Rängen lauerten wortlos die Krämer von Johnson & Johnson, Glaxo Wellcome, Schering-Plough, Pfizer, Sandoz, Rhone-Poulenc, Genentech, Gen-Cell, Genzyme, und als ein Mitglied des Komitees fragte, wozu denn die Methode des Dr. Wilson gut sei, da sie einem OTC-Kranken das Leben, wenn überhaupt, nur während sechzig bis siebzig Tagen erleichtere, redete James M. Wilson von einer klinischen Nische, dann hätten wir, sagte Dr. Wilson, zumindest ein neues Mittel, wenn ein Patient in ernsthafte Krisen rutscht. Man stimmte ab, nur einer war gegen den berühmten Wilson. Am 17. Dezember 1996 erlangte Dr. Wilson das Patent auf seine neueste Erfindung, sein sechzehntes, PAT. No. 5.580.776, *Adenovirus vectors for gene therapy*.

Ich mach es für die Babys, flüstert Jesse, als er nicht schlafen kann in der Nacht, da er Mutter und Vater vermißt, nein, Dr. Wilson habe ich noch nicht gesehen, morgen vielleicht. OTC. 019 weiß, daß die Spritze, die sie ihm setzen am nächsten Montag, nicht wirklich heilt und, wenn überhaupt, sein Leiden nur mildert, und auch dies, wenn überhaupt, nur einen, zwei Monate lang. Weil, früher oder später, seine Abwehrkörper besiegen, was die Doktoren ihm in den Leib pressen. Wenn du trotzdem mitmachst, haben die Ärzte versprochen, dann tust du den Babys Gutes, die noch geboren werden mit dem Unglück, das dich plagt. Wir üben das Verfahren, nicht die Wirkung, so haben sie geredet. Jesse Gelsinger, Tütenfüller bei Fry's Food & Drug, hat unbezahlten Urlaub genommen, den Babys Gutes zu tun.

Es wird Freitag, Samstag, Sonntag. Jesse erschrickt vor den Nadeln nicht, die sie ihm in die Adern stecken. Seit er denkt, stecken sie ihm hohle Nadeln in die Arme, nehmen Blut und tragen es ins Labor. Der N15-Test. Seit er denkt, legt sich Jesse jedes halbe Jahr auf einen Schragen, füllt Fläschchen um Fläschchen mit seinem unsicheren Saft, N15, brunzt in einen Becher, ein lästiges Ritual in der Children's Clinic for Rehabilitative Services zu Tucson, zweimal im Jahr. Ißt Pillen, seit er denkt.

Sohn, diese Pillen halten dich im Leben. Immer wieder schimpfte der Vater auf Jesse ein, wenn der Bub vergaß, sein Mittel zu schlucken, fünfzig Tabletten Natriumbenzoat am Tag, dazu, viermal täglich, einen Teelöffel L-Citrullin, L-Arginin. Sohn, Hamburger, Hot dogs, Fritten sind dein Tod. Jesse war zehn, als er sich zum ersten Mal widersetzte. Er schlief ein, rutschte ins Koma, lag fünf Tage im Tucson University Medical Center, ein neurologischer Schaden, sagten die Ärzte, sei nicht festzustellen. Langsam, klein, leicht, nahm Jesse sich beste Freunde, Super Crazy, Mike Whipwreck, E. Z. Money, den blonden Scott Steiner, der jeden Feind, hat er ihn erst in der Beinschere, auszuwringen pflegt wie nasse Wäsche. Und konnte Jesse nicht schlafen in ewigen Nächten, dachte er sich eine eigene Firma, BLWF, Bunch of Losers Wrestling Federation, den Bund der Verlierer, auf dessen Gipfel er einsam saß, The Flying Squirrel. Manchmal, wenn schon wieder zuviel Ammoniak in ihm pulste, begann Jesse zu knurren, er redete ohne Sinn, verdrehte die Augen, einmal, schon dreizehnjährig, zog er sich aus, kroch nackt durchs Badezimmer, vergaß, wer er war. Die Eltern drückten ihm Pillen in den trockenen Mund.

Im September 1998, zur halbjährlichen Ammoniakmessung in der Children's Clinic for Rehabilitative Services in Tucson, Arizona, hörten Jesse Gelsinger und sein Vater, der ihn begleitete, zum ersten Mal von Gentherapie. Ein gewisser Dr. Wilson an der Universität von Pennsylvania, sagte der Arzt, versuche an OTC-Kranken eine neue Methode: Gentherapie. Der Versuch, funktionierende Gene in bestimmte menschliche Zellen zu bringen, auf daß sie dort beschädigte Gene ersetzen.

Was ist ein Gen? fragte Jesse. Das menschliche Erbgut besteht aus DNA, Desoxyribonucleinsäure. Aus langkettigen fadenförmigen Molekülen. Zwei parallele Stränge bilden die sogenannte Doppelhelix, ein Ding, spiralig verdreht, das aussieht wie eine Wendeltreppe. Und diese Riesenmoleküle wiederum knäueln sich mit Proteinen zu Chromosomen zusammen. Die irgendwie und irgendwann, als du, Jesse Gelsinger, ein frisch gezeugter Embryo warst, Schaden nahmen, klar?

Ließen sich die Erbmoleküle, die in einer einzigen menschlichen Zelle stecken, aneinanderreihen, wären sie etwa zwei Meter lang. In Wahrheit sind sie so dünn, daß sie in einem Zellkern, der wenige Tausendstel Millimeter Durchmesser hat, Platz haben, rund zehn Billionen Mal in jedem Menschen.

Und auf eben diesem Fadengebilde finden sich verschiedene Teile, die Gene. Ein Gen, kurz gesagt, ist nicht mehr als ein Abschnitt der DNA. Ein Gen ist gleichsam das Rezept oder der Bauplan für die Herstellung eines einzelnen Eiweißes, eines Proteins. Von welchen du eins zu wenig hast, OTC. Alles Leben, Jesse, entsteht aus dem Spiel solcher Proteine.

Bißchen kompliziert, sprach Jesse Gelsinger. Wollte sofort unterschreiben. Mußt, sagte der Arzt, zuerst achtzehn werden.

Es ist Freitag, Samstag, Sonntag. Am Montag wird gespritzt. OTC. 019 ist der achtzehnte und letzte Proband einer Versuchsreihe, die am 7. April 1997 am Institute for Human Gene Therapy begonnen hatte, Proband zehn und zwölf fluteten nach dem Eingriff Ammoniak, acht- und 5,3mal mehr als der obere Grenzwert vorsah, Leberschaden. Der Versuch, als wäre nichts geschehen, lief weiter. Am Montag wird gespritzt, Jesse Gelsinger weiß nicht, daß

OTC. 010 und OTC. 012 so gefährlich viel Gift im Körper hatten, daß der Versuch hätte abgebrochen werden müssen. Jesse ist der jüngste aller Probanden, und die Menge, die er abkriegen wird, ist die mächtigste überhaupt, 6×10^{11} Partikel pro Kilogramm Körpergewicht, $3{,}8 \times 10^{13}$ insgesamt. Ein letztes Mal prüfen nun die Doktoren Jesses Tauglichkeit. Versuchszweckdienlich ist, wer, OTC-krank, in einem Milliliter Blut höchstens 0,7 Mikrogramm Ammoniak führt. Es ist Freitag, Samstag, Sonntag, und OTC. 019 hat, je nach Probe, einen Ammoniakspiegel von 0,91 bis 1,14.

Sie müßten Jesse Gelsinger nach Hause schicken.

Tun es nicht. Jesse weiß von nichts.

Jeden Abend ruft er seine Eltern in Tucson an, redet sich ruhig. Jesse stottert. Es ist Sonntag, der Vater tröstet, Sohn, diese Typen in Philadelphia wissen genau, was sie tun, die wissen mehr über OTC als sonst jemand auf diesem Planeten. Auf den Zetteln, die Jesse Gelsinger unterschrieben hat, steht, neben vielem anderen, klein gedruckt, es sei zu beachten, daß der Leiter des Instituts für humane Gentherapie, Dr. James M. Wilson, und die Firma Genovo, an der Wilson beteiligt sei, am erfolgreichen Ausgang des Versuchs finanzielle Interessen hätten.

Sonntag abend. The Undertaker, The Rock, Tommy Dreamer.

Studierte Jesse seinen liebsten Stoff, legte er sich in die Mitte des Wohnzimmers an der Hawthorne Street im Osten der Stadt Tucson, vertrieb die beiden Schwestern, schob sich eine Decke unter den Kopf, drückte die zwölf, den Wrestling Channel, und lag dann während Stunden vor dem Fernseher, wußte von jedem Krieger, welche Gemeinheit seine nächste war. Wieder einmal, Dezember 1998, stieg Ammoniak in Jesses Kopf, Jesse erbrach, kotzte, würgte, verdrehte die Augen, zitterte und schrie, Koma, Tucson University Medical Center, 1501 North Campbell Avenue, Jesse bekam ein neues teures Medikament, Natriumphenylbutyrat statt

Natriumbenzoat, und als er wieder zu sich fand, bedeutete er Mutter und Vater, die an seinem Bett standen, mit der schwachen Hand, sie möchten den Fernseher anstellen, Wrestling Channel.

Eine Woche später ging Jesse Gelsinger wieder zur Schule, zum ersten Mal in seinem Leben mit Lust, Rincon High School, er begann Speck zu essen, Eier, Butter, Schinken, aß ihn gern, Jesse wurde schwer und breit und groß, Mr. Bacon, der Bub wog schließlich hundertzwanzig Pfund, schluckte dreimal täglich brav elf Tabletten des neuen Medikaments, Natriumphenylbutyrat, den Stoff des besseren Lebens. Jesse begann sich zu lieben. An der High School trat er in die Theatergruppe ein, gab in McFaddens Stück ›Life of The Party‹ den lustigen Wilbur, die männliche Hauptrolle, so witzig und gut, daß selbst der Lehrer, der den faulen Schüler verachtet hatte, auf dem Stuhl stand und klatschte. Ehrenhaft verließ Jesse die Schule, wurde Tütenfüller bei Fry's Food & Drug, 2480 North Swan Road, gab seinen Eltern, in deren Haus er wohnen blieb, jede Woche fünfunddreißig Dollar von seinem kleinen Lohn, Jesse plante das Leben nicht, *work a little, play a lot,* er fuhr Motorrad in der Wüste, Richtung Nogales, Mexiko, kam nachts erst nach Hause, legte sich zu seiner Schwester Christie, die vor dem Fernseher lag, unter die Decke, erzählte ihr eine Stunde lang, wem er heute die Tüte gefüllt hatte und womit.

An Jesses achtzehntem Geburtstag, dem 18. Juni 1999, brach die Familie an die Ostküste nach Philadelphia auf, ein Verwandtenbesuch, der Vater war dort groß geworden zusammen mit zwölf Brüdern und drei Schwestern, und nutzte die Gelegenheit, das Institut for Human Gene Therapy, 3601 Spruce Street, heimzusuchen und sich alles erklären zu lassen, was erklärbar war. Jesse, Fensterplatz, klopfte Sprüche, brachte zum Lachen und ärgerte, ein Kindskopf, der immer dicker wurde, in einem halben Jahr hatte Jesse zwanzig Kilo zugenommen. Am 22., Dienstag, zehn Uhr, trat Jesse Gelsinger zum ersten Mal in die Gänge des University of Pennsylvania Hospital, Vater und Mutter waren bei ihm, es roch seltsam, eine Schwester bat Platz zu nehmen, die Doktoren ließen eine Stunde auf sich warten, Jesse wurde stumm, der Vater links, die Mutter rechts, und endlich trat ein Mann in den Raum, ich bin Steve Raper, Chirurg, ich bin der, der das Mittel spritzen wird. Gentherapie, sagte Raper, werde einmal das Leben Tausender retten, Jesse lächelte.

Wie bringen wir funktionierende Gene an jene Stelle im menschlichen Körper, wo wir sie uns wünschen? Wie bringen wir Baupläne für OTC in deine Leber? Dazu brauchen wir ein Fahrzeug, ein Taxi, eine Genfähre, einen Vektor. Adenoviren vom Typ 5, normale harmlose Erkältungsviren, die tausendmal kleiner sind als eine Körperzelle und auch sehr schnell, werden uns als Genfähren dienen, keine Angst, zuvor entschärfen wir sie im Reagenzglas, mischen sie mit OTC-Genen. Bedeutet, daß wir in den Viren alles, was zu einer Erkältung führt, ersetzen durch etwas anderes, durch OTC-Gene, die Adenoviren höhlen wir gleichsam aus und füllen sie mit den Genen, die bei dir nicht funktionieren, Jesse war stumm.

Dieses Verfahren sei von Dr. James M. Wilson, dem Leiter des Institute for Human Gene Therapy, vor Jahren schon erfunden worden. Auch habe dies Genie längst das Patent darauf. Dr. Wilson besitze bereits an die zwanzig Patente. Und nun, nachdem man das Verfahren an Mäusen und Affen erfolgreich erprobt habe, sei man daran, es am Menschen zu üben. Raper erzählte nicht, daß bei drei Affen, von Dr. Wilson mit Adenoviren versetzt, die Leber versagte, das Blut dick wurde, daß die Tiere verendeten, keine Angst, mehr als Fieber, mehr als Schwindelgefühle werde Jesse nicht spüren, höchstens die Zeichen einer kleinen Erkältung.

Angst? Jesse schüttelte den Kopf.

Und wenn Jesse, fragte der Vater den Chirurgen Raper, bei Ihrem Versuch in eine Krise rutschen wird?

Dann haben wir immer noch die Mittel, die längst erfunden sind, Natriumbenzoat und Natriumphenylbutyrat.

Wir werden Jesse, wenn er denn mitmacht, einen Katheter zur Leber führen, um die Viren einzuspritzen. Und dann muß Jesse acht Stunden ruhig liegen bleiben. Um Blutgerinnsel zu verhindern. Das ist alles. Was sehr unwahrscheinlich ist, eine Hepatitis, Leberentzündung. Aber die Leber, Mrs. und Mr. Gelsinger, ist ein höchst bemerkenswertes Organ, das einzige im Körper, das sich selber wieder in Form bringt, sagte Raper, Chirurg.

Ich mach's, sagte Jesse Gelsinger.

Manchmal, wenn er spätnachts heimkehrte, setzte sich Jesse zu seiner Mutter, erzählte ihr eine Stunde lang, wem er heute die Tüte gefüllt hatte und womit. Und sie hörte zu und freute sich. Jesse war jetzt nur noch selten zu Hause, und war er da, lag er vor dem Fernseher, die Decke unter dem Kopf, Danny Doring & Roadkill, eines Tages zog er die Hose hoch, damit alle sähen, was er sich in die rechte Wade hatte stechen lassen, ein Zeichen der Indianer vom Stamme der Tohono O'Odham.

Jetzt ist es Montag, der 13. September 1999, Jesse Gelsinger, achtzehn Jahre und siebenundachtzig Tage, fürchtet weder Stone Cold, Steve Austin noch Sid Vicious, stumm liegt er im Krankenbett der Universitätsklinik, 3400 Spruce Street, Philadelphia, Raper, der Chirurg, betäubt ihm die Leiste, es ist zehn Uhr morgens, der Arzt wartet, Jesse fragt, ob er, einmal betäubt, noch merken werde, wann er zur Toilette müsse, der Chirurg lacht, öffnet die Leistenarterie, führt einen Schlauch ins Geäder, stößt ihn hoch bis zur *Arteria hepatica,* die direkt in die Leber führt, es ist zehn Uhr dreißig, der Chirurg setzt die Ampulle an, drückt OTC. 019 dreißig Milliliter Stoff in den Leib, zwei Stunden dauert der Akt, Jesse schweigt, in seinem Körper kreisen nun mehr Viren als rote Blutkörperchen, achtunddreißig Billionen. Der Chirurg ist zufrieden, er ruft Jesses Vater an, alles in

Ordnung, in ein paar Stunden kehrt Jesse in sein Zimmer zurück. Wenn unsere Lösung nur ein Prozent von Jesses Leberzellen erfaßt, sagt Raper, dann haben wir erreicht, was wir uns wünschen. Es wird Abend, Jesse redet mit seinen Eltern, er fühlt sich nicht gut, hat Bauchschmerzen und Fieber, 40,3 Grad Celsius, Junge, mach dir keine Sorgen, bißchen Fieber ist normal, sagen die Ärzte, ich liebe dich, sagt der Vater, ich liebe dich, sagt die Mutter, *I love you too, dad,* die letzten Worte, The Flying Squirrel steht im Ring.

OTC. 019 schläft nicht. Redet seltsam. Eine Krankenschwester steht an seinem Bett, weiß sich nicht zu helfen, es ist fünf Uhr dreißig am 14. September 1999, Dienstag, endlich ruft sie den Chirurgen an, der Jesse gestern die Spritze setzte, und als Raper eintrifft, fünfundvierzig Minuten später, ist das Weiß in Jesses Augen gelb. Ein schlechtes Zeichen. Man steckt Nadeln in Jesses Arm. Blutprobe. Urinprobe. Die Menge Bilirubin, ein Abbauprodukt des roten Blutfarbstoffs, ist viermal höher als normal.

Raper ruft einen Arzt in Washington an, Chief Academic Officer am Children's National Medical Center. Dieser Arzt, Mark Batshaw, ist Fachmann für Fragen des Harnstoffwechsels und beteiligt an Dr. Wilsons Menschenversuch, Batshaw, interessiert an allem, was einem Leberkranken dient, hat Wilson das Patientengut gestellt, Batshaw erschrickt, als er vom Zustand des OTC. 019 erfährt, verspricht, sich in den nächsten Zug nach Philadelphia zu setzen.

Das hohe Maß an Bilirubin, das wissen der Chirurg und der Leberexperte, bedeutet, daß Jesses Leber versagt, oder daß seine roten Blutkörperchen zerfallen. Und dabei Proteine freisetzen, die einen wie Jesse schnell vergiften.

Es wird Nachmittag, fünfundzwanzig Stunden sind vergangen, seit das fliegende gemeine grausame Eichhorn den neuen Stoff erhielt, OTC. 019 kippt ins Koma, *I love you too, dad,* Leberexperte Batshaw ruft den Vater an, Jesse geht es nicht gut. Ich nehme das nächste Flugzeug, sagt der Vater. Warten Sie, sagt der Arzt, wir machen noch einen weiteren Test. Anderthalb Stunden später ruft Batshaw wieder an, Jesse hat zweihundertfünfzig Mikromol Ammoniak pro Liter, normal sind fünfunddreißig, ihr Sohn wird künstlich beatmet. Ich nehme das Flugzeug, sagt der Vater. Nachts um halb zwölf sind es dreihundertdreiundneunzig Mikromol. Ein Mol: $6{,}023 \times 10^{23}$ Teilchen. Die Ärzte, ratlos, beginnen mit der Hämodialyse, Blutwäsche, Jesses Blut ist dick wie Gelee, wir üben das Verfahren, nicht die Wirkung, dann haben wir wenigstens ein neues Mittel, wenn Jesse in eine Krise rutscht, haben wir immer noch die Mittel, die längst erfunden sind.

Das Blut des Jesse Gelsinger, dick und zäh, pulst durch ein Blutwaschgerät, es ist Mittwoch, acht Uhr dreißig, der Vater, nachts aus Tucson angereist, stößt die Doppeltüre auf, und Raper, der Chirurg, und Batshaw, der Leberexperte, ziehen den Mann in ein Zimmer, Jesse, erklären sie, hat Schwierigkeiten mit seiner Blutgerinnung, und er hyperventiliert, was den Ammoniakgehalt in seinem Hirn erhöht, wir möchten, wenn Sie einverstanden sind, Jesse noch tiefer ins Koma versetzen, der Vater sagt ja, dann zieht er sich Handschuhe an, Überwurf und Gesichtsmaske, tritt an Jesses Bett, *hi son,* ich bin's, Dad, *come on,* er versucht Jesse zu wecken, Jesse ist nicht zu wecken. Eine Neurologin steht daneben, sagt, die Art, wie Ihr Sohn seine Augen geschlossen hält, kein gutes Zeichen. Der Vater ruft die Mutter an, weint.

Nachmittag, OTC. 019 ist ruhig, sein Atem geht fast normal, fast normal ist auch die Menge Ammoniak in Jesses Blut, Batshaw, der Leberexperte, fährt nach Washington zurück, der Vater hofft, trifft in der Stadt einen Bruder, ißt mit ihm, alles wird gut, sagt der Bruder, es ist die Nacht von Mittwoch auf Donnerstag, The Flying Squirrel setzt zum Sprung an.

OTC. 019 liegt nun im Raum 591A, Founders Building des University of Pennsylvania Hospital, 16. September 1999, die Adenoviren in Jesses Körper, achtunddreißig Billionen, ein Aufruhr in Jesses System, es überschäumt, um zweiundzwanzig Uhr dreißig sind Jesses Lungen steif, man pumpt reinen Sauerstoff in den Knaben, überlegt sich eine Lebertransplantation, doch woher eine Leber nehmen, jetzt und sofort? Raper ruft Batshaw an, ruft Dr. Wilson an, der Jesse, Nummer neunzehn seines Versuchs, nie gesehen, nie gesprochen, weder berührt noch getröstet hat. Telefonisch beschließen sie Ungewöhnliches, ECMO, *extrakorporale Membranoxygenierung*, eine künstliche Lunge soll Jesse im Leben halten. Nur an tausend Menschen ist die Maschine erprobt worden, die Hälfte hat überlebt. Der Vater steht im Warteraum, er weint nicht, es ist nun drei Uhr nachts, Raper und ein Spezialist für Intensivpflege schließen Jesse an die künstliche Lunge, der Spezialist rennt in den Warteraum, sagt, Jesse geht es sehr schlecht, es ist fünf Uhr morgens, der Spezialist sagt, die künstliche Lunge arbeitet endlich, aber sie hat ein Leck, Raper drückt den Finger aufs Loch, mehr als Fieber, Jesse, ist nicht zu erwarten, vielleicht Schwindelgefühle, schlimmstenfalls die Zeichen einer Erkältung, *I am planning big.*

Donnerstag morgen, sieben Uhr. Jesse ist aufgedunsen, gebläht, selbst die Ohren sind geschwollen, und nur am Stammeszeichen der Tohono O'Odham erkennt der Vater den Sohn. Jetzt versagt die Milz, dann die Nieren, das Knochenmark, *multiple-organ-system-failure.* Die Adenoviren des Dr. Wilson sind nicht nur in Jesses Leber, sie sind überall, nageln The Flying Squirrel auf Rücken und Bretter. Möchten Sie einen Kaplan? fragt jemand. Der Vater nickt, sieht Blut in Jesses Urin.

Sein Hirn ist tot, flüstert Raper, der Chirurg, als Vater und Mutter am Freitag, dem 17. September 1999, ins Krankenhaus treten, der Vater nickt, er ruft seine Geschwister an, die in der Nähe von Philadelphia leben, fünf Brüder und zwei Schwestern stehen schließlich im Zimmer 591A, Raper und Batshaw – Dr. Wilson, M. D., Ph. D., ist unpäßlich –, ein Kaplan netzt Jesses Stirn mit Öl, der Vater sagt, Jesse, du bist mein Held, der Kaplan spricht das Vaterunser, der Vater legt seine Hand auf Jesses Brust, er nickt, gibt dem Spezialisten für Intensivpflege ein Zeichen.

Und der Spezialist kippt zwei Schalter, Beatmungsmaschine und künstliche Lunge.

Der Puls wird flach, erlöscht, Raper füllt den Totenschein aus, *adult respiratory distress syndrom,* ich tue es für die Babys.

Der berühmte Leiter des Institute for Human Gene Therapy der Universität von Pennsylvania, Dr. James M. Wilson, läßt auf die Homepage seines Hauses Trauer setzen. Man sei, läßt er behaupten, tief betroffen und auch überrascht vom Tod des Jesse Gelsinger, eines kräftigen tüchtigen jungen Mannes, der selbstlos teilgenommen habe an dieser wichtigen Studie, deren Ziel es sei, ein Mittel zu finden für die Verhinderung oder Behandlung des OTC-Mangels.

Jesse Gelsinger, achtzehn Jahre alt geworden und einundneunzig Tage, ist Asche. Einer Zeitschrift klagt Dr. Wilson, seine persönliche Sorge sei es, als Wissenschaftler fortan ängstlich zu werden und risikoscheu.

Erregung fährt in die Weltärzteschaft. Was ging falsch, wer trägt Schuld? Die National Institutes of Health laden zur schnellen Konferenz. Vor vollen Reihen tritt Dr. Wilson ans Pult, er redet, weigert sich aber, auf Fragen einzugehen. Die Food and Drug Administration, Arzneimittelbehörde der USA, verbietet Wilsons Anstalt, Erfindungen weiterhin an Menschen zu erproben. Und die American Society of Gene Therapy, um ihren Ruf besorgt, geht über die Richtlinien, verlangt sofort mehr Affenversuche.

Jesses Asche liegt in einer Schachtel aus Karton, umwickelt

von grauem und weißem Glanzpapier. Ein Schild, Jesse Gelsinger 1981–1999. Manchmal rollt Jesses Mutter eine Decke zusammen, legt sie auf den Boden vor dem Fernseher, schiebt die Schachtel mit einem Ende auf die Decke, drückt die zwölf, Wrestling Channel. Am Nachmittag des 6. November 1999 stellt der Vater die Schachtel auf den Küchentisch, er nimmt einen Löffel, sorgsam füllt er die Asche in kleine braune Kunststoffflaschen, Natriumbenzoat 333 MG, Arginine 500 MG, L-Citrullin ein Teelöffel viermal täglich. Am nächsten Morgen, es ist Sonntag, steigt die Familie Gelsinger in ihre Autos, Jesses Freunde sind dabei, die Fahrt geht nach Süden, Richtung Nogales, Mexiko, irgendwo lassen sie die Wagen stehen und machen sich auf einen Berg, Mount Wrightson, fünf Stunden lang, der Weg ist steil, der Wald gelb, der Himmel nirgends näher als hier, man ißt, lacht, weint, dann stellen sie sich in eine Reihe, streuen Jesse in den Wind. Der so gemein und lustig und erst am Anfang war, The Flying Squirrel vom Bund der Verlierer.

Professor Dr. James M. Wilson, schlecht gelaunt nach dem Mißgeschick mit OTC. 019, beruhigt Jesses Vater mit Geld, er wechselt den Anteil, den er an seiner Genovo besitzt, mit Teilen einer unverdächtigen Firma, 13,5 Millionen Dollar. Welt und Licht meidet er, einzig einer Schar Gentherapeuten teilt er im Januar 2001, Snowbird, Utah, geschlossene Türen, den Grund für Jesses Tod mit: Schuld war ein Eiweiß. Das Eiweiß, das die Erkältungsviren umhüllte.

Und übt seither mit Viren von Aids und Ebola.

Khaled

Drei Beamte der Kantonspolizei Bern befahlen den Mann aus der Zelle des Regionalgefängnisses, Genfergasse 22, zwangen ihn auf einen Stuhl, legten ihm, BFF-Nummer 12251010, Binden aus Mull um Hände und Arme. Dann Handschellen. BFF: Bundesamt für Flüchtlinge.

Dann stülpten sie Khaled Abuzarifa einen blauen weiten Anzug über die Füße, ein sogenanntes OD-Kombi, darin eingewirkt waren drei lederne Riemen, auf der Höhe der Waden, der Oberschenkel, Hüfte. Sie zogen das Gewand hoch, fesselten Khaleds Beine. Khaled wehrte sich nicht, sagte: Macht nur, meine Kraft brauche ich später. Es war der 3. März 1999, ein Mittwoch, sieben Uhr dreißig.

Zwei Tage zuvor hat er uns angerufen, weint die Mutter in ihrem alten Sessel, hat erzählt, man wolle ihn nach Kairo bringen, er aber werde sich wehren, Khaled lachte, als ich das letzte Mal mit ihm sprach.

Ihre Klage hallt vom nackten Beton.

Khaled, schmal, dünn und mit Ohren, die wie runde Flügel vom Kopf abstanden, war das Kind von Palästinensern, die ihr Land Gaza verlassen hatten, Sechstagekrieg, Juni 67. Er wuchs heran in Mila bei Constantine, Algerien, Afrika, und Sharifa, seine Mutter, nannte ihn oft im Übermut Abu el Walid. Dieser hatte einst den Propheten durch die Zeit begleitet, Abu el Walid war siegreich in jedem Kampf.

Den dritten Gurt legten sie über die Handschellen. Khaled sah zu, er schwieg. Einen vierten Riemen banden sie um

Brust und Arme. Dann, als Khaled sich kaum noch bewegen konnte, zogen sie den Reißverschluß des OD-Kombis hoch, OD für Ordnungsdienst.

Die Mutter sagt: Ständig lachte er.

Die Familie lebte in einem Haus, das dem Staat Algerien gehörte, sie besaß zwei Autos und Zuversicht, die Politik war häßlich, geschah anderswo. Khaleds Vater, der ständig dicke Bücher las, lehrte Arabisch, er weigerte sich, Khaled, den Erstgeborenen, in ein Ausbildungslager der PLO zu schicken, Palestine Liberation Organisation, der Vater schrieb Gedichte von Wüstenblumen und Morgentau.

Eines Tages, zu kleinem Wohlstand gekommen, beschloß er, in der fernen Heimat ein Haus zu bauen, in Abasan el Kabira, einem Dorf hinter Gaza, an einer Straße, die alle die Straße der verrückten Männer nennen, Frühjahr 88. Als aber das Haus, nichts als nackter Beton, ein Stockwerk hoch gediehen war, begann der Aufstand der Palästinenser. Arafat, der Führer, rief schnell ein unabhängiges Palästina aus, einen Staat ohne Gebiet und Macht, Khaleds Vater schrieb ein Spottgedicht, das Haus wurde nie fertig.

Kurz nach acht Uhr holten die Berner Polizisten den Palästinenser ab, schleppten ihn über die Treppen des Gefängnisses. Ein Dienstwagen stand bereit, Toyota, neun Plätze, Khaled, siebenundzwanzigjährig, humpelte mit kleinen Schritten zum Bus. Sie setzten ihn auf die mittlere Bank, links und rechts ein Beamter, vorne der Fahrer, ein Arzt, ein Polizist. Dann brachen sie auf, es war der 3. März 1999, man fuhr nach Osten, Grauholz, Härkingen, Bareggtunnel, Autobahn A1. Khaled schwieg, begann zu reden, er verlasse die Schweiz nicht, Khaled wurde laut, drohte, sie alle, die ihn jetzt ins Unglück schickten, würden später dafür büßen.

Khaled, sagt nun seine Mutter Sharifa, konnte nicht allein sein.

Sharifa bäumt sich aus dem Sessel, wischt die Tränen weg. Sharifa wankt durch ihren Raum, an der Straße der verrückten Männer, den sie Garage nennt. Ein Fernseher, ein Kühlschrank, ein Wörterbuch, ›The International Dictionary of English‹, tausendsiebenhundertdreiundsiebzig Seiten, vier Betten.

Den Flughafen Zürich-Kloten erreichten sie um zehn. Sie führten Khaled ins Bürogebäude A 11, brachten ihn ins dritte Stockwerk und sperrten den Mann in Zelle sieben der Flughafenpolizei. Dort saß er in seinen Fesseln auf dem einzigen Möbel, lärmte, schlug mit den Beinen. Man werde sich noch wundern, schrie Khaled, wozu seine Freunde fähig seien, keinesfalls werde er heute in dieses Flugzeug steigen, nicht nach Kairo, dort tötet man mich, nach Tel Aviv, okay, aber nicht nach Kairo.

Khaled rief nach Wasser, ein Beamter füllte einen Becher, goß ihm das Wasser in den Mund. Khaled schrie immer lauter. Um zehn Uhr fünfundvierzig schob ihm der Arzt Temesta in den Rachen, 2,5 Milligramm, angstlösend, krampfhemmend.

Gegen zwölf meldete ein Angestellter des Flughafens, der Flug nach Kairo sei bestätigt, SR 348, Zürich ab dreizehn Uhr, Kairo an siebzehn Uhr fünfundfünfzig. Der Auszuschaffende könne nun in die Maschine gesetzt werden.

Khaled schrie.

Was tun? fragte ein Beamter.

Kleben, sagte ein anderer.

Zwei Tage zuvor hat er uns angerufen, wollte mit allen reden, seinen Brüdern und Schwestern. Es gehe ihm gut, sagte er, er sei gesund und stark, und bei Gott, er werde einen Weg finden, der Reise nach Kairo zu entkommen.

Khaled, achtzehnjährig, Student der Ingenieurwissenschaften in Blida, Algerien. Die Familie verlor das Haus, das dem Staat Algerien gehörte. Wer Arafat spotte, hieß es, verwirke jede Hilfe, Arafat ist überall. Khaled floh in die Schweiz, nach Deutschland, hielt das Exil nicht aus, kehrte nach Algerien zurück. Der Vater, ratlos und beschämt, schrieb keine Gedichte mehr. Irgendwann reiste er weg, er rief nicht an, er schickte kein Geld. Blieb verschollen.

Sharifa allein mit sieben Kindern, Khaled, ihr ältester Sohn, ihre Hoffnung.

Khaled floh nach Syrien, keine Arbeit. Jordanien, keine Arbeit.

Verzweifelt ließ die Mutter Algerien hinter sich, gab auf, was ihr fünfundzwanzig Jahre lang Heimat gewesen war, Fotos, die Gedichte des Mannes, sie reiste nach Palästina, Abasan el Kabira, Straße der verrückten Männer, nichts als Beton.

Diese schöne Türe hier, sagt Sharifa und zeigt auf ein hohes metallenes Tor, hat uns Khaled geschenkt. Mit seinem ersten Geld. Khaled, klagt die Frau, ist mein Sohn aller Söhne.

Den kleben wir, sagte der Polizist.

Einer hielt Khaleds Kopf, ein zweiter schnitt breites Klebeband von einer Rolle, klebte das Stück unter Khaleds bärtiges Kinn, zog beide Enden nach oben, drückte sie auf die Wangen, links, rechts. Khaled wehrte sich nicht, bat nur, man möge ihm, bevor er geknebelt werde, die Haare aus dem Gesicht streichen. Dann sagte er: Ich kann kaum atmen, meine Nase hat ein Problem. Der Arzt krümmte sich zu Khaled, sah sich die Nase an, sagte: Bloß eine schräge Nase. Nun schnitten sie ein zweites, längeres Stück von der Rolle, klebten es aufs erste, führten es zweimal um Khaleds Kinn und Kopf. Khaled bewegte die Lippen, sagte: Meine Nase hat ein Problem. Der Arzt schwieg. Khaled schrie. Dann legten sie einen Streifen ans linke Ohr, drückten ihn fest, führten ihn über Khaleds Mund, übers rechte Ohr und den Hinterkopf, wieder über das linke Ohr, den Mund, das rechte Ohr.

Khaled, stumm. Der Arzt bückte sich zu ihm: Wenn Sie im Flugzeug nicht schreien, nehmen wir das Zeug wieder weg. 3. März 1999, Bürogebäude A 11, Zürich-Kloten, halb zwölf.

Gefesselt und zugeklebt setzten sie Khaled auf einen hohen schmalen Rollstuhl, der nur zwei Räder hatte, Khaled schlug mit den Beinen aus, die Polizisten legten ihm schwarze breite Gurten an, die sich auf Khaleds Brust kreuzten, zogen sie fest, Khaled, die Augen weit, stöhnte, warf den Kopf hin und her. Der Arzt sprach: Der simuliert. Und die Schuhe? sagte einer.

Ein anderer kniete nieder, drückte Klebeband auf Khaleds Schnürsenkel, damit er, wenn er ins Flugzeug stiege, nicht darüber stolpere. Nun stellte sich ein Beamter hinter den Rollstuhl, kippte ihn leicht, stieß das Gefährt aus Zelle sieben, es war zehn vor zwölf. Vorbei an zwei Rapportsälen der Flughafenpolizei, vorbei an der Zentrale, durch zwei Sicherheitsschleusen, hinaus ins Treppenhaus. Khaled atmete laut.

Dann rollten sie den Palästinenser in den Fahrstuhl, einer drückte den Knopf, Erdgeschoß, die Türen schlossen leise, einer sagte: Mit dem da stimmt etwas nicht.

Gesünder als Khaled konnte ein Mann nicht sein, weint Sharifa in ihrer Garage. Gesünder als eine Katze war er.

Khaled, einundzwanzig Jahre alt, in der Straße der verrückten Männer, 1993. Die Tage waren lang. Khaled sprach arabisch, englisch, französisch, er saß vor der Garage im Staub, unterhielt sich mit den israelischen Soldaten, die an jeder Ecke lauerten, lachte, kochte ihnen Tee. Khaled stellte seine Schwestern vor, Taghred und Ghada, hübsche junge Frauen in kurzen Röcken, ständig strichen mehr Soldaten ums Haus. Bis ein handgeschriebener Brief unter dem Fenster lag: Kein Kontakt mit jüdischen Schweinen. Hamas.

Eines Nachts floh Khaled nach Israel, er hielt das Leben in der Enge nicht aus, das Gezische der hundert Cousins und Cousinen, der Onkel und Tanten, Gaza sei nicht Algerien, in Gaza trinke man weder Bier noch Whiskey, in Gaza sei Zucht und Anstand, bedecke sich jede gute Frau, in Gaza, nirgendwo anders, sei die heilige Intifada geboren – schon gar nicht am sündigen und feigen Strand von Nordafrika.

Khaled wurde Schwarzarbeiter in Israel, zuerst in Ramla, baute Straßen und Häuser für Juden. Jeden Monat besuchte ihn seine Mutter Sharifa, sie blieb nur Stunden, er gab ihr Geld, meist fünfhundert Dollar. Davon lebte die Familie. Der Onkel verheiratete Khaleds Schwestern mit Männern aus dem Dorf, die sie nie gesehen hatten, Taghred und Ghada gebaren beide drei Kinder.

Am 13. September 1993 unterschrieben Israel und die PLO ein Autonomieabkommen für Gaza und Jericho. Friede statt Krieg. Khaled rief die Mutter an, sagte: Mama, das macht uns nicht glücklich.

Sie sagt: Er war ein kluger Mensch.

Khaled lernte Hebräisch. Reiste weiter nach Dimona an den Rand der Wüste Negev, lernte dort eine Familie kennen, Juden aus Marokko. Der Familie zu gefallen, gab sich Khaled als marokkanischer Jude aus. Die Menschen glaubten ihm, Khaled, Palästinenser ohne Furcht und Land, feierte mit ihnen den Sabbat, aß ihr Essen, begleitete den Mann in die Synagoge, zwei Jahre lang.

Am 25. Februar 1994 erschoß ein jüdischer Arzt in der Abrahammoschee von Hebron neunundzwanzig Muslime. Acht Monate später starben, unter palästinensischen Bomben, zweiundzwanzig Juden, drei Monate später einundzwanzig – Polizei überall. In diesen Tagen griff man auch Khaled auf, den Schwarzarbeiter, der log, Jude zu sein und aus Marokko zu stammen. Sie nahmen ihn ins Verhör, stundenlang, die Wahrheit verriet Khaled erst, als die Polizisten drohten, ihn in die Heimat zu bringen, die er vorgab.

Die Familie aber, bei der Khaled zwei Jahre lang gelebt hatte, hielt Khaleds Wahrheit für eine Lüge, um so der Reise nach Marokko zu entgehen, und bestellte dem Freund einen israelischen Anwalt. Der brachte fertig, daß Khaled Abuzarifa im April 1995 am Checkpoint Erez stand, lächelnd und unbestraft, im Niemandsland zwischen Israel und Gaza, um seinen dünnen Leib einen Gürtel mit großer Schnalle, Khaled liebte Gürtel mit großen silbernen Schnallen.

Mit dem stimmt etwas nicht, sagte ein Berner Kantonspolizist. Zwei Beamte hoben Khaled, auf den schmalen hohen Rollstuhl gebunden, in einen Kleinbus, der den Flüchtling zum Flugzeug bringen sollte, ein dritter rief den Arzt, Herr Doktor, der Palästinenser tut irgendwie komisch. Khaleds Gesicht war blaß, Khaled atmete heftig, er bewegte sich nicht, der Arzt fragte, was ist los, Khaled antwortete nicht, der Arzt legte seine Hand an Khaleds Hals, rechts, schätzte den Puls, achtzig bis neunzig Schläge in der Minute, der Arzt prüfte Khaleds Pupillen, beide mittelweit, wurden eng, als der Arzt sie beleuchtete, der Arzt kniff Khaleds Lider, normaler Reflex.

Einer sagte: Vielleicht ist das Klebeband zu eng.

Der Arzt: Araber können irgendwie die eigene Zunge schlucken. Und so eine Erstickung simulieren, die sich löst, sobald sie in Ohnmacht fallen.

Dann sagte der Arzt: Aber vielleicht ist der hier zu weit gegangen. Nehmen wir ihm den Knebel ab.

Der Arzt und ein Polizist zogen das Klebeband von Khaleds Kopf. Khaled, stumm. Plötzlich bäumte Khaled Abuzarifa sich auf, die Fesseln spannten, Khaleds Kopf fiel auf die Brust, der Arzt hörte keine Atmung mehr, fühlte keinen Puls. Der Arzt drückte seinen Mund auf Khaleds Nase, stieß Luft hinein, der Arzt massierte Khaleds Herz, ein Polizist rief den Notarzt, zwölf Uhr achtzehn, dann die Flughafensanität, zwölf Uhr dreiundzwanzig. Man befreite Khaled aus Gurten, Riemen, Handschellen, Mullbinden, OD-Kombi, lud ihn auf einen Schragen, versuchte den Mann ins Leben zurückzuholen, sie setzten ihm eine Sauerstoffmaske auf, steckten ihm einen Schlauch in die Lunge, legten Elektroden an die Brust, Khaled Abuzarifa, Überlebenskämpfer, blieb tot, 3. März 1999, dreizehn Uhr fünf, das Flugzeug nach Kairo hob ab.

Angst, sagt die Mutter, hatte Khaled nur vor Katzen.

Um dreizehn Uhr fünfundzwanzig traf der Bezirksarzt zur Leichenschau ein, Khaled lag im Sanitätszimmer, GAC, Flughafen Zürich-Kloten, sein Oberkörper war nackt, schon Totenflecken auf der Haut. Der Bezirksarzt schob Khaled ein Thermometer in den After, 37 Grad Celsius, entdeckte am Körper keine äußere Krankheit. Er füllte die ärztliche Todesbescheinigung aus, vierzehn Uhr zehn, das weiße Formular fürs Zivilstandsamt, das gelbe fürs Bestattungsamt, das blaue fürs eigene Archiv. Vermutliche Todesursache: plötzlicher Herztod unter Streßsituation bei adrenerger Stimulation, Todesart: natürliches inneres Geschehen. Meldung an Polizei ist erfolgt.

Angst hatte er nur vor Vögeln und Katzen.

Noch am gleichen Nachmittag ließ der Bezirksanwalt Khaleds Leiche ins Institut für Rechtsmedizin der Universität Zürich-Irchel bringen. Die drei Polizisten und den Arzt, die Khaled Abuzarifa gefesselt und geknebelt hatten, lud er zur Einvernahme. Sie fuhren schließlich nach Bern zurück, Khaleds Reichtum in ihrem Gepäck, zwei Reisetaschen, einen Kehrichtsack, eine Kartonschachtel mit Kleidern und Schuhen, ein Kofferradio, einen Geldbeutel, darin 144 Franken und 75 Rappen, und einen Leibgurt mit großer glitzernder Schnalle.

In der Nacht, bevor er starb, sah ich Khaled im Traum. Sein Gesicht war schwarz, er öffnete die Lippen, wollte reden, aber nichts als seifige Blasen drangen aus seinem Mund. Sharifa zieht den Schleier vor die Augen, trocknet ihre Tränen.

Khaled. Zurück in der Straße der verrückten Männer. Arbeitslos. Staub und Langeweile. Eines Tages tauchte der Vater auf, wenn er redete, verstand keiner, was er meinte, der Vater blieb zwei Monate, verschwand, rief nicht an, schickte kein Geld.

Gaza war ein Gefängnis, fünfzig Kilometer lang, zehn breit, umlagert von den Israeli, die Khaled nicht mehr ins

Land ließen, Khaled wollte weg. Am 11. März 1996 stellte ihm die palästinensische Nationalbehörde einen Paß aus, Dokument Nummer 0103 074.

Im September 1997 gelang Khaled, fünfundzwanzig Jahre alt, die heimliche Reise nach Israel. In Tel Aviv klebte ihm die italienische Botschaft ein Visum in den Paß. Am 3. Oktober brach Khaled auf, die Mutter weinte, auch die Schwestern, die Brüder. Im Taxi verließ er Gaza, fuhr durch die Wüste Sinai, fünf Stunden bis Kairo, nahm dort das Flugzeug nach Rom. Der Mutter träumte, sie besitze in ihrem Garten einen schönen Baum, und jemand käme und grabe dem Baum die Wurzeln ab und nehme, was grün ist und Schatten macht, mit sich fort.

Mein Sohn war klug und schlau, lobt Sharifa.

Italien erreichte Khaled Abuzarifa am 6. Oktober 1997. Vier Tage später kam er in den Besitz einer Aufenthaltsbewilligung, A585 417, Khaled, der nicht Italienisch sprach, galt nun als Student der Ingenieurwissenschaften an der Universität von Perugia, wohnte an der via Cartolari 22. Wieder drei Tage später reiste er in die Schweiz und meldete sich in Chiasso, via 1. Agosto, bei der Empfangsstelle für Asylbewerber. Die drückte Khaled eine Fahrkarte in die Hand, schickte ihn ans andere Ende des Landes, nach Kreuzlingen am Bodensee, um sich dort einzutragen. Man erfragte seinen Namen, seine Abkunft, man nahm Fingerabdrücke, Khaled sagte, in seiner Heimat werde er verfolgt. Am 22. Oktober sandten sie ihn ins Erstaufnahmezentrum Ostermundigen, Blankstraße 4, Kanton Bern, am 11. November ins Durchgangszentrum der Heilsarmee in Zollikofen, Bernstraße 3A, in ein rosarotes Gebäude neben der Glassammelstelle, Blick auf Wiese und Wald, Zimmer vierunddreißig, sechs Meter lang, vier breit, vier metallene Betten, vier metallene Schränke.

Abuzarifa Khaled, Palästina, Kant.Nummer 623 309, N-Nummer 202 907, BFF-Nummer 12251010.

Er war selten im Haus. Mit der Straßenbahn, Station Steinibach, fuhr er nach Bern, kam erst nachts zurück, lachend, lustig, tanzend, unfaßbar für seine Betreuer, er aß wenig, kochte kaum, putzte nicht, ließ den Deutschunterricht aus, Khaled vergaß nie, sein Tagegeld abzuholen, 10 Franken 50 Rappen, und bald ging im Heim die Rede, Abuzarifa mache seltsame Geschäfte, man nannte ihn Fledermaus.

Am 9. Dezember 1997, seit zwei Monaten erst in der Schweiz, morgens um fünf Uhr vierundfünfzig, schickte Khaled ein breites Paket nach Abasan el Kabira, Schanzenpost Bern, Dringlichkeitsschalter. Darin waren Kleider und Schmuck für die Schwestern, Geld für die Mutter, Videospiele für die Brüder, Super Mario, Bomber Man, Duck Hunt.

Die Leichenöffnung begann um neun, endete um dreizehn Uhr, Khaled lag auf Chromstahl, Wasser floß, schwemmte das Blut, das aus ihm drang, in ein Rohr, es war der 4. März 1999. Ein Arzt maß Khaleds Länge, sein Gewicht, sein Haar, den kurzen Bart. Er prüfte das Herz, wog es, zweihundertneunzig Gramm, das Hirn, eintausendfünfhundertzehn Gramm, die Lungen, Leber, Milz, Nieren, Mund, Nase. Er fand keine Drogen in Khaleds Blut und Urin, nur die Spuren von Amitriptylin-Metaboliten, eines Mittels, das nimmt, wer elend und untröstlich ist.

Traurig war Khaled nie, sagt die Mutter in ihrem Beton. Ein Esel schreit, Kinderlärm. Nein, sagt Sharifa, traurig kann er nicht gewesen sein.

Am 5. März, zwei Tage nach Khaleds Ende, summte plötzlich ein Gerücht durch die Straße der verrückten Männer. Khaled, der Älteste von Sharifa, sei in Europa ermordet worden, in einem Wald sei es geschehen, die Mafia, genau zwischen die Augen. Die Mutter, als sie davon hörte, dachte an den Baum, den sie geträumt hatte. Am 7. rief der Bezirkshauptmann von Khan Yunis den Onkel an, sagte, der palästinensische Botschafter in Genf lasse ausrichten, Khaled habe im fernen Zürich das Herz versagt, als man ihn ins Flugzeug setzte. Die Mutter schrie vor Schmerz. Am 10. rief der Hauptmann wiederum an, versprach, Khaleds Leiche sei am 12., morgens um sieben, am Checkpoint Erez abzuholen.

Ein Freitag. In zwanzig großen gelben Taxis fuhren die Mutter, ihre Kinder und Enkel, ihre Brüder, Schwestern und Nichten und Neffen nach Erez, sie warteten Stunden, Sonne brannte auf Asphalt, 12. März 1999. Zuerst öffneten die Israeli den Sarg, dann die Palästinenser, es war fast zwölf Uhr, als Khaled, in weißes Tuch geschlagen, endlich vor Sharifa lag. Nichts hatte er bei sich als einen kleinen Zettel, der an einer Zehe hing: Abuzarifa Khaled. Die Mutter fiel in Ohnmacht. Da sagte ein palästinensischer Offizier: Bevor der euch gehört, muß er zu einem Arzt. Um eins brach der Umzug auf, zwanzig Taxis und der tote Khaled, hielt in Khan Yunis vor dem Nasser-Krankenhaus. Der Arzt befahl, Khaled sei noch am gleichen Tag zu bestatten. Dann fuhr man nach Abasan el Kabira, trug den Leichnam in die Garage an der Straße der verrückten Männer, die Nachbarn strömten, die Onkel wuschen Khaled, sahen auf seiner Brust die Spuren der Elektroden, sie flüsterten, Khaled sei wohl, bevor er hingerichtet wurde, gefoltert worden.

Schließlich brachten sie den Toten durch den ganzen Ort, legten ihn in die Abu-Baker-el-Siddique-Moschee, ein altes schmutziges Gebäude mit zerbrochenen Läden, sie beteten, trugen Khaled auf den Friedhof am Rand des Dorfes und ließen ihn in ein tiefes teures Grab aus frischem Beton, den Kopf Richtung Mekka.

An einem Freitag ist Khaled geboren. An einem heiligen Freitag stieg er in die Erde.

Zwei Schafe wurden geschlachtet, jedes hundertfünfzehn jordanische Dinar wert, in der Garage lagen Feigen, Kuchen, Reis und Datteln, man aß und redete, Sharifa hatte ihren Schmuck verkauft, um Grab und Fest zu bezahlen, dreitausend amerikanische Dollar.

Wenn Khaled aus Europa anrief, pries er das Leben. Hier habe er endlich Arbeit gefunden, sagte er, in einem Nachtklub sei er Kellner, tagsüber bediene er in einem Kiosk, und wenn die Mutter ihn fragte, wo er denn lebe, antwortete er: In meiner eigenen Wohnung. Und endlich habe er eine Frau. Ohne Schleier. Khaled lachte.

Khaled war immer seltener im Haus der Heilsarmee, er kaufte sich ein Halbtaxabonnement der Schweizerischen Bundesbahnen, war ständig unterwegs, Bern, Zürich, grinste, wenn er nachts in sein Zimmer trat.

Am 23. Februar 1998 lehnte die Eidgenossenschaft Khaleds Bitte ab, im Land bleiben zu dürfen. Es sei nicht anzunehmen, daß Khaled wirklich verfolgt werde. Ausreisefrist bis am 31. März. In Gaza schoß ein jüdischer Siedler eine Kugel in den Rücken von Khaleds Bruder, Khaled schickte Geld. Khaled kam nur noch ins rosarote Heim neben der Glassammelstelle, um sein Tagegeld zu holen.

Er ist mein Sohn aller Söhne, weint Sharifa. Tugendsam wie kein anderer.

Verhaftung am 20. April 1998 um acht Uhr fünfundvierzig. Berner Stadtpolizisten drangen in ein Hotelzimmer, fesselten Khaleds Hände, durchsuchten den Raum und fanden, im Schrank versteckt, vierunddreißig Gramm Kokain. Untersuchungshaft, Regionalgefängnis Bern, Genfergasse 22.

Khaled, allein.

Die Verhandlung vor dem Kreisgericht Bern-Laupen dauerte eine halbe Stunde, 8. Januar 99, Khaled stritt nicht ab. Stumm stand er im Raum, als das Urteil erging, vierzehn Monate Gefängnis, bedingt erlassen, wegen mehrfacher und qualifizierter Zuwiderhandlungen gegen das Betäubungsmittelgesetz und, als Nebenstrafe im Sinne von Artikel 55 Absatz 1 des Strafgesetzbuches, Landesverweisung von fünf Jahren, unbedingt durchzuführen.

Zwei Tage später bereits, am 10. Januar, brachten zwei Berner Kantonspolizisten Khaled Abuzarifa auf den Flughafen Zürich-Kloten. Nicht nach Kairo, bat Khaled. Nach Tel Aviv, okay. Als sie ihn vor das Flugzeug stellten, begann Khaled laut zu schreien und zu fuchteln, bis der Pilot sich weigerte, den Mann in die Maschine zu lassen. Die Beamten fuhren ihn nach Bern zurück, sperrten ihn ein, am anderen Morgen saß Khaled vor einer Haftrichterin im Amtshaus, Hodlerstraße 7, Khaled schrie: Nicht nach Kairo. Die Richterin blätterte in ihren Papieren, sah, daß Khaleds Paß nur noch zwei Monate gültig war, entschied, Khaled sei, damit er nicht untertauche und sich so lange verstecke, bis das Dokument abgelaufen wäre und der Flüchtling dann nicht mehr weggeschickt werden könnte, in Ausschaffungshaft zu setzen.

Strafanstalt Witzwil, Zelle dreihundertsechzehn. Khaled aß kein Fleisch mehr. Er schlief schlecht, ließ sich den Bart wachsen. Nervös. Ein Arzt verschrieb Lexotanil und Seresta. Am 22. Februar 1999 teilte der Staat Israel dem Staat Bern mit, er könne Khaled die Einreise in Tel Aviv nicht gestatten, Abuzarifa sei Palästinenser, nicht Israeli. Noch am gleichen Tag buchten die Berner einen Flug nach Kairo für vier Personen, Khaled und drei Polizisten, SR 348, 3. März. Nachts schreckte Khaled aus dem Schlaf, glaubte, der Teufel stehe am Bett. Dann betete er. Per Fax baten die Berner die Flughafenpolizei, am 3. März einen Vorhang in den Flieger zu hängen, der Auszuschaffende, wiederholt renitent, müsse wohl gefesselt und verklebt werden. Khaled rief seine Mutter an, sprach mit Brüdern und Schwestern, er lachte seltsam, sagte, man wolle ihn nach Kairo bringen, bei Gott, das werde den Schweizern nicht gelingen. Khaled aß keinen Salat mehr, der Essig roch ihm plötzlich nach sündigem Wein.

Sharifa drückt sich aus ihrem Sessel, sie seufzt, sie holt eine Schachtel, darauf eine Klebeadresse, Absender: Khaled

Abuzarifa, Bernstraße 3 A, 3052 Zollikofen, Schweiz, die Mutter küßt Khaleds ungelenke Schrift, küßt sie immer wieder, bricht in Tränen aus.

Vierzig Tage nach dem Tod ihres Erstgeborenen ließ Sharifa abermals zwei Schafe schlachten. Wieder ging das Dorf durch ihre Garage, aß Datteln, Kuchen, Reis, Fleisch. Es war April. Der Ausländer- und Bürgerrechtsdienst der Kantonspolizei Bern wies an, Khaleds Kleider unter den Gefangenen des Regionalgefängnisses zu verteilen, auch den Gürtel mit der großen Schnalle.

Diese Schachtel, sagt die Mutter, ist alles, was wir von ihm noch haben.

Es wurde Sommer, dann Winter. Nichts als Staub und Gerüchte in der Straße der verrückten Männer. Khaled habe, bevor er starb, in Europa einen Schatz vergraben. Am 29. Dezember 1999 stellte das Institut für Rechtsmedizin der Universität Zürich-Irchel fest, die Nase des Abuzarifa Khaled sei deutlich rechtskonvex verkrümmt gewesen, es müsse deshalb eine beinahe vollständige Verengung des rechten Nasenhauptganges veranschlagt werden. Was zu einer sechzehnfachen Erhöhung des Strömungswiderstandes und damit zu einer beträchtlichen Potenzierung der Atemarbeit geführt habe. Das Gefühl zu ersticken, welches sich unter solchen Umständen einstelle, führe unweigerlich zu einer weiteren Steigerung der Atmung, zu Todesangst und also zu einem *circulus vitiosus,* der, wenn er andauere, das Leben gefährde, Khaled sei erstickt.

Drei Beamte der Kantonspolizei Bern befahlen den Mann aus der Zelle, zwangen ihn auf einen Stuhl, legten ihm, BFF-Nummer 1225 1010, Binden aus Mull um Hände und Arme. Dann Handschellen. Khaled sprach: Macht nur, meine Kraft brauche ich später.

Mein Sohn kann nicht allein sein, sagt Sharifa, ich gehe mit ihm. Sie kippt in den müden Sessel, versinkt darin, wimmert heiser.

Khaled Ahmed Suleiman Abuzarifa, am 4. Februar 1972 freudig geboren, liegt am Rand des Dorfes, das er haßte. Hirn und Herz ließ er in der Fremde.

*

Im Juni 2001 sprach das Bezirksgericht Bülach zwei der drei Polizisten von jedem Vorwurf frei. Der dritte, der befohlen hatte, Khaled zu knebeln, stand bis September 2002 nicht vor Gericht. Den beteiligten Arzt verurteilte das Obergericht des Kantons Zürich Anfang Juni 2002 zu einer bedingten Gefängnisstrafe von drei Monaten. Und zur Zahlung von fünfzigtausend Schweizer Franken an Khaleds Familie in Gaza. Fast gleichzeitig beschloß die Kantonale Justiz- und Polizeidirektorenkonferenz unverbindlich, auf die Knebelung von abgewiesenen Asylbewerbern fortan zu verzichten.

Herr Kroh

Eines Tages stieg Herr Kroh in die Waschküche und begann das Unmögliche, er goß Wasser in ein leeres Marmeladenglas, und Altöl, er sah, wie das Öl zerfloß und schmierte, dann gab er Salz ins Gefäß, am Anfang war das Salz. Er ließ die Mischung ruhen, kam am anderen Abend wieder und sah, daß nichts geschehen war, der Saft, braun und schwarz, roch nach Öl, Herr Kroh streute wieder Salz, auf einen Zettel schrieb er, zweiter Versuch, zwei Teelöffel Salz. Seiner Frau Greti und den beiden Kindern verbot er, das Glas zu berühren, und wenn sie fragten, was er vorhabe, sagte Herr Kroh, das Wunder, das uns reich macht. Abend für Abend trat er in den Keller des kleinen schattigen Hauses, Rollmattstraße 7a, 3123 Belp, Schweiz, fand das Wasser trüb und stinkend. Das Grinsen des Werkstattchefs, eine Woche zuvor bei Burgdorf, ging ihm nicht aus dem Sinn, Autopolituren, hatte der gesagt, kaufe ich Ihnen ab, sobald es Ihnen gelingt, diesen Ölfleck hier wegzumachen. Herr Kroh, siebenunddreißig Jahre alt, hundertsechzig Zentimeter lang, deutsch, reiste mit Putzmitteln aller Art. Marktlücke, dachte er, es war November 1980, ich begann mit Salz, alles Einfache ist gut, gut ist, was einfach ist. Manchmal, in der Waschküche über den Saft gekrümmt, dachte Herr Kroh an Oberreifenberg, an das Nest im Taunus, in dem er zur Welt gekommen war am 21. November 1943. Er dachte an den Vater, der kranke Beine hatte und sein Leben lang am Fenster auf einem Tisch saß und Hosen nähte, an die Mutter, die Hemden nähte und zuckerkrank war, Herr Kroh, wenn er spätabends in Marmeladengläsern die Ölpest angriff, sah das kleine Bett, auf dem er einst geschlafen hatte, in einer Ecke des Wohnzimmers, das auch Atelier war. Und später, als der Krieg zu Ende war und Amerika in Oberreifenberg, schnitt der Vater alte Gardinen in Form, machte Röcke für die Bräute der fremden Soldaten, und die gaben uns dafür Butter, gesalzene Butter aus Amerika, Fünfkilodosen. Herr Kroh, in der Waschküche, dachte daran, wie er das Wunder seiner ersten Jahre in Wasser bettete, diese Butter während Stunden streichelte und knetete, bis das Salz sich löste, er dachte daran, wie die Mutter das Salzwasser aufgehoben hatte, um darin das Geschirr zu waschen, 1946. Herr Kroh versuchte es dann mit Zucker, mit Mehl, besah sich jeden Abend den Fortschritt im Keller, Rollmattstraße 7 a, nichts geschah. Die Kargheit, die ich als Kind erlebte, sagt Herr Kroh, ließ mich nie verzweifeln. Er saugt an seiner Zigarette, steht auf und stellt den Dampfabzug an, den Rauch zieht er tief in die Brust, Dunhill Menthol, Herr Kroh setzt sich, Herr Kroh steht auf und Herr Kroh setzt sich, heute, sagt er, entscheidet sich mein Schicksal, heute, zwischen zehn und elf, ist Geburtsstunde, da erwarte ich die Nachricht, daß das Geld unterwegs ist, der Lohn für zweiundzwanzig Jahre Forschung, Herr Kroh blickt zum Handy, das neben ihm auf dem Küchentisch liegt, heute ist Geburtsstunde, Durchbruch, bitte fragen Sie. Könnte man, was Sie erfanden, auch essen? Herr Kroh lächelt, man kann, wenn man will, es besteht aus lauter natürlichen Zutaten, da ist keine Chemie drin, nichts Giftiges, und dies ist wohl mit der Grund, daß bis heute kein Pharmamulti sich wirklich dafür begeistert, mit Hoffmann-LaRoche stand ich in Verhandlung, mit Bayer, mit BASF, ein Konzern bot mir einst fünfzigtausend, wenn ich ihm das Rezept überließe, ich tat es nicht, mein ganzes Geld steckt im Pulver, und an die tausend Ernstkontakte hatte ich bis zum heutigen Tag, auch mit dem WWF, mit Greenpeace, Greenpeace, zischt Herr Kroh, ist doch nur die Tarnkappe der Industrie, haben Sie Hunger? Manchmal, nach dem Krieg, schickten ihn die Eltern in den Wald, Bucheckern sammeln, um daraus Öl zu pressen, einmal legten sie ihm eine neue gebügelte Hose über den gestreckten Arm, befahlen ihn ins Nachbardorf, eine Stunde lang lief der Knabe durch den Wald, der Arm schmerzte, und als er die Hose dem Bauern gab, der sie bestellt hatte, schenkte der Mann ihm eine Kartoffel, die erste Kartoffel im Leben des kleinen Kroh, er aß sie sofort und roh, wie einen Apfel, 1949, Herr Kroh saugt an seiner Zigarette. Jeden Abend stieg Herr Kroh in die Waschküche, mischte Wasser mit Öl, streute Pfeffer oder Gries oder Sand darüber oder goß Brennsprit dazu, schrieb dann auf Zettel, 34. Versuch, 35. Versuch, 36. Versuch, Greti, die Frau, sprach wenig, das Geld war knapp, und wenn die Kinder sonntags ein Dessert verlangten, briet ihnen Herr Kroh Spaghetti in Zukker und Butter. Herr Kroh versuchte es mit Sonnenblumenöl, mit Rapsöl, Olivenöl. Damals, 1980, 1981, wollte ich reich werden, das Wirtschaftliche stand für mich im Vordergrund, sagt Herr Kroh, heute geht es mir um die Rettung der Welt, ich weiß nicht wirklich, was mir die Kraft gab, so lange durchzuhalten, Herr Kroh schaut auf die Uhr, Viertel nach neun. Kartoffelauflauf, Ofenfleischkäse und Salat, ist Ihnen das recht? Eines Abends, Versuch einundsechzig, fand Herr Kroh das Wasser im Marmeladenglas rein und klar, das Wunder war geschehen, kein Öl mehr zu riechen, Herr Kroh erschrak, suchte in den Zetteln nach dem Rezept, das er zuletzt erdacht hatte, und fand den Zettel nicht, Herr Kroh wiederholte den Versuch aus dem Gedächtnis, und das Öl verschwand abermals. Der schönste Tag Ihres Lebens? Es war, sagt Herr Kroh, ein Glücksgefühl. Er schaut auf die Uhr, aufs Handy, der schönste Tag meines Lebens könnte der heutige sein, er steht auf, geht einige Schritte durch die Küche, er setzt sich, steht auf, sie haben mir die Sozialhilfe gekürzt. Herr Kroh fragte die Galactina AG an, Babynahrung, Belp, fragte, was eine Laboruntersuchung koste, hundertsiebzig bis zweihundert Franken, er hatte kein Geld, nahm einen Kleinkredit auf, ließ das Marmeladenglaswasser prüfen und siehe, es war von Trinkwasserqualität, 0.04 Milligramm Kohlenwasserstoff. Herr Kroh suchte für seine Erfindung einen Namen, wollte, weil sie Gesteinsmehl enthält, das Wort Gestein verwenden und dachte zuerst an das Kürzel GE, schließlich, aus einer Laune heraus, verlängerte er es zu GEES, weil er die Popgruppe *Bee Gees* mochte, 61 für Versuch einundsechzig, GEES-61 klang irgendwie modern. Einmal, vielleicht an Weihnachten 1950, war eine große Kiste im Wohnzimmer, das auch Nähstube war, man sang ›Stille Nacht, heilige Nacht‹, man sang und betete und sang und betete, und der kleine Kroh sah nur diese Kiste, die man endlich öffnete, sie war voller Papier, und auf ihrem tiefsten Grund lag eine kleine Orange, man hob sie zu dritt, schälte sie zu dritt, der Bub und seine Zwillingsschwestern, drei Jahre jünger, aß sie zu dritt, Weihnachten in Oberreifenberg. Ständig war Hunger. Eines Tages, der Knabe Kroh war acht, schickten ihn die Eltern nach Frankfurt zu einer Tante, Schloßstraße 33, damit der Bub wieder einmal richtig esse. Ein Lastwagen nahm ihn mit in die Stadt, und als er aus der Maschine stieg, waren nur Trümmer, Ruinen, Zerstörung, und er sah Frauen, die mit nackten Händen Steine schleppten, stumme alte Frauen, und der Kleine stand endlich in der Schloßstraße vor einem Haus ohne Nummer, Niemandsland, keiner war da, den er hätte fragen können, wo ist das Haus Nummer 33, wo meine Tante wohnt, und plötzlich hörte ich eine Musik, die mich mein Leben lang begleitet, Männer mit tiefen Stimmen sangen ein Lied, dessen Worte ich nicht verstand, ›Odnuzwucno gremit kolokolcik‹, der Don-Kosaken-Chor, auf Schellack. Die Tante sah das Kind auf der Straße stehen, sie trug Kuchen auf, süßen wahren wirklichen Kuchen in der

Mitte des Hungers. Warum, Herr Kroh, gefällt Ihnen dieses Lied so sehr? Er zögert, sagt dann leise, vielleicht deshalb, weil es mich an die Einsamkeit von einst erinnert, heftig stößt er den Rauch in die Küche, und an meine jetzige. Herr Kroh schaut auf die Uhr, zwischen zehn und elf, heute, soll Erlösung sein. Herr Kroh begann sein Mittel zu bewerben, er schrieb ein Flugblatt, ließ es für die Weltkundschaft übersetzen, *GEES-61 is an emulsion of non-toxic constituents developed to clean coasts, soils of all types and roads as well as port installations and storage tanks etc. contaminated with petroleum or any of its fractions including heavy lubricating oils.* Am Nachmittag des 25. Juni 1981, einem Donnerstag, trat er seinen Beweis an. Im Garten des kleinen schattigen Hauses in Belp war ein Kunststoffaß, gefüllt mit Schotter und Erde, GEES-61 war groß auf den Plastik geschrieben, die Sonne schien grell, Geranien. Neben dem Faß standen ein Gärtnermeister, ein Gemeinderat, ein Journalist des ›Thuner Tagblatt‹, ein Fotograf, ein Notar. Der maß Höhe und Durchmesser des Gefäßes, schrieb die Daten nieder und das Geständnis des Gärtners, die Erde im Faß sei normale Belper Erde. Der Notar nickte. Herr Kroh, in Krawatte und Anzug, das Haar gescheitelt, goß einen Viertelliter Mineralöl ins Behältnis, dann drei Deziliter GEES-61, dann Wasser. Schließlich legte der Gemeinderat ein Gitter darüber, befestigte es mit vier Siegeln, und das ›Thuner Tagblatt‹ fragte: »Sensationelle Erfindung aus Belp?« Sieben Monate später, am 19. Januar 1982, brach man die Siegel, wieder war der Notar im Garten, wieder der Gemeinderat, Herr Kroh öffnete den Hahn, der ins Faß gelassen war, Wasser schoß heraus, Herr Kroh füllte zwei gläserne Flaschen und reichte sie dem Notar. Der schickte sie noch am gleichen Tag nach Deutschland ans Institut Fresenius, Taunusstein, und am 25. Februar 1982 erstattete dieses Bericht, Öl und Fett, bei einer Nachweisgrenze von 0,10 mg/l, sind in der gelieferten Probe nicht feststellbar. Herr Kroh rief zur

Pressekonferenz ins Hotel Alfa nach Bern, Laupenstraße 15, jemand lobte ihn einen potentiellen Nobelpreisträger, Herr Kroh lächelte, er habe, sagte er, bis dato tausendsiebenhundert Patente studiert, aber auf einen biologisch abbaubaren Ölvernichter sei er dabei nicht gestoßen, es war wohl eine Art Eingebung, sprach er, die Formel, die mich eine halbe Million Franken kostete, liegt so nahe, daß man sie nicht sieht, nennen Sie es Glück oder göttliche Weisung, das ›Bieler Tagblatt‹ schrieb: »Mittel gegen Ölpest gefunden«, die ›Badische Zeitung‹: »Deutscher Erfinder stellt Ölumwandler her«, Herr Kroh war glücklich, er schaut auf die Uhr, Viertel nach neun bereits. Er schaut auf die Uhr, er sagt, eines Tages werden die Reichen der Welt erfahren, daß sie ihr Geld nicht fressen können, er holt Luft, ja, es gibt für mein Mittel keine Alternative, alles ist eine Frage der Zeit, sagt Herr Kroh in seiner Küche. Wer wird Sie anrufen, zwischen zehn und elf? Kann ich Ihnen nicht sagen, spricht Herr Kroh, aus Gründen der Sicherheit, verstehen Sie? Und eines Tages, als der Bub ins neunte Jahr ging, schickten ihn die Eltern ins Kloster nach Koblenz Ehrenbreitstein, ein Esser weniger. Wieder nahm ihn ein Lastwagen mit, in Frankfurt bestieg er die Eisenbahn, er hatte Angst, bezahlte mit dem Geld, das man in Oberreifenberg für den kleinen Kroh gesammelt hatte, ein Esser weniger im Dorf. Bei den Kapuzinern blieb das Kind fünf Jahre lang, schlief mit dreißig Knaben in einem Saal, stand um fünf Uhr auf, ging in die Kirche und betete, aß dann rote Rüben, ging in die Schule, lernte Griechisch, Latein, Algebra, aß rote Rüben, es gab wenig anderes, von roten Rüben wird mir heute schlecht. Waren Ferien, blieb der kleine Kroh, kleiner als alle anderen, als einziger im Kloster, weil das Geld fehlte, nach Hause zu reisen, allein schlief er im großen leeren Saal, und irgendwann erreichte ihn ein Brief der Mutter, darin war, gut verschlossen, ein zweiter Brief, gerichtet an einen Pater, der aus Oberreifenberg stammte. Die ganze Nacht legte sich der Bub unter die Decke, hauchte und hauchte auf den Umschlag ein, bis der sich öffnete, und dann las er, es steht schlimm um mich, meine Zuckerkrankheit wird mich bald besiegen, das Kind soll es nicht wissen. Herr Kroh, im sechzigsten Jahr seines Lebens, Wasser in den Augen, fährt sich übers Gesicht, ich begann zu beten, ich betete gegen diese Wahrheit an, ich betete sie weg, bis meine Mutter wieder gesund war, damals, sagt Herr Kroh, merkte ich, daß alles zu erreichen ist, wenn einer nur will, ich muß ich muß ich muß, es ist meine Aufgabe, Herr Kroh fährt sich übers müde Gesicht, zwanzig nach neun. In der Marmelade, damals, sagt Herr Kroh, zappelten manchmal Würmer, und wenn wir uns beschwerten, sagten die Mönche, auch dies sind Geschöpfe Gottes. Der kleine Kroh war vierzehn, als er das Kloster verließ. Er kam ins Dorf zurück, suchte Arbeit. Die fand er endlich auf dem Landratsamt in Frankfurt-Höchst, das Kind wurde Brieföffner, Briefträger, Bote, erhob sich am Morgen um vier von seiner Matratze, fuhr mit dem Bus nach Frankfurt, bekam dort von einem Bekannten, der mit Obst handelte, einen Apfel geschenkt, jeden Morgen, ich machte gute Arbeit, alle lobten mich, und einmal sagte jemand, du bist so flink und freundlich, Kellner wäre was für dich. Im Waldhotel Salzhütten, eine Stunde Fußweg neben Oberreifenberg, fand er eine Lehrstelle, sechzehnjährig, der Vater nähte ihm eine neue Hose, die Mutter ein weißes Hemd, täglich lief der kleine Kroh durch den Wald, und einmal in der Woche fuhr er nach Frankfurt; besuchte die Berufsschule, schlich um einen Schaschlikstand und atmete tief, aß den Geruch des Fleisches, so lange, bis er keinen Hunger mehr fühlte, die dreißig Mark, die er monatlich verdiente, schenkte er den Eltern, drei Jahre lang. Am 1. Mai 1962, den Gesellenbrief im Gepäck, Kenntnisprüfung: befriedigend, Fertigkeitsprüfung: gut, wechselte er ins berühmte Hotel National, Hauptbahnhof Frankfurt, lernte dort das Kochen und stellte sich so geschickt und willig an, daß man ihm bald die Nachtküche überließ, Herr Kroh, neunzehnjährig, lernte, daß alles Gute einfach ist, alles Einfache gut, ich lernte, auf welchem Boden Getreide gelingt, welchen Boden Kartoffeln brauchen, damit sie wie Kartoffeln schmecken, ich merkte, daß alles einen Sinn gibt, daß alles, richtig komponiert, Harmonie ist, die Komposition der Stoffe, verstehen Sie, ist das Wichtigste. Herr Kroh unterschied zwischen tierischen Fetten und pflanzlichen Ölen, entschied sich, je nach Gericht, bald für dieses, bald für jenes, manchmal gab er Salz in die Pfannen, um das Öl, das darin kochte, auseinanderzureißen, am Anfang war das Salz, Herr Kroh versuchte, das Öl zu beschweren, es im Wasser zu versenken, er gab Paniermehl dazu, hinter jedes Geheimnis, das sich kochen, garen, braten ließ, wollte er kommen, er lernte, Weine zu erkennen, ob sie auf Schiefer, Lehm, Kalk oder Sand gewachsen waren, Region, Höhenlage, Sorte. Herr Kroh, schrieb der Direktor des Hotels National, Haus ersten Ranges, am 25. November 1962, Herr Kroh war interessiert, fleißig, gewissenhaft und sehr flott und von guter Auffassung. Im Umgang war er verträglich, höflich und immer hilfsbereit. Er war pünktlich, ehrlich und sauber, jetzt schellt das Telefon, Herr Kroh zuckt zusammen, schaut zum Handy, das neben den Dunhill liegt, schaut auf die Uhr, er setzt vom Stuhl und läuft ins Wohnzimmer, vorbei am Kissen, auf das GEES-61 gestickt ist, er nimmt den Hörer, schreit, Kroh, Herr Kroh redet schnell, jetzt kommt er zurück in seine Küche, er setzt sich und saugt an der Zigarette, bleich und irgendwo, er schweigt, wo sind wir stehengeblieben? Die Zeitung ›Blick‹ pries: »Neues Mittel gegen Ölverschmutzung«. Herr Kroh schrieb den Erdölkonzernen, bot ihnen seine Lösung an. Tags reiste er mit Putzmitteln durchs Land, fuhr von Messe zu Messe, MUBA, OLMA, BEA, LUGA, und genoß den Auftritt, Herr Kroh schmierte Spiegel mit Lippenstift voll und reinigte sie mit besten Mitteln blank, mit besten Tüchern, Mikrofaser, Herr

Kroh lachte, er scherzte, Herr Kroh verkaufte gut, verdiente recht, doch nachts lag er wach und suchte eine Antwort für die Ablehnung seines Wunders, Greti schlief. Wieder stieg Herr Kroh in die Waschküche, ein Pulver, dachte er, ein feines Pulver reinigt noch besser als Saft, selbst die tosende See, er nannte es GEES-67. Was, Herr Kroh, steckt in Ihrem Pulver? GEES-67, sagt er und sucht Worte, was genau da drin ist, kann ich Ihnen nicht sagen, Sie verstehen, GEES-67 ist, sagen wir mal, ein ascheähnliches feines Pulver, ja, mit einer spezifischen Gravitation von 1.75, besteht hauptsächlich aus pulverisiertem Gestein, Granit, Kalk, aus natürlichen Materialien, das Endrezept liegt bei einem Notar. GEES-67 wird, wenn die Katastrophe, die Ölpest, da ist, auf den Rohölfilm aufgetragen, die Oberflächenspannung zerreißt, innerhalb von zwei bis drei Stunden koagulieren die GEES-Partikel, die das Öl absorbiert haben, sie scheiden biologische Detergenzien aus, was sind Detergenzien, Herr Kroh?, und sinken als ungiftige Ablagerungen auf den Meeresboden, wodurch die obere Wasserschicht gereinigt und vom Öl befreit wird, verstehen Sie? Es ist halb zehn. Herr Kroh steht auf, lehnt sich an den Kühlschrank, mein ganzes Leben, sagt Herr Kroh, erfüllt sich im GEES, ich habe es nicht erfunden, nur gefunden, denn es geht auf Erden nichts verloren, mögen Sie überhaupt Kartoffelauflauf? Herr Kroh konnte nicht allein sein, er war witzig und unterhaltsam, samstags lud er Bekannte ins Haus und kochte ausschweifend, Greti trug auf, Greti trug ab, sie schwieg, Herr Kroh wurde böse, wenn sein Morgenkaffee nur warm, nicht heiß, wenn die Butter hart war, deutsche Markenbutter, die er aus Deutschland holte, Herr Kroh kochte wie ein Großer des Fachs, gelernt ist gelernt, und wenn er mit Frau und Kindern ins Restaurant ging, erfuhr er einmal mehr, wie schlecht in Restaurants gekocht wurde, die Kinder schämten sich, wenn Herr Kroh den Kellner rief, den üblichen Tadel sprach, Greti schwieg, Greti verlor den Geschmackssinn, nur noch Wein schmeckte ihr, Greti wurde stumm, Herr Kroh konnte nicht allein sein, lud ein und kochte immer häufiger und üppiger, er brauchte sämtliche Pfannen und Töpfe, Greti räumte auf, zu seinen Gelagen ließ er Musik laufen, die er zuvor auf Bänder gespeichert hatte, zur Vorspeise Mireille Mathieu, zur Hauptspeise Nana Mouskouri, zum Dessert Iwan Rebroff, das Lied von der Schloßstraße 33, damals, aus der Mitte des Hungers, *Odnuzwucno gremit kolokolcik, Eintönig hell klingt das Glöcklein, trägt hinaus in die Ferne mein Leid, meines Kutschers Gesang ist verklungen, und der Weg vor mir liegt noch so weit,* ich weinte, als mir meine Tochter ein Kissen schenkte, GEES-61 darauf gestickt. Einmal, zum Hochzeitstag der Nachbarn, sägte er das Traumschiff, das jede Woche aus dem Fernseher leuchtete, aus einem Block Styropor, er versah es mit Lämpchen und Tand, maßstabgetreu, legte Radieschen aufs Oberdeck, Kapern, Tomaten, Oliven, Krebse, Käse, bahrte Crevetten in den Swimmingpool, Herr Kroh, Riedlistraße 22, war der Meister der kalten Sauce, Mayonnaise, eine Prise Salz, eine Prise Pfeffer, eine erhöhte Prise Paprika, zwei Spritzer Maggi, etwas Tabasco, ein Spritzer Zitrone, ein Teelöffel Cognac, das Ganze verrühren, Ketchup, wieder verrühren, zwei Löffel Schlagrahm, um das Werk zu lüften, man darf die einzelne Zutat nicht schmecken, alles muß sich runden, eine Cocktailsauce ist nicht Mischung, sondern Harmonie, einmal, zur Konfirmation eines Nachbarkindes, stemmte Herr Kroh seine Küchentür aus dem Rahmen, bezog sie mit Alufolie, belud sie mit Salaten und Saucen, trug sie, verfolgt von den Hunden des Riedliviertels, zum gefeierten Kind, es stimmt, ich konnte nie allein sein, flüstert Herr Kroh, ich war es so oft. Herr Kroh schaut zum Handy, das schweigt und schweigt. Ohne Kochlehre, sagt er, hätte ich mein Pulver nie erfunden. Immer wieder schrieb er den Großen der Welt, lobte ihnen seine Erfindung, man telefonierte, traf sich und redete, redete. Herr Kroh, erfolgreicher

Vertreter von Putzmitteln aller Art, baute sich ein neues Haus, groß und hell, April 1985, Greti gab ihre Stelle als Lehrerin auf, machte Herrn Kroh das Büro, Riedlistraße 22, mit Rasen und Pool, Belp bei Bern, Schweiz. Herr Kroh dachte, mir fehlt, um wirklich zu überzeugen, wahrscheinlich der letzte wissenschaftliche Beweis, ein Gutachten. Eines Tages erfuhr er von einem Biologen der Universität des Saarlandes, einem Professor, der sich in Dingen der Ölverschmutzung auskenne. Herr Kroh rief den Mann an, der Wissenschaftler versprach sein Mögliches, und Herr Kroh, erregt, raste im Volkswagen nach Triest, September 1992, in Triest kannte er einen, der bei der Hafenfeuerwehr arbeitete, es war Abend, der Bekannte goß ihm echten Meeresschlamm und Meereswasser in ein Behältnis, um neun Uhr, es war schon dunkel, fuhr Herr Kroh los, querte die Schweiz und stand am nächsten Morgen in Saarbrücken, der Professor war nett, ich machte ihm eine Ölkatastrophe, sagt Herr Kroh. Sechs Gramm Rohöl der Marke Shell goß Herr Kroh ins Triester Wasser, dann sechzig Gramm GEES-67, der Professor sah zu, notierte, maß, wärmte, kühlte, gab, um der Verdunstung zu wehren, destilliertes Wasser hinzu, dekantierte, extrahierte, behalf sich mit einem Infrarotspektroskop und kam zum Schluß, Kohlenwasserstoffe in Rohölteppichen bauten sich, wenn mit GEES-67 bestäubt, innerhalb von drei Monaten natürlich und biologisch ab. Herr Kroh, als er vom Resultat erfuhr, öffnete Burgunder. Sechs Wochen später rief mich der Professor an, er sagte, Herr Kroh, meine Tierchen haben Hunger, bitte bringen Sie mir Öl und mehr von Ihrem Pulver. Ich verstand nicht. Was war geschehen? Das Gemisch von Öl und GEES-67 diente den Kleinsttierchen, die im Triester Wasser lebten, als willkommene Nahrung. Daran hatte ich zuvor nie gedacht, das war nicht meine Absicht gewesen, spricht Herr Kroh, er fährt sich übers Gesicht, das war der schönste Tag meines Lebens, Herr Kroh steht auf, Herr Kroh setzt sich, steht auf, stößt den Rauch der Zigarette in den Dampfabzug, heute lebe ich von Sozialhilfe, wenn es jetzt nicht klappt, zwischen zehn und elf, dann weiß ich nicht weiter, er schaut auf die Uhr. Am 24. März 1989, kurz nach Mitternacht, steuerte ein angetrunkener Kapitän den Tanker Exxon Valdez auf ein Riff, Prince William Sound, Alaska, zweiundvierzigtausend Tonnen Rohöl ergossen sich ins Meer und verschmutzten die Küste auf einer Länge von zweitausend Kilometern, Herr Kroh hielt es in Belp kaum aus, er setzte sich ans Telefon, bot der schweizerischen Eidgenossenschaft, dem amerikanischen Botschafter in Bern, den Erdölgesellschaften, der UNO sein Pulver an, die Welt begriff nicht, Herr Kroh versprach der ›Berner Zeitung‹, ich könnte das Unglück ungeschehen machen, die Welt, flüstert Herr Kroh, die Welt wird gesteuert von einer Mafia, verstehen Sie? Es ist kurz vor zehn. Meine Frau, meine zweite Frau, sagt Herr Kroh, hat heute morgen Tarotkarten gelegt, sie stehen gut, heute ist Geburtsstunde, er schaut zum Handy. Herr Kroh scheidet auf eigenen Wunsch aus unseren Diensten, schrieb der Direktor des Hotels National im November 1962, wir wünschen ihm alles Gute. Der junge Herr Kroh reiste, um der Einberufung in die Bundeswehr zu entgehen, in die Schweiz, wäre ich Soldat geworden, hätten Eltern und Schwestern hungern müssen. In Basel zog man dem Deutschen die Kleider aus, klopfte seinen kurzen Leib ab, steckte ihm einen Finger in den Darm. Herr Kroh fuhr nach Interlaken, dann nach Grindelwald, wurde Commis de Bar im Hotel Spinne und schickte jeden Monat vierhundert, manchmal fünfhundert Franken nach Hause. Einmal, wenige Wochen erst im Ferienort, kaufte er sich Schlittschuhe und ließ sich auf ihnen fotografieren, in der Rechten, obwohl er nicht rauchte, eine Zigarette, an der Linken ein großer Ring, 27. 12. 1962, schrieb er auf die Rückseite, liebe Eltern, von meinem ersten Grindelwalder Schlittschuh-Rendezvous grüße ich Euch vielmals. Lerne in meiner

Freizeit jetzt diesen Sport. Gar nicht so einfach. Herzliche Grüße. Der Vater gab zurück, Glückwunsch zu deinem Überfluß, aber noch sei man im Taunus, was Hunger und Arbeit angehe, nicht über den Berg. Herr Kroh blieb nur einen Winter, er ist fleißig, strebsam und tüchtig, schrieb ihm der Hoteldirektor ins Zeugnis. Nach Deutschland zurück konnte er nicht, die Bundeswehr, ich fuhr also nach Paris, es war März 1963, schlief auf Bänken, unter Brücken, suchte Arbeit, fand irgendwann ein Zimmer, rue de Saussure 108. Manchmal setzte er sich in ein Bistro, bestellte Kaffee und Croissants, schlich dann, ohne zu bezahlen, davon, manchmal hob er Zigarettenkippen vom Pflaster, saugte daran, bis er den Hunger nicht mehr fühlte, damals begann ich zu rauchen, rauchen macht mir nichts. Dann traf Herr Kroh einen Deutschen, der ihm beibrachte, ein Vorstellungsgespräch auf Französisch zu führen, Herr Kroh lernte die Sätze auswendig, er übte sie immer wieder und wagte sich ins berühmte Lido, wurde Commis de Restaurant, Hilfskellner, 30. Mai 1963, jeden Morgen streckte Herr Kroh auf Befehl des Oberkellners die Hände vor, bewies dem Chef seine sauberen Finger. Monat für Monat schickte Herr Kroh tausend Francs nach Deutschland, am Boulevard Raspail besuchte er einen Französischkurs, gab ihn bald auf, weil er meist einschlief, *il nous quitte de son plein gré,* schrieb der Generaldirektor des Lido, als Herr Kroh Paris verließ, April 1964. Wieder reiste er in die Schweiz, es ist zehn nach zehn, Herr Kroh zaust sich den Bart, jetzt sollte er bald anrufen, sagt er, rückt das Handy neben die Zigaretten, schiebt es weg, ich weiß nicht, sagt Herr Kroh, wieso ich so lange durchgehalten habe. Woraus, Herr Kroh, beziehen Sie Kraft? Er schweigt. Ich weiß es nicht. Er schweigt. Trostlosigkeit zu ertragen, das habe ich wohl als Kind gelernt, dieses Gefühl, irgendwohin gestellt zu sein, Ernährer seiner Eltern und Schwestern, verantwortlich zu sein, etwas zu Ende führen zu müssen, vielleicht.

Aber mein Pulver wird kommen, es muß es muß es muß. Kellner im Motel Losone. Herr Kroh ist fleißig, flink und ehrlich. Er hat nette Umgangsformen und ist bei den Gästen wegen seines fröhlichen Wesens sehr beliebt. Eine Wäscherin gefiel ihm, Bernerin, eines Abends bat er sie, ihn nach Ascona zu begleiten, spazieren, Greti, Herrn Kroh um einen halben Kopf überragend, ging mit, Liebe. Herr Kroh verläßt uns infolge Saisonschluß, doch bleibt ihm unser Haus jederzeit offen, 31. Oktober 1964. Greti reiste in ihr Oberaargauer Dorf zurück, Herr Kroh, ohne Heimat, suchte ihre Nähe, wurde Kellner im Restaurant Gambrinus zu Bern. Schwaben passen nicht zu uns, sprach Gretis Vater, Schwaben machen nur Krieg. Herr Kroh, einundzwanzig, wohnte in einem kleinen Zimmer an der Murifeldstraße, und eines Tages erreichte ihn der Brief der Mutter, seine beiden Schwestern, schrieb die Mutter, seien nun Verkäuferinnen in Bad Homburg und brächten jeden Monat je dreihundert Mark nach Hause, da fühlte ich zum ersten Mal etwas wie Freiheit, und ich beschloß, kein Geld mehr nach Deutschland zu schicken, sondern endlich mein Leben aufzunehmen, Herr Kroh kaufte, um sich fortzubilden, eine Schreibmaschine. Eines Nachts, von der Vermieterin gerufen, standen zwei Berner Polizisten an seinem Bett und verlangten Auskunft darüber, woher er diese Maschine habe, sie wühlten in seinen Sachen, fanden zwei Teelöffel des Pariser Lido und nahmen Herrn Kroh auf den Posten mit, Sauschwab, zwei Drittel meines Lebens habe ich in der Schweiz verbracht, aber die Nacht von damals, Herr Kroh bricht ab, Herr Kroh hält sich das Ohr, diese Nacht ließ mich ewig Fremder bleiben, er flüstert, ich wollte nie Schweizer werden, verstehen Sie das? Als Greti schwanger war, versprach ihm deren Tante fünfhundert Franken, bar auf die Hand, wenn er Greti und die Schweiz verlasse und nie wiederkäme. Um das Kind brauche er sich nicht zu kümmern, keinen Rappen zu bezahlen, das könne Herr Kroh, wenn er wolle, schriftlich haben, ich verstand nicht, ich dachte, was ist dies für ein Land, wo man Kinder kauft und verkauft? Die Hochzeit war im Sternen, Belp, 10. Juli 1965, an das genaue Datum kann ich mich nicht erinnern, sagt Herr Kroh, ich glaube, ich bin heute zu nervös, um mich daran zu erinnern, zwanzig nach zehn. Aus Deutschland reiste ein Onkel an, bezahlte das Fest. Herr Kroh und Greti zogen in einen Wohnblock in Belp, Sozialwohnung, Montenachweg 1, es war eine schöne Zeit, drei Monate später gebar Greti einen Sohn, und Herr Kroh, Ausländer, sollte, um bei der Geburt dabei zu sein, zweihundert Schweizer Franken hinterlegen, Inselspital Bern, soviel Geld hatte er nicht. Ein Schwab kommt mir nicht ins Haus, sagte der Schwiegervater, er sprach mich mit Sie an, Sie, Herr Kroh, Sie, Herr Kroh, und erst ein Vierteljahrhundert später, als ich ihm an Weihnachten, wie jede Weihnacht, eine Gans briet, sagte er mir du. Wie spät ist es jetzt, halb elf schon, halb elf. Jahr folgte auf Jahr, Herr Kroh reiste mit Putzmitteln durch die Schweiz, besuchte Messen, Herr Kroh genoß den Auftritt, nachts lag er wach, schimpfte auf die Großen, die sein Pulver nicht wollten. Als die Kinder im Juli 1990, zum fünfundzwanzigsten Jahrestag seiner Ehe, ins Motel Losone luden, an den Ort, wo die Liebe zu Greti begann, schritt er, kaum angekommen, an den Risottotopf, nahm von der Speise, kostete, sagte, zu fade, schade. Dann war Golfkrieg, 1991, die Welt machte den Irak nieder, Öl schwamm im Persischen Golf, und wieder hielt es Herr Kroh in Belp kaum aus. Er packte sein Pulver in den Koffer und flog, zusammen mit dem Hersteller der Putzmittel, die er tagsüber verkaufte, ins Herz der Katastrophe, März 1991, Herr Kroh in Saudiarabien, er sprach mit Dienern und Sekretären, zog von Vorzimmer zu Vorzimmer, in die Wüste Richtung Kuwait, die Franzosen ließen ihn passieren, die Engländer, die Amerikaner zwangen zur Umkehr, die Welt brannte, Herr Kroh reiste nach Dubai weiter, nach Abu Dhabi, dort, im Sheraton Hotel, am

13. März 1991, bat er zur Schau, vor den Kameras der Welt und einem Schwung weißgewandeter Araber goß er Öl in Wasser, gab sein Pulver dazu, wartete eine halbe Stunde, trank dann das Wasser, bot es auch den Arabern an und setzte schließlich, Applaus, einen Goldfisch ins Gefäß, Applaus, das Schweizer Fernsehen berichtete um zehn vor zehn, die ›Kölner Rundschau‹ pries: »Aus verseuchter Brühe Trinkwasser gemacht«, arabische Zeitungen, flüstert Herr Kroh in seine Küche, brachten mich im Bild. Eine Woche später, wieder an der Riedlistraße 22, verriet Herr Kroh der ›Berner Zeitung‹ seine liebste Idee, wie Tankstellen für Autos sollten überall auf der Welt Lager von GEES-67 gebaut werden, Silos, an allen Ufern der fünf Ozeane, an jedem See und an jedem Fluß, ja, sagte Herr Kroh, das Gute ist einfach, ja, Verhandlungen mit den Wichtigen der Welt sind im Gange, nein, es geht mir nicht ums große Geld, um die Natur geht es mir, um den Menschen. Jetzt fährt Herr Kroh von seinem Stuhl und öffnet die Tür zum Balkon, stellt dann eine metallene Flasche auf den Tisch, riechen Sie, sagt er, riechen Sie, das ist Rohöl, Rohöl. Dann schweigt er, die Schultern schlaff, er hält sich das Ohr, alles, in diesen Tagen der Entscheidung, sagt Herr Kroh, alles ist psychisch, er habe, sagt er, seit Tagen ein Sausen im Ohr, einen Druck oder Schmerz, er schaut auf die Uhr, aufs Handy, vielleicht, sagt Herr Kroh, sollte ich mit dem Auflauf beginnen, Sie mögen doch Kartoffelauflauf und Ofenfleischkäse, was Einfaches und Schnelles? Herr Kroh steht auf, bläst den Rauch der Zigarette in den Dampfabzug. Dann reiste Herr Kroh nach Marokko, er sprach vor Ministern, legte ihnen das Gutachten aus Saarbrücken vor, in England war Herr Kroh, fuhr dort in Stretchlimousinen, stieg in den besten Hotels ab, bezahlt von Konzernen, deren Namen ich nicht nennen darf, in Südkorea war Herr Kroh, redete vor einem Spruchband, GEES-67, das sechs Meter lang war, in Deutschland pries er sein Pulver, in Luxemburg, Italien, Österreich,

Schweden, Norwegen, Dänemark, in Amerika, Philadelphia, bis zum heutigen Tag hatte ich an die tausend Ernstkontakte, die sich alle zerschlugen, ich weiß nicht wieso, die Menschheit wird durchgehend beschissen, alles wird gesteuert von einer finanzkräftigen dunklen geheimen Mafia, übrigens, ich entwickelte auch ein Mittel gegen das Waldsterben, W-1, und eines gegen Algen, A-1, alles patentiert, sozusagen. 1992 zog Greti aus. Herr Kroh legt die Zigarette weg, riechen Sie an der Flasche, das ist Rohöl, Herr Kroh schält Kartoffeln, wichtig ist, daß sie in sehr dünne Scheiben geschnitten und nicht sofort in die gefettete Form gelegt, sondern zuvor im Wasser gespült werden. Eines Tages, Herr Kroh war dreiundzwanzig, Vater zweier Kinder und bediente nun in einem Tea Room am Berner Ostring, befahl der Chef seinem Kellner, die Toilette zu putzen. Herr Kroh sprach, Kellner putzen keine Toiletten. Der Chef begann zu lärmen, nannte Herrn Kroh einen Hitlerjungen, ab nach Deutschland, hau ab. Da standen die Gäste auf, stellten sich vor den kleinen deutschen Herrn Kroh und liefen, ohne zu bezahlen, aus dem Raum. Herr Kroh wurde Hilfsmagaziner bei Berger, Früchte und Gemüse, wurde Verkäufer, Herr Kroh hat die Anstellungszeit bei uns genutzt, sich zu einem bewanderten und flinken Lebensmittelverkäufer zu entwikkeln, Herr Kroh hat ein besonderes Geschick zur Schaufensterdekoration, 28. Februar 1969. Herr Kroh zog vom Montenachweg 1 an den Montenachweg 8, das Geld war knapp, und wenn die Kinder ein Dessert verlangten, briet Herr Kroh Spaghetti in Butter und Zucker. Samstags, sonntags arbeitete er im Sternen, Belp, wo er einst seine Hochzeit feierte, dort war ich so beliebt, daß die Gäste, wenn sie ins Restaurant traten, sofort fragen, wo bedient der Kleine, so beliebt war ich, und schlau, im Sternen holte ich mir viel Trinkgeld, kaum saßen die ersten am Tisch, empfahl ich ihnen flambiertes Fleisch, Flambiertes ist teuer, Feuer macht Eindruck, und Gäste, die später kamen, sahen mein Feuerwerk, bestellten auch eines, man verlangte den kleinen Deutschen, bis die Schweizer Kellner, neidisch geworden, Herrn Kroh der Fremdenpolizei verrieten, an Wochenenden war ihm Arbeit verboten, die Buße, zweitausend teure Franken, bezahlte der Sternenwirt. Herr Kroh wechselte ins Coop Center Belp, 1. März 1969, Magaziner, pflichtbewußt, rasch und exakt. Wechselte zum Verband landwirtschaftlicher Genossenschaften von Bern und benachbarter Kantone, Herr Kroh hatte gelernt, ein Auto zu fahren, fuhr nun mit Weinen und Schnäpsen von Laden zu Laden, von Wirtshaus zu Wirtshaus, mit viel Eifer, Fleiß, Gewissenhaftigkeit, 28. Dezember 1971. Wurde dann Whiskeyverkäufer im Außendienst, Zürich, Basel, Aargau, Solothurn, Bern, Wallis, Herr Kroh begann morgens um zehn Alkohol zu trinken, hörte nachts um zehn damit auf, nur am Anfang mußte ich kotzen, Herr Kroh trank bald täglich eine Flasche, Herr Kroh war ein guter Redner, alle liebten ihn, die Frauen nannten ihn nach dem Schnaps, den er lobte, VAT 69, Mister VAT, wichtig ist, daß die Kartoffelscheiben nicht sofort in die gefettete Form gelegt, sondern im Wasser zuvor gespült werden. Damit die Stärke abfließt. Denn nur so, sagt Herr Kroh, dringt später die Würzsubstanz schnell und tief in die Kartoffeln ein. Was ich bereue? Ich bereue, sagt er, saugt wieder an der Dunhill, bereue nichts, was ich getan habe, bereue höchstens, was ich nicht getan habe. Zwanzig vor elf. Herr Kroh lebte endlich ohne Sorgen, 1972, die Kinder gingen zur Schule, Greti war Lehrerin, Stunden und Tage saß er vor dem Radio, lauerte auf Lieder, die ihm gefielen, übertrug sie auf sein großes Spulentonband, Alexandra, Nana Mouskouri, Kastelruther Spatzen, Iwan Rebroff, spielte sie auf Kassetten, die er ins Gerät schob, wenn er Sommer für Sommer, Greti neben, die Kinder hinter sich, im Volkswagen nach Jugoslawien fuhr, den Weg kannte ich fast auswendig, zehn, zwölf Jahre lang fuhr Herr Kroh auf den gleichen Campingplatz, Koversada bei Vrsar, FKK.

Auch dort kochte Herr Kroh, kochte nackt für sich, die Familie und die Nachbarzelte, Herr Kroh, der nicht schwimmen konnte, brachte sich das Tauchen bei, um an die Muscheln zu kommen, die ihm so sehr schmeckten, es war eine schöne Zeit, lange vor GEES, sagt Herr Kroh. Eines Tages gewann er ein Wettdegustieren, von zehn Weinen erkannte er neun, Herkunft, Sorte, Jahrgang, samstags aß Herr Kroh Marmorkuchen, samstags trank er Milch, samstags, sonntags konnte Herr Kroh nicht allein sein, er lud Leute ins Haus, kochte und redete und redete, und redeten sie über ihn, wurde er ernst, bis keiner mehr über ihn redete, Greti verlor den Geschmackssinn. Eines Tages sagte ihm der Zahnarzt, Herr Kroh, bei Ihnen nützt eine Spritze nichts mehr, sie trinken zuviel. Dann war ohnehin Schluß, sagt Herr Kroh, die Spirituosenfirma Huber, deren Vertreter ich war, ging Konkurs, er hält sich das Ohr, es ist zehn vor elf, das war im Sommer 1977, kurz vor den Ferien, wir fuhren nach Jugoslawien, wie jedes Jahr, ich hatte keine Stelle mehr, ja, Sommer 77, es war Nacht. Bei der letzten großen Kreuzung, wenige Kilometer vor dem Campingplatz, fuhr ihm ein Auto in den VW Passat, schlitzte ihn auf, es war kein Fortkommen mehr, niemand verletzt, dieser Unfall, sagt Herr Kroh, fiel uns zu, alles im Leben fällt einem zu, ohne diesen Unfall wäre ich nie auf die Putzmittel gekommen, und ohne Putzmittel nie auf mein Pulver, ohne diesen Unfall wäre ich nicht der, der ich heute bin. Zelt und Gepäck unter den Armen, erreichte die Familie des Herrn Kroh den Campingplatz, Menschen, Bekannte, Freunde trösteten, halfen, unter ihnen ein Mann, den Herr Kroh nicht kannte, ein Deutscher, Hersteller von Putzmitteln aller Art. Herr Kroh, nach den Ferien, wurde Reisender mit Putzmitteln, und eines Tages, im November 1980, trat er in Burgdorf in eine Autowerkstatt, bot dem Besitzer seine Ware an. Der sprach, Autopolituren kaufe ich Ihnen ab, sobald Ihnen gelingt, diesen Ölfleck hier wegzumachen. Herr Kroh war siebenunddreißig Jahre alt, hundertsechzig Zentimeter lang, deutsch. Er stieg in die Waschküche und begann das Wunder, Salz, Herr Kroh schaut zum Handy, ein bißchen Salz, sagt er, Milch, Rahm, verschiedene Käse, Petersilie, und dann, vor allem für Kartoffelauflauf, ein bißchen von dieser italienischen Gewürzmischung, Herr Kroh stellt den Ofen an. Nachts lag er wach und dachte an seine Entdeckung, und irgendwann, als Greti schon gegangen war, verlor er seine Stelle, arbeitslos. Herr Kroh saß im neuen hellen großen Haus an der Riedlistraße, saß neben dem Telefon, wartete. Wartete, irgendwann werden die Großen dieser Welt schon merken, daß sie ihre Aktien nicht fressen können. Manchmal fuhr er nach Egerkingen, wo die Autobahnen sich kreuzen, traf sich im Mövenpick mit Leuten, Herr Kroh schöpfte Hoffnung. Schließlich zog eine Nachbarin ins Haus, Herr Kroh, einundfünfzigjährig, wurde wieder Vater, er hatte kein Geld mehr, verkaufte, was er besaß, zog nach Spanien, Costa Blanca, ein Neuanfang am 1. Februar 1996 in 03 710 Calpe, Carrero Blanco 1. Dort mietete er sich ein Restaurant, nannte es Ristorante Leonardo, Spezialität des Hauses, flambiertes Fleisch. Nach zwei Wochen, am 15. Februar 1996 um acht Uhr sieben, lief in Milford Haven, Wales, der Tanker Sea Empress auf, einhunderteinunddreißigtausend Tonnen Nordseeöl an Bord, zweitausendfünfhundert davon flossen sofort ins Meer, Herr Kroh, erregt, brach sofort auf, er reiste in die Schweiz zurück, holte GEES-67, reiste weiter nach Milford Haven, er redete, redete, zog von Büro zu Büro, bot sein Wunder an, die Bevölkerung wäre glücklich gewesen, sagt Herr Kroh, aber ich konnte nichts ausrichten, jetzt legt er die Kartoffelscheiben in die Form, begießt sie mit seiner Mischung, Salz, Milch, Rahm, Käse, Herr Kroh zaust sich den Bart, es ist elf, das Handy stumm. In Spanien blieb er zehn Monate. Zu lange jeweils hatte der Koch Kroh, wenn zehn hungrige Gäste auf Flambiertes warteten, an einem einsamen Salätchen gebastelt. In einem häßlichen Dorf vor Bern, zwischen Gasthof Krone und Renaultwerkstatt, fand Herr Kroh eine billige Wohnung, er war müde und alt, heiratete und erzog. Nachts liegt er wach. Herr Kroh schreibt der Welt, immer wieder, er kauft sich ein Faxgerät, ein Handy, es ist, sagt Herr Kroh, die Hand am Ohr, fünf nach elf, Herr Kroh schiebt den Auflauf in den Ofen, hundertachtzig Grad, keinesfalls mehr, weil.

Liria

Liria Peza, seit zwei Wochen Ehefrau des Emir Peza, dem sie seit ihrer Geburt versprochen war, hielt sich am Arm ihres Mannes, die Augen geschlossen, blind, ich war betrunken vor Glück. Liria schwieg. Dann sah sie aus dem Fenster, unter sich die grüne weiße Stadt. Das ist Zürich, sagte Emir, der neben ihr saß. Liria zog das Kopftuch aus: Schweiz, 7. Juli 1995, Landung um zwölf Uhr sechzehn.

Hinter einer Scheibe aus Glas winkten Sulejman, Emirs Vater, der vor Jahren in die Schweiz auswanderte, und seine blonde Freundin Uschi. Willkommen im neuen Leben, sagte die Blonde, Liria Peza verstand nicht, Sulejman übersetzte, Liria sagte danke, es war Freitag, als ich zehn Jahre alt war, hatte es eines Nachts im ganzen Dorf keinen Strom, wir zündeten Kerzen an, setzten uns auf die Matten, und Großmutter begann zu erzählen. Sie erzählte von einem blinden Mann, der einst bei uns gelebt hatte, niemand erinnert sich genau an ihn. Manchmal, nach Mitternacht, trat eine Hexe an sein Bett, bot dem Blinden an, ihn durchs Dorf zu führen. Er ging mit, immer wieder, vertraute dem Arm der Bösen und brauchte seinen Stock nicht mehr. Doch einmal, als sie ihn über die Felder führte, hörte er, ganz leise, ganz tief, einen Wellenschlag, Wasser. Wohin bringst du mich? fragte er die Hexe, führst du mich an einen Abgrund? Nein, sagte die Hexe, es gibt keinen Abgrund in unserem Dorf. Doch der Blinde glaubte ihr nicht, tastete mit seinem Stock, der keinen Halt mehr fand, tastete noch einmal, bückte sich vor, zu spät, und stürzte in die Schlucht, die er geahnt hatte.

Auf der A1 fuhren sie in den Kanton Thurgau, Sulejman drehte die Musik laut, Hirtenflöten, Trommeln.

In Matzingen, Uschis Wohnung, warteten Zana, Emirs jüngere Schwester, und die Zwillinge, Emirs kleine Brüder. Man setzte sich auf den Boden, aß Reis und Huhn. Liria rief ihre Mutter an, richtete aus, sie sei im Paradies.

Manchmal träume ich von meinen Eltern und Schwestern und Brüdern, ich bin auf dem Feld, es ist August, mit scharfen Messern schneiden wir die Blüten von den Tabakpflanzen. Ich bin ich, aber ich bin auch Emir. Da tritt mein Onkel zu uns, Sulejman, er lacht und bringt uns kaltes frisches Wasser, und als er mein Messer sieht, werden seine Augen groß und weiß, wie damals, als es passierte. Dann erwache ich und schreie, weiß nicht, wer ich bin. Bin ich Liria? Bin ich Emir? Ich weiß nicht, wo ich bin, im Dorf, in Winterthur, Hindelbank, alles verliert seine Farbe, wie ein Tropfen Blut in der Milch. Dann schreie ich, drücke den Knopf über meinem Bett und warte, bis jemand kommt und die Tür öffnet und mir ein Mittel gibt, das mich erlöst.

Sulejman, Lirias Schwiegervater, befahl, man möge ihm endlich das Video von Emirs Hochzeit vorspielen. Emir stand auf, schob es ins Gerät: 25. Juni 1995. Das Haar hochgewallt, ganz in Weiß, sitzt Liria auf einem Sofa, ihre Hände sind mit Henna bemalt, die Augen in den Schoß gesenkt. Der Vater, Sali, zieht den Hut ab, weiß nicht, wohin damit, stellt sich neben seine Tochter. Liria erhebt sich schwerfällig, drückt das Kleid breit, schreitet aus dem Elternhaus, langsam. Menschen stehen auf Dächern, lärmen, pfeifen, werfen Süßigkeiten. Pistolenschüsse, Hirtenflöten, Trommeln, das ganze Dorf. Mein Mann ist mein Cousin, Emir und ich sind die Ältesten unserer Väter, die Brüder sind, Sulejman und Sali. Manchmal schleiche ich heimlich in den Videoraum und schaue mir meine Hochzeit an. Und die Gesichter, die ich nie mehr sehen werde.

Sulejman verlangte schließlich Wein, sagte, als das Videoband zu Ende war: Warum, Emir Angeber, hast du für deine Hochzeit soviel Geld ausgegeben?

Am Abend des 7. Juli 1995 reisten Liria, achtzehn Jahre alt, und Emir Peza, neunzehn, nach Winterthur, Obergasse 26, erstes Obergeschoß. Der Mann fragte die Frau, ob ihr die kleine alte Wohnung gefalle, die er für sie gesucht hatte, darin glücklich zu werden, zwei Zimmer, eine Küche. Liria nickte. Aber sie gefiel mir nicht. Warum? Mein Paradies, sagt sie, sah in der Küche keine Dusche vor. Liria Peza streicht das Haar aus dem Gesicht.

Sie setzten sich in ihre Möbel und sprachen vom Auto, das Emir kaufen würde, sobald das Geld dazu reichte, von der fremden Sprache, die Liria lernen wollte.

Die Frau stand am nächsten Morgen um fünf Uhr auf, bereitete das Frühstück zu und weckte ihren Mann. Emir Peza, seit zwei Jahren Lagerist bei der Migros, verließ die Wohnung um sechs Uhr, abends kam er um sieben zurück – das war mein neues Leben.

Liria Peza setzt sich auf das schmale Bett, sie wirft das Haar aus dem Gesicht, sie raucht, sie hustet, spielt mit ihren Fingern, sie sieht das Foto an der Wand, das ihr der Vater vor Monaten schickte. Man sei, sie zu trösten, in die Stadt gefahren und habe dieses Bild machen lassen, wir vermissen dich: Vor hellblauem Grund legt der Vater seinen rechten Arm auf die Schulter der Mutter, ernste eingefallene Gesichter, und vor den Eltern stehen die zwei jüngsten Geschwister, Enver und Mileta, die Kleine, die vier Jahre lang neben Liria schlief, damals im Dorf, das in einer weiten grünen Ebene liegt, und unten links, in der Ecke, klebt ein kleines Herz aus rotem Plastik.

Meine Welt, sagt Liria Peza, breitet die Arme aus und versucht zu lachen. Jeden Morgen brachte die Blonde Emirs

Geschwister von Matzingen nach Winterthur, Zana und die Zwillinge, deren Mutter vor Jahren gestorben war, Liria spielte mit ihnen, kochte, wusch, Zana, ein Jahr jünger, wurde ihre Vertraute. An den Wochenenden kam Sulejman zu Besuch, wollte Bier, dann Geld. Was er bei der Migros verdiene, sagte Emir, reiche aus, die Wohnung zu bezahlen und das Essen für seine Frau und sich, zu mehr nicht. Sulejman begann zu lärmen, nannte seinen Sohn einen knausrigen Hund, der nicht wert sei, daß man ihn erschlage. Und Liria Peza, die keinen Streit ertrug, flüsterte ihrem Ehemann zu: Tu, was dein Vater will.

Sulejman lud seinen Sohn nach Matzingen ein, Emir weigerte sich, redete sich heraus, er habe keine Zeit. Wieder lud er ihn ein, Emir wollte nicht. Da packte der Vater, kräftiger Straßenbauarbeiter, den schmalen Sohn mit beiden Händen, stieß ihn an die Wand und schlug ihn ins Gesicht. Emir wehrte sich nicht, Liria Peza schaute weg, sie schämte sich, schwieg.

Keinen Tag länger, schrie Sulejman, werde er Zana und die Zwillinge nach Winterthur bringen, zur Frau eines Sohnes, der seinen Vater nicht ehre. September 1995.

Liria Peza blieb allein in der kleinen alten Wohnung an der Obergasse 26, wagte sich selten aus dem Haus, und ging sie doch, verstand sie die fremde Sprache nicht. Manchmal rief sie die Mutter an, fragte nach den Geschwistern, dem Esel, der Kuh, die den Namen einer Nachbarin hatte. Die Mutter fragte: Meine Sonne, wie geht es dir? Liria antwortete: Es könnte mir besser nicht gehen. Die Mutter: Sagst du die Wahrheit? Liria: Mutter, habe ich dich je belogen?

Liria Peza kauert auf ihrem schmalen Bett, sie sagt: Ohne Menschen, keine Luft.

War Emir aus dem Haus, kroch sie wieder ins Bett, weinte, bis sie einschlief, stand am frühen Nachmittag auf, duschte, aß, setzte sich in einen Park, weinte und wartete, ging nach Hause, kochte, kämmte sich, schminkte sich, betete zu Gott: Laß es Abend werden, bring mir meinen Mann nach Hause, rief die Mutter an und sagte: Es könnte mir besser kaum gehen.

Eines Nachts träumte sie, ihre Mutter sei hier, Schweiz, Obergasse 26, dünn geworden und krumm vor Sorgen. Die Mutter sei auf den Balkon gegangen und habe gerufen: Weg aus dieser Straße, von dieser Wohnung, weg von diesem klebrigen Sofa. Dann sei sie aufs Geländer gestiegen und habe versucht, sich in die Tiefe zu stürzen.

Liria schreckte auf, rannte ins Wohnzimmer: Mutter, bleib bei mir. Deine Mutter ist nicht hier, sagte Emir, nahm Liria in die Arme und führte sie zurück in ihr Bett. Liria zitterte vor Angst und Kälte, November 1995, es war November, ja, Mutter war dreizehn, als sie Vater heiratete, ihren Cousin, wie ich. Nie schlug sie mich und meine vier Schwestern und drei Brüder. Sie hätte uns schlagen dürfen. Nie hat sie es getan. Und Vater schlug Mutter nicht. Vater sucht ständig Arbeit, jeden Mittag betet er in der Moschee. Es gab eine Nacht, da schrie mein Bruder vor Hunger, aber wir hatten nichts zu essen. Schließlich kam die Nachbarin, fragte Mutter: Wieso weint er so laut und ständig? Mutter sagte: Ich weiß es nicht. Wieso lügst du? sagte die Nachbarin, das ganze Dorf weiß es. Nimm von unserem Brot und gib es deinem Sohn. Als mein Bruder gegessen hatte, fragte mich Mutter, ob auch ich ein Stück vom fremden Brot wollte. Ich sagte nein, obwohl ich starb vor Hunger und Lust.

Liria Peza dreht den Kopf zur Wand. Lady Diana neben Mutter, Vater, Großmutter. Wenn ich sie anrufe, sagen sie, es gehe ihnen gut. Aber es geht ihnen nicht gut. Ihre Älteste ist im Gefängnis. Ich.

Kam Emir von der Arbeit, müde und wortlos, fragte Liria Peza: Wann fahren wir nach Hause? Er lachte: Vor drei Monaten erst bist du in die Schweiz gekommen, lerne Deutsch, damit du mit den Schweizern reden kannst. Er legte ihr ein Wörterbuch hin, ging jeden Morgen um sechs Uhr weg, kam jeden Abend um sieben nach Hause. Liria lernte Wörter: der Tisch, der Stuhl, die Lampe. Manchmal betete sie zu ihrem Gott, er möge die Zwillinge zurückbringen, manchmal rief sie Zana in Matzingen an, ihre Cousine, Schwägerin, Vertraute.

Eines Tages war Sulejman am Apparat, fragte, warum sie nie telefoniere, ob er vielleicht ein aussätziges Schwein sei. Aber ich rede fast täglich mit deiner Tochter Zana, sagte Liria Peza. Du lügst, schrie Sulejman, wäre es so, hätte Zana mir davon erzählt. Dann hörte sie, wie er Zana fragte. Zana antwortete: Nein, Vater, Liria hat hier nie angerufen.

Emir sagte: Er ist verrückt. Schweig, antwortete Liria.

Dezember 1995. Sulejman kam nach Winterthur in die Wohnung seines Sohnes. Geld. Wozu? fragte Emir. Geht dich nichts an, sagte Sulejman. Aber, antwortete Emir, ich verdiene weniger als du.

Der Vater schlug dem Sohn die Faust ins Gesicht, Emir blutete aus dem Mund, Sulejman rannte aus dem Haus, Emir schrie: Du Hund, dreckiges Nichts, und Liria schaute weg.

Sulejman kam wieder, März 1996, Liria Peza war allein zu Hause. Sie habe, schimpfte der Schwiegervater, einem der Zwillinge in den Kopf gesetzt, das Essen, das seine Freundin Uschi in Matzingen koche, sei schlecht. Deshalb esse der nichts. Liria sagte: Das stimmt nicht, begann zu weinen, Sulejman holte aus, daß Liria zu Boden fiel. Sie blieb stumm, als ihr Mann nach Hause kam und fragte, was schon wieder los sei mit ihr. Nie haben meine Eltern mich gezwungen, Emir zu heiraten. Aber alle im Dorf haben gewußt, was sein Vater mit meinem besprochen hatte, kaum war ich auf der Welt. Emir war mein bester Freund, wir spielten am Wasser, wir schwammen, wir spielten mit Steinen und Ziegen. Und als die Zeit kam, schämte ich mich in meinem weißen Kleid. Das ganze Dorf sah auf mich.

Manchmal schleiche ich heimlich in den Videoraum, schaue mir meine Hochzeit an.

Liria Peza und ihr Mann Emir saßen beim Abendessen, als Sulejman, Zana und die Zwillinge vor der Tür standen, Koffer neben sich, Reisetaschen, 1. April 1996. Man werde, sagte Sulejman, fortan hier wohnen, er habe, schrie Sulejman, die dicke blöde blonde Schweizer Uschi aus Matzingen nicht länger mehr ertragen. Sie traten in die Zweizimmerwohnung, Sulejman roch nach Bier, er öffnete die Tür zum Schlafzimmer, sagte: Das gehört nun uns. Emir: Nein, Vater, das gehört uns. Der Vater breitete seine Matten in der Stube aus und schlief ein.

Sie geht einige Schritte, steht am Fenster, sechs Stäbe längs, einer quer, da draußen, sagt Liria Peza, gibt es eine Blume, die riecht wie das Haus meiner Eltern.

Alle lebten sie nun vom Lohn ihres Mannes, zweitausendfünfhundert Franken im Monat. Sulejman kam um zwei, drei Uhr nachts nach Hause, oft betrunken, wütend, wenn er im Kartenspiel verloren hatte, machte Licht im Wohnzimmer, in dem Zana und die Zwillinge schliefen, holte Liria und Emir aus ihren Betten, damit sie hörten, was er zu sagen hatte.

An einem Samstag, trüber Morgen, saßen Liria Peza, ihr Mann Emir und dessen drei Geschwister, Zana und die Zwillinge, in einem Park, Winterthur, Mitte April 1996. Ein Chor sang. Sulejman trat zu seinen Kindern: Habe ich nicht befohlen, die Zwillinge heute nicht aus dem Haus zu lassen? Liria stellte sich zwischen die Männer. Misch dich nicht ein, schrie Sulejman, schlug Liria ins Gesicht, Blut schoß aus ihrer Nase. Immer wieder erzählte uns die Großmutter von Hexen, die das Böse in unser Dorf brachten. Niemand weiß, wie alt sie ist. Ich bin jetzt einundzwanzig, vielleicht nur zwanzig. Da draußen gibt es eine Blume, sie riecht wie das Haus meiner Eltern, das fünf große Zimmer hat. Teppiche hängen an den Wänden, eine Uhr. Wenn wir Hunger hatten, stritten die Eltern. Nie haben sie mir gesagt, ich müßte Emir heiraten. Alle haben es erwartet, das ganze Dorf.

Der Vater stieß den Sohn an die Wand der Stube, Blut rann aus Emirs Stirne, die Zwillinge flohen ins Schlafzimmer, Liria in die Küche, nahm das Telefon, drückte die Nummer der Polizei, die Emir gespeichert hatte, um den einzigen Satz zu schreien, den sie in der fremden Sprache erlernt hatte: Problem bei Peza Obergasse 26 Winterthur sofort, als Sulejman in die Küche trat und ihr den Hörer aus den Händen riß. Tu das nie wieder, sagte er, noch habe ich dich nicht richtig verprügelt. Dann befahl er seine Kinder ins Wohnzimmer, Liria neben sich aufs Sofa, Liria gehorchte. Wenn ihr euch weiter so schlecht benehmt zu eurem Vater, werde ich euch töten. Dich und dich und dich.

Nachts im Bett flüsterte Liria zu ihrem Mann: Gib ihm dein ganzes Geld.

Sie erwachte, ihr Herz ging laut und schnell. Liria setzte sich auf, leise, langsam, um Emir nicht zu wecken, saß am Bettrand und wollte weinen, konnte nicht.

Am nächsten Morgen rief Liria ihre Eltern an. Die Mutter mahnte: Mach, was dein Onkel wünscht. Liria sagte: Gib mir meinen Vater. Sie bat ihn, mit Sulejman, dem jüngeren Bruder, zu reden, damit er aufhöre, seine Kinder zu schlagen. Der Vater schwieg lange, sagte, vom Dorf aus könne er niemandem befehlen. Tage später rief er doch in Winterthur an, verlangte Sulejman, Sulejman legte den Hörer auf. Diesen Teppich hier, über meinem Bett, hat mir meine Mutter geschenkt, als ich das Dorf verließ. Am 6. Juli 1995. Alle kamen sie zum Bus, der uns in die Stadt brachte, ich nahm die jüngste Schwester in den Arm, Mileta, meinen liebsten Menschen überhaupt, der vier Jahre lang neben mir geschlafen hat. Ich wollte nie, daß Mutter ständig Kinder bekommt, doch immer hat sie Kinder bekommen, immer hatten wir Hunger. Als Mileta geboren wurde, war alles anders. Die Hebammen kamen zu mir und sagten: Was bist du für ein seltsamer Mensch, daß du deine neue Schwester nicht sehen willst. Dann sah ich sie, und sie war schön. Sie roch nach Milch und Honig. Ich liebe sie mehr als mich. Wenn wir stritten, fragte sie mich: Bist du meine Freundin? Dann antwortete ich: Ja. Bist du meine Schwester? Ja. Wirst du mich lieben, solange du lebst?

Liria Peza steht am Fenster ihrer Zelle. Sie reibt sich die kleinen Hände. Wenn ich nur wüßte, wie diese Blume heißt.

Mai 1996. Es war Sonntag, alle schliefen bis zehn Uhr. Liria Peza stand als erste auf, trug Tassen und Teller ins Wohnzimmer, Tee, Brot. Der Schwiegervater setzte sich an den Tisch, dann die Zwillinge, Zana, endlich Emir, ihr Mann. Niemand sprach. Plötzlich schaute Sulejman seinem Sohn ins Gesicht, knurrte: Ich kann deine Augen nicht mehr sehen, künftig ißt du im Schlafzimmer.

Emir erhob sich, ging, Liria brachte ihm Brot, trat wieder in die Stube, setzte sich zu den anderen, niemand sprach. Ich dachte, wenn ich bei meinem Mann im Schlafzimmer bliebe, würde mein Onkel zornig, ein Vater ist das höchste, mein Vater hat uns nie geschlagen, obwohl er dürfte. Ich half ihm auf den Feldern. Er fragte mich: Was willst du werden, Kind? Ich sagte: Schneiderin, wenn du erlaubst. Dann sagte er: Werde Schneiderin, damit du glücklich wirst.

Nachts lag Liria neben Emir, der schlief. Aus dem Wohnzimmer hörte sie Sulejmans Schnarchen, das Husten der Zwillinge, sie lag und wünschte einzuschlafen, für immer.

Sie raucht und wandert zwischen Fenster und Tür, sieben Schritte weit. Sie bleibt stehen, dreht sich zur Wand, sieht sich ihre Bilder an, Lady Diana und das Dorf. Sie berührt ein Stück Leder, auf das, in Arabisch, ein Koranvers geschrieben ist. Gegen den bösen Blick, sagt sie, wandert weiter.

Manchmal kam über Mittag der Schwiegervater nach Hause, Obergasse 26, setzte sich im Wohnzimmer an den Tisch und aß, was Liria Peza ihm gekocht hatte. Als eines

Tages, Ende Mai, Zana und die Zwillinge nicht in der Wohnung waren und Liria, wie gewohnt, Sulejman Kaffee vorsetzte, begann der Mann: Komm und trink mit mir. Liria dachte, endlich will er über unsere Probleme reden. Sulejman saß auf dem Sofa: Setz dich neben mich. Sie gehorchte. Da krümmte er sich über seine Nichte, die Frau seines Sohnes, griff ihr zwischen die Beine, hielt sie fest und küßte sie. Liria stieß Sulejman zurück, Sulejman sagte: Hühnchen, wie kann man nur so dumm sein. Dann ging er wieder zur Arbeit. Liria Peza holte in der Küche ein Messer, legte es im Schlafzimmer zwischen zwei Bücher, meinem Mann habe ich davon nichts erzählt, wie könnte ich, auch Zana nicht, die nur ein Jahr jünger ist als ich. Nie hätte ich jemandem erzählen können, daß mein Schwiegervater mich berührte. Und als der Richter mich fragte: Warum nicht? wußte ich keine Antwort. Da sagte er mir, mein Onkel Sulejman habe auch mit Zana schlafen wollen. Ich wußte nicht, daß es Väter gibt, die mit der eigenen Tochter schlafen. Im Dorf habe ich davon nie erfahren, wir sind fünfzig Familien, Vater betet jeden Mittag in der Moschee. Ich verstehe nicht, daß sein einziger Bruder so anders ist, Sulejman, der nicht zu meiner Hochzeit kam, wie sollte ich es verstehen, fünf Jahre ging ich zur Schule.

17. Juni 1996, Montag. Liria Peza und ihr Mann Emir gingen durch die Stadt Winterthur, besahen sich die Schaufenster, und als sie gegen Abend in ihre Zimmer zurückkehrten, riefen die Zwillinge, stotternd vor Aufregung, der Vater sei hier gewesen, er habe gegessen und geschrien, man ließe ihn pfänden, verdammte Schweine, und sei dann wieder gegangen. Ständig fragte ich mich, was geschieht, wenn Sulejman nach Hause kommt. Wird er betrunken sein? Wird er Streit suchen? Mich schlagen? Oder Emir? Und was, wenn Emir einmal zurückschlägt? Nur noch solche Gedanken. Warum hat er heute, als er das Haus verließ, nicht auf Wiedersehen gesagt? Warum hat er mich so selt-

sam angeschaut? Einmal kam Emir mit auf die Tabakfelder, ich war vierzehn, er fünfzehn, wir setzten uns auf einen Stein, ein kühler Morgen. Er fragte mich: Liebst du jemanden? Ich antwortete: Ja. Dann fragte ich: Liebst auch du jemanden? Er sagte ja, dann fragte er mich: Wer ist es? Ich sagte: Du bist es. Jetzt nahm er meine Hand, er wollte mich küssen, ich wollte nicht, daß er mich küßt, ich war zu jung, er streichelte mein Gesicht und ich band das Kopftuch neu. 1992 folgte er seinem Vater in die Schweiz. Beim Abschied sagte ich: Emir, vergiß mich, du wirst in der Fremde schöne Frauen sehen, vergiß mich. Er war so schlank und groß, der schönste Mann im ganzen Dorf. Dem Richter hat Emir gesagt, er trage keine Schuld an dem, was geschehen sei in der Nacht, die mich ins Gefängnis brachte. Ich liebe ihn nicht mehr. Ich will allein sein. Nur mit mir.

Einundzwanzig Uhr. Emir ging zu Bett, verlangte, als er plötzlich Hunger hatte, ein Stück Brot, Liria brachte es ihm, legte sich neben den Mann. Sie lagen in ihren Schlafanzügen, stumm. Dann ging die Wohnungstür, einundzwanzig Uhr dreißig, sie löschten schnell das Licht und schwiegen.

Sulejman trat in die Stube. Die Zwillinge schliefen auf Matten. Sulejman schrie: Ihr alle habt schuld, daß man mich pfänden läßt. Daß ich die Blonde verlor und mein Geld. Man sollte euch schlagen dafür, töten.

Dann befahl er seiner Tochter Zana, die noch wach lag, Emir und Liria zu holen, Zana gehorchte, öffnete die Tür zum Schlafzimmer: Kommt, der Vater ruft. Ständig mischen sich meine Gedanken, ich sitze im Gefängnis und lebe im Dorf, zweihundert kommen zu meiner Hochzeit, tanzen und essen, Lautsprecher sind aufgestellt, ein Sänger singt, Trommeln, Geige, Hirtenflöten, nur für mich, man wirft Süßigkeiten von den Dächern, und weil alle mich sehen, weiß ich nicht, wohin mit meinen Augen, ich schäme mich.

Emir gehorchte. Liria blieb im Schlafzimmer, hörte die

Worte des Schwiegervaters: Du Krüppel, der nicht verdient, daß man ihn erwürgt, du hast mir kein Geld gegeben, als ich Geld brauchte, du, deine Frau und alle.

Sulejman zog den Brief einer Bank aus dem Hemd: Hier, neunhunderteinundsiebzig Franken, man will mich pfänden lassen. Der Vater roch nach Wein. Liria Peza trat in die Stube. Als der Schwiegervater sie sah, schrie er: Eines Tages kommst du dran.

Sulejman stellte sich vor Emir, der in einem Sessel saß, Emir hob die Arme vor sein Gesicht.

Warum tust du das? fragte der Vater.

Weil du mich schlagen wirst, sagte der Sohn.

Ich werde dir sagen, wenn ich dich schlagen will, antwortete der Vater, nimm die Arme runter.

Emir gehorchte. Und Sulejman schlug ihm die Faust ins Gesicht. Jetzt ist genug, sagte der Sohn sehr leise, und stürzte sich auf den Vater, beide fielen auf das Sofa, sie rangen miteinander, Emir auf dem starken Sulejman, ein Zwilling, schweigend, rannte in die Küche. Ich habe meinem Mann nie geglaubt, wenn er mich aus der Schweiz anrief und klagte, sein Vater schlage ihn. Ich weiß nicht, wieso ich ihm nicht glaubte. Sulejman war mein liebster Onkel, er war großzügig, als wir im Dorf waren, das in einer weiten grünen Ebene liegt. Sulejman schenkte mir Ohrringe. Ich liebte ihn sehr. Der Richter schickte uns ins Gefängnis, Zana ist weg, abgehauen. Das ganze Dorf weiß es, ich kann nicht zurück.

Liria Peza trat zu den Männern, die sich schlugen, versuchte zuerst, Emir wegzuziehen, dann Sulejman, Vater und Sohn umschlangen sich mit Beinen, Armen, stöhnten, sie schrien, Liria glaubte wieder zu ersticken, ging ins Schlafzimmer, nahm das Messer, das zwischen Büchern lag, in die linke Hand, kam in die Stube zurück, stieß es ihrem Schwiegervater, ohne ein Wort zu sagen, in den Bauch, achtzehn Zentimeter tief, Liria Peza schwieg, holte noch einmal aus, traf Sulejmans Gurt, das Messer verbog sich, der Schwiegervater drehte den roten großen Kopf, sah Liria Peza mit weiten Augen an.

Sulejman warf seinen Sohn ab, ergriff das Messer an der Klinge, Liria ließ nicht los, Emir hielt seinen Vater mit beiden Armen, wortloser Krieg, der Vater suchte aufzustehen, Liria faßte ihn an den Handgelenken, drückte sie nieder, ein Zwilling stellte sich schlafend.

Plötzlich stand Zana, sechzehn Jahre alt, neben Sulejman, auch sie mit einem Messer, schlug es in den Körper ihres Vaters, Wut im Gesicht, Blut auf dem Sofa, den Teppichen, den Schlafanzügen, Sulejman suchte aufzustehen, Emir hielt ihn umschlungen, Liria drückte ihm die Arme nieder, ach, seht doch, rief der Vater, was Zana mit mir macht, er sackte in die Knie, Liria drückte ihn auf eine Matratze, Stiche in den Bauch, in die Brust, in den Hals, Sulejman wand sich, rücklings lag er im Blut, Zana stieß zu, zwanzig Mal, sorgt mir, stöhnte der Vater, sorgt mir gut für die Zwillinge, Liria ließ Sulejmans Hände los, ich habe gemordet, Gott hat ihm sein Leben gegeben, nur Gott darf es ihm nehmen, sie schaute weg.

Sulejman sagte: Zana, jetzt töte mich ganz.

Liria Peza schlug die Hände vors Gesicht. Sie hörte ein Röcheln, wie damals, wenn der Nachbar eine Ziege schlachtete, Zana schnitt ihrem Vater die Kehle durch, in Hindelbank habe ich mir diese Puppe gestrickt, ich schlafe mit ihr. Um den Bauch trägt sie ein rotes Band. Wie ich eines trug am Tag, als ich heiratete und mich schämte, weil alle auf mich sahen, das ganze Dorf, das ich nie mehr sehen werde. Man wird mich töten, wenn ich zurückkehre. Blut verlangt Blut. Mutter sagt, es gehe ihr gut. Sie lügt.

Am Morgen des 18. Juni 1996 fanden Spaziergänger im Tosbecken des Flusses Eulach, am Stadtfallenweg von Winterthur, die bekleidete Leiche des Sulejman Peza. Sie hatte einen Ausweis auf sich und war, an ihrer Hüfte, in zwei Teile geschnitten. Liria Peza schwieg zehn Tage lang. Auf dem Leibchen, das sie trug, waren das Blut ihres Schwiegervaters, für die Beamten kaum noch meßbar, und die Worte: *Flowers for ever.*

Liria Peza steht am Fenster, sechs Stäbe längs, einer quer. Vier Jahre lang und ein halbes.

Markus

1990. Abschied

Sie brachten ihn zum Auto, seinem blauen Fiat Uno, reichten ihm die Hand, sie sprachen wenig, küßten ihn nicht, und Markus T. fuhr weg, den alten braunen Stoffbär neben sich, ein Geschenk der Großmutter aus Deutschland, die längst tot war. Er zog von Genf nach Zürich, dreihundert Kilometer weit, in eine kleine Wohnung, Kanonenweg 11, Appartement zwölf.

Die Eltern stiegen wieder in ihre Zimmer hoch, setzten sich an den runden Tisch. Sie schwiegen lange und waren zufrieden.

Zu einem tüchtigen, anständigen, mutigen Menschen hatten sie den Sohn formen wollen, und sie waren sicher, es sei ihnen gelungen. *Ingénieur informaticien.* Nie hatten sie ihm ein einziges Märchen erzählt, weil sie fürchteten, das Unvorstellbare, das darin vorkommt, könnte den Knaben nachts aus dem Schlaf schrecken. Der Sohn war stets folgsam gewesen, schüchtern, leise. Nun verließ er sie. So brav und stumm war er ihnen manchmal vorgekommen, daß sein Vater zehn Franken aussetzte, damit Markus beim Spiel die Scheibe eines Fensters einschlüge. Der Sohn, Bester seiner Klassen, die er mühelos bestand, hatte sich nicht überwunden, liebte einzig seine Bücher und die Einsamkeit, vergaß sich, seit er zwölf Jahre alt war, vor dem Computer.

Am 1. Februar 1990, einem Donnerstag, begann Markus T. die Arbeit als Software-Entwickler bei der Firma Alcatel, Standard Telephon und Radio AG. Von drei Unternehmen, die sich um ihn beworben hatten, als er noch Student in Lausanne war, hatte er sich für die Zürcher entschieden. Der Neue, ging im Betrieb die Rede, sei beinahe genial.

Markus T. kam ständig zu früh, ging meistens spät. Er redete kaum, antwortete in kurzen Worten, sagte oft nur ja oder nur nein. Saß er mit Kollegen am Mittagstisch, lächelte er, Mund und Seele verschlossen. Noch nicht, antwortete er, wenn sie ihn fragten, ob er eine Freundin habe. Gut möglich, als sie wissen wollten, ob er beim nächsten Betriebsfest mit einer Frau erscheine.

Alle zwei Wochen fuhr Markus T. nach Genf, die Mutter, die Tage zählend, wartete auf ihn, kochte und bügelte seine Hemden und sagte, was sie immer sagte: Markus, erzähl doch was, und der Sohn antwortete, wie immer: Was denn?

Manchmal fing die Mutter an, wie leid es ihr tue, daß sie und ihr Mann ihn nicht doktorieren ließen, dazu seien sie einfach zu arm, zumal der Papa frühpensioniert, siehst du doch ein, Markus, und Markus sagte: Schon gut, Maman. Dann ging er in sein Zimmer, blieb stundenlang darin.

Einmal fuhren die Eltern zu ihm nach Zürich, spazierten mit dem Sohn am See, baten: Erzähl doch mal von deiner Arbeit. Ach, antwortete Markus T., da läßt sich nichts erklären. Du konntest nie was erklären, sagte der Vater, und dann aßen sie auf dem Üetliberg, man war eine Familie, es war schön.

Ein Jahr verging. Markus T. erhielt Lohnaufbesserung.

1991. Frau.

Es war wohl Januar, als sich Markus T. beim Zürcher Partnerwahlinstitut BELDAN einschrieb. Eine Freundin hatte er noch nie gehabt, er bezahlte dreitausendfünfhundert Franken und sollte dafür, Monat für Monat, in einem Faltprospekt fünf Frauen zur Ansicht erhalten, zwei Jahre lang. Am Mittwoch, dem 6. Februar 1991, rief er eine gewisse Laura N. an, zwei Jahre jünger als er, und Markus T. bat, sie noch am gleichen Tag besuchen zu dürfen, ihr war es recht. Schließlich trafen sie sich am Wohnort der Frau, Erlenbach, rechtes Zürichseeufer, in einem Restaurant, das Sinfonia hieß. Es war ein kalter Abend. Laura saß, als Markus T. in den Raum trat, bereits an einem Tisch. Sie stamme, sagte die Frau, aus Bangladesch, sei im übrigen eine richtige Schweizerin, adoptiert. Beruflich versuche sie mal dies, mal das, kein Sitzleder. Sie lachte breit und laut und verwarf die Hände. Markus T. sagte, er sei Informatiker, sein Vater Holländer, die Mutter Deutsche, aufgewachsen in Genf, zeitweise in Jugoslawien, er lächelte, ließ dann wieder Laura reden und genoß ihre Grimassen, fand die Frau schön und klug, lächelte. Er hatte sich verliebt.

Am Nebentisch hockte Oskar D. Er tat, als ginge ihn die Unterhaltung nichts an. Manchmal sah er hinüber, schaute in Lauras Gesicht, sie spürte seinen Blick.

Laura und Oskar kannten sich seit vier Jahren. Am 14. März 1987, beide achtzehnjährig, waren sie in Disentis, Graubünden, ein Paar geworden, sie im Skiurlaub mit ihren Eltern, er als Pflegekind bei Bergbauern, Zimmermannlehrling. Im ersten Sommer ihrer Liebe schlug der Mann die Frau ins Gesicht, dann schliefen sie miteinander. Sie liebten und stritten, besprachen sich jeden Dienstag, Donnerstag und Sonntag ab einundzwanzig Uhr am Telefon, länger als anderthalb Stunden, Laura in Erlenbach, Oskar in Disentis. Laura, lustlose Schülerin, plagte sich in Privatschulen, die kaufmännische Lehre brach sie nach einem halben Jahr ab. Oskar reiste jedes zweite Wochenende ins Tiefland, war krank nach Laura und ihren Umarmungen. Schließlich, die Lehre hinter sich, blieb er. Am 10. Oktober 1989 liebten sie sich in der Damentoilette des Restaurants Bahnhof in Meilen so lärmig, daß die Polizei vorfuhr und den Fall auf

Papier brachte. Laura und Oskar zogen am 3. Januar 1990 in eine eigene Wohnung, Obere Gasse 35, Erlenbach, Lauras Vater bezahlte. Das Paar war laut, bei der Liebe und im Streit, die Nachbarn ungeduldig, bis der Vater dem Jungen das Haus verbot. Nun kam er nachts und ging am Morgen. Müde vom Gezanke, diente sich Laura dem Partnerwahlinstitut Akademikerring an, bestellte einen jungen Piloten, einen Rechtsanwalt oder Direktor.

Schließlich schrieb sich die Frau, weil ihr die Suche nach dem besseren Mann zu langsam geschah, bei einem zweiten Institut ein, BELDAN. Dreimal traf sie einen Bewerber, immer befahl sie Oskar, den sie haßte, den sie liebte, an den Nebentisch. Der schaute sich den Neuen an, traf sich dann mit Laura, über den Mann zu richten, und schlief mit ihr. Am 6. Februar 1991, Mittwoch und kalt, rief Markus T. an. Noch am gleichen Abend kam er nach Erlenbach. Laura fand ihn herzig. Er war schüchtern, blond, schmal und verliebt, zum ersten Mal in seinem Leben, vierundzwanzig Jahre alt. Sie beschlossen, sich am Samstag wieder zu treffen.

In einem grauen Aktenordner mit blauem Rücken hielt Markus T. seine plötzliche Liebe fest, Beweis auf Beweis, Rechnungen, Fahrkarten, Einkaufszettel, zeitlich gegliedert, nach Monaten abgelegt: Samstag, 9. Februar, vierzehn Uhr, zwei Karten für den Film ›Kindergarden Cop‹, Kino ABC 1, Reihe O, Plätze drei und vier, sechsundzwanzig Franken. Dann: siebzehn Uhr achtundvierzig, Spaghetti Factory, Tisch sechs, zwei Personen, einunddreißig Franken. Sonntag, 10. Februar, zwei Anschlußbillets für vier Zonen, gültig bis einundzwanzig Uhr fünfzig, zwei Franken und vierzig Rappen.

Vielleicht erwachte Markus T. zum ersten Mal neben einer Frau. Die Mutter rief am Montag an, fragte den Sohn, warum er am Wochenende nicht nach Hause gekommen war. Er habe, sagte Markus T., ein Mädchen kennengelernt. Die Mutter sagte: Wer ist sie? Er sagte: Eine Göttin.

Als Markus T. Laura, klein und rundlich, in die Wohnung seiner Eltern brachte, zehn Tage nach der ersten Begegnung, sprach er von Heirat, und Laura redete von drei Kindern, die sie gebären werde, im Abstand von je fünf Jahren. Die Eltern fragten, wo sie sich kennengelernt hätten. Bei einer Party, antwortete Laura, die Eltern schwiegen. Markus lud zum Nachtessen ins Grill House, Rue du Nant-d'avril 107, Tisch hundertachtunddreißig, zweihundertvier Franken vierzig Rappen. Laura weigerte sich, mit Markus' Schwester in einem Zimmer zu schlafen, sie nahm Markus an der Hand, sagte, die Nacht sei zu jung, man gehe noch aus. Sie kamen nicht zurück, die Eltern warteten, schliefen wenig und machten sich Sorgen, das war nicht mehr ihr Markus, der ohne Grund wegblieb, Mövenpick Airport Hotel, Genève-Meyrin, zwei Personen, Zimmer B 209/2, hundertfünfzig Franken, und als die Mutter am Sonntagmorgen fragte, wo sie geblieben seien die ganze Nacht, antwortete Laura: Wir sind doch erwachsene Menschen.

Markus T., schien es, war sehr glücklich. Laura wartete jeden Abend vor dem Eingang der Alcatel, Friesenbergstraße 75, schloß ihn, wenn er von der Arbeit kam, in die Arme, tanzte vor Freude. Manchmal rief sie Oskar an, erzählte ihm von ihrem neuen Mann. Markus füllte den Aktenordner mit dem blauen Rücken. 22. Februar, Schloßhotel Flims-Waldhaus, zwei O-Saft, zwei Rahmschnitzel. 28. Februar, Gasthof Frohberg, Jona, gemeinsamer Bündnerteller.

Den Eltern in Genf telefonierte er nur noch selten. Mein Junge, sagte die Mutter, weißt du, was man machen muß, wenn ein Mädchen sofort heiraten will? Da muß einer schnell weglaufen, so schnell wie möglich, denn da stimmt was nicht.

Für zweitausend Franken kaufte Laura im Zürcher Warenhaus Jelmoli eine Videokamera Sony TR-45, einen passenden Stromspeicher Sony NP-77 und sechs Kassetten. Damit überraschte sie Markus, sie nahm ihn auf Band,

Markus lächelte, 12. April 1991, Laura bezahlte mit Mastercard.

Am nächsten Tag stellte Laura ihrem neuen Freund den alten vor. Sie saßen im China Garden an der Zürcher Schützengasse, Samstag abend, die Männer fanden sich nett, und als es ans Zahlen ging, rechnete Laura aus, wie groß Oskars Anteil war. Den Rest überließ sie Markus. Markus T. stand auf, lächelte, ging allein ins Kino. 1 x *Sleeping with the enemy,* Reihe F, Platz zwölf.

Tage später kaufte Laura acht Babyartikel für zweihundertvierzig Franken. Und zwanzig Minuten danach, für siebenhundertfünfzig Franken, einunddreißig weitere, Mastercard.

Ende April zogen Markus T. und Laura in eine gemeinsame Wohnung, Rebweg 13 in Erlenbach, Hochparterre links. Sein Zimmer in Zürich ließ Markus dem Freund der Freundin, Oskar, der selten Arbeit hatte, nie Geld. Markus bezahlte ihm die erste Miete, auch die Kaution, eintausendneunhundertfünfzig Franken.

17. Mai, Zürcher Bahnhofstraße 94, Damenring 18 k, Gelbgold mit drei Brillanten, fünfhundertachtzig Franken, Herrenring 18 k, Gelbgold, dreihundertsechzig Franken.

Maman, schrieb der Sohn, auf Deinen Brief vom 28. 4. 91 möchte ich folgendes schreiben: Ich komme mir gar nicht wie im Käfig vor, denn ich kann heute machen, was ich will! Ich bin mit Laura sehr glücklich, und ich kenne sie ganz gut, wie sie mich auch gut kennt. Ich singe und lache mit ihr sogar im Auto, auf dem Fußweg, zu Hause und wenn wir auf den Straßen in der Stadt herumschlendern. Du begreifst überhaupt nichts, ich und Laura wollen nur so »schnell« heiraten, weil wir im nächsten Jahr das erste Kind geplant haben. Laura ist so lieb, lacht und singt gerne, ist fröhlich und so herzlich zu den Mitmenschen. Ich bin sogar eifersüchtig, daß sie auch bei den Jungen und Männern wegen ihrem guten Aussehen und süßen Lächeln Chancen hat. Die Leute vom Empfang der Alcatel finden sie sehr süß.

Der Sohn nannte Laura seine Heißgeliebte, seine Traumfrau in jeder Beziehung, dann schloß er den Brief: Da wir überhaupt keine Schuld tragen, finden wir es besser, wenn wir uns ein Jahr distanzieren. Auf Wiedersehen. 18. Mai 1991.

Ende Monat nahm Markus T. bei der Bank Prokredit ein Darlehen auf, Konto 01-703 575, zweiunddreißigtausend Franken, und bezahlte Lauras Schulden. Markus T. und Laura N. heirateten am 5. Juni im Standesamt Erlenbach, es war Mittwoch, ihrer Schwiegermutter schickte Laura eine Adreßänderungskarte der Post, die Schwiegermutter wunderte sich, denn die Straße, an der ihr Sohn lebte, war die gleiche geblieben, Rebweg 13, bis sie merkte, daß Laura nicht mehr N. hieß, sondern T. Sie begann zu zittern. Dann rief sie den Sohn an, fragte, ob er geheiratet habe. Markus, gut gelaunt: Jaja.

Drei Tage danach machte sich das Paar auf Hochzeitsreise, Programm Gran Canaria, Bungalow Sandy Golf, Markus T. kaufte seiner Frau in der Joyería Alfonso Viera einen goldenen Ring, einhundertfünftausenddreihundert Peseten teuer, sammelte Belege für sein Leben, Restaurante Chino Royal, Maspalomas, Tisch fünf, zweitausendachthundertneunzig Peseten, Laura wurde krank, ihre Hände, die Fingernägel, wie oft schon in ihrem Leben, begannen zu schmerzen und schwellen, ihre Gelenke und Schleimhäute, eine Hautkrankheit, *Erythema exudativum multiforme*, Markus spazierte allein am Strand, sie brachen die Reise ab.

Aus Spanien zurück, fuhr das Paar nach Genf, besuchte Markus' Eltern, und Laura begann, auf die Südländer zu schimpfen, die, wie sie mit eigenen Augen gesehen habe, ihre Kätzchen fast verhungern ließen. Ob es denn besser sei, setzte die Mutter ein, wenn man Katzen, wie hierzulande schon geschehen, einfach vergifte. Auf die Schweiz, sagte

Laura, lasse sie nichts kommen, schon gar nicht von Deutschen, wie sie eine sei.

Der Sohn schrieb am nächsten Morgen einen Brief: Liebe Eltern. Leider mußte ich feststellen, daß Ihr sehr bösartig und verletzend gegenüber meiner lieben, warmherzigen und feinfühligen Frau seid. Ihr wart voll daneben! Eher würde ich auf Euch verzichten als auf meine warmherzige Frau. Laura hat es nicht nötig, von Euch solche Beleidigungen und Frechheiten anzuhören, sie kommt schließlich aus einer angesehenen Schweizer Direktorenfamilie, die ein gutes Benehmen, gute Manieren und Anstand hat. Markus.

Laura, sagte die Mutter zum Vater, hat Markus den Brief diktiert. Dann drehte sie das Papier und sah den Zusatz: Na ja, schrieb Laura, so weit kommt es halt, wenn man in einem fremden Land lebt und dann noch über die lieben Schweizer motzt!!!

Die Eltern saßen am Tisch, die Mutter spielte mit den Fingern. Sie dachte daran, wie glücklich sie gewesen war, als sie den Sohn zum ersten Mal sah, die Glocke, die ihn in die Welt gesaugt hatte, noch am kleinen blutigen Kopf. Sie dachte, daß er nie laut, nie böse war, weder Schläge brauchte noch Trost.

Mit Prellungen an Kopf und Handgelenk lag Laura am 18. Juli im Zürcher Stadtspital Triemli. Ein unbekannter Mann, sagte sie, sei in ihre Wohnung gedrungen, habe sie ohne Grund geschlagen.

Oskar, der Zimmermann, zog in die Wohnung der Eheleute T. Er war bei der Arbeit gestürzt, hatte sich das Bein verletzt, arbeitslos. Vorübergehend, sagte Laura. Markus nickte.

Oskar schaute, als Markus und Laura sich liebten, durchs Schlüsselloch zu. Laura schrieb: Lieber Markus! Ich liebe Dich von ganzem Herzen! Du kannst immer mit all Deinen Problemen zu mir kommen. Ich will, wie wir schon besprochen haben, viele Kinder mit Dir. Aber nicht mehr als 4. Deine Mausi. 4. August.

Markus war bei der Arbeit, als Laura bei der BASLER vorsprach und fragte, wie teuer es ihren Mann zu stehen käme, wenn er eine Lebensversicherung abschlösse, möglichst bald, mit der Todesfallsumme von einer halben Million Franken.

Der Sohn saß neben der Mutter, lächelte, Pferde scharrten, sieben schwarze Kutschen fuhren am 16. August zur kirchlichen Hochzeit vor. Es war Freitag, warm. Festliche Kleidung hatte das Brautpaar Laura und Markus T. in seiner Einladung angemahnt, unser Heim: 8703 Erlenbach, Rebweg 13. Laura wallte in Weiß, weiß auch ihre Socken. In der Kirche, am Ende des Friedhofs, wünschte der Pfarrer Glück und langes Leben. Die Rosse legten sich ins Geschirr, gegen sieben Uhr abends erreichte der Zug den Gasthof Frohberg in Jona, die Kapelle Bert Grellmann spielte. Man trank Epesses Rochdor 1990 zur Eröffnung, dann, zu Fischterrine mit Knoblauchkräutersauce, Kraftbrühe mit Gemüsestreifen, Roastbeef à l'Anglaise, Sauce Béarnaise, Mandelbällchen und Apfelsorbet mit Calvados, Château neuf du Pape J. Pellerin A. C. 1986. Die Hochzeitstorte war dreistöckig und rosa.

Schließlich setzte sich Lauras Vater neben Markus' Mutter. Dies sei, sagte der Mann, sein schönster Tag. Weiß nicht, sagte die Frau, mir kommt es vor, als wäre unser Markus für eine Ehe noch zu jung. Och, antwortete der Mann, als Student hat Ihr Markus doch seine Erfahrungen längst gemacht.

Sie redeten, bis Lauras Vater aufstand, seine Hände auf den Tisch stützte und fragte, ob es ihr, Markus' Mutter, wohl lieber wäre, die Kinder lebten in wilder Ehe. Würde ihr vielleicht so passen. Nicht aber ihm. Nicht aber Laura. Die möchte sich nicht ausnehmen lassen, deshalb die Hochzeit.

Die Mutter schwieg. Klar, dachte sie, der will, so teuer wie seine Tochter lebt, Laura schnell unter die Haube bringen. Sie ging aus dem Raum, begann zu weinen, die Schwägerin aus Holland brachte sie ins Hotel. Markus blieb sitzen.

22. August, siebzehn Uhr dreiundfünfzig, Original Coiffure, 1 x Herr, einunddreißig Franken.

Laura kaufte einen Kinderwagen mit lilablauem Dach, einen Tragsack, einen Schirm, einen Korb, ein Babybadetuch mit Kapuze, einen Babykostwärmer, eine Babybadewanne, einen Windeleimer, einen Babyteller, ein Babyshampoo, ein Fell, eine Wattebox, Wärmflasche, Haarbürste, Seifenschale, Thermometer, Tasse, Schere, Töpfchen, Lätzchen, tausendundvierundzwanzig Franken.

Anfang Oktober reisten Markus und Laura T. nach Genf, brachten eine kleine Flasche Champagner mit, die Mutter wunderte sich, schnitt eine Melone auf, Laura sagte, sie sei schwanger. Ist ja wunderbar, sagte die Mutter und holte den Fotoapparat.

Sohn und Schwiegertochter blieben bis am Abend. Dann half Markus der Schwangeren in die Schuhe. Die Mutter begann, für ihr Enkelkind erste Schuhe zu stricken.

Fehlgeburt am 7. Oktober. Laura lag im Kreisspital Männedorf. Der Sohn rief die Eltern an, er sei sehr traurig. Und Laura? fragten sie. Die habe gelacht. Bist du sicher, mein Junge, daß sie für dich die richtige Frau ist? Schon gut, Maman, laß der Laura Zeit.

Markus T. nahm einen zweiten Kredit auf, zweiundvierzigtausend, um die Schulden aus dem ersten zu bezahlen. Am 7. November schenkte die Alcatel ihrem Software-Entwickler Markus T. tausend Franken, er habe, schrieb die Firma, durch seinen großen persönlichen Einsatz wesentlich dazu beigetragen, daß innerhalb des Projekts 12SO/IDZ bestimmte Bereiche für die Erledigung der Dokumentations- und Testarbeiten hätten automatisiert werden können. Laura wollte einen Kristalleuchter.

Es war der Tag vor Weihnachten 1991, als Markus, Laura, Oskar in eine neue Wohnung zogen, Erlenbach, Adam-

Seiler-Straße 60 b, zweites Wohngeschoß Ost, Nummer 4. Seine großzügige Frau und er, beschied der Sohn den Eltern, hätten, um die teure Wohnung zu bezahlen, einen Untermieter aufgenommen, Oskar D. Zu dritt fuhren sie nach St. Moritz, Laura und Oskar stahlen Markus die Skistöcke, Markus, unbeholfener Skiläufer, rutschte ins Tal, lächelte.

1991. Kind.

Kam Markus von der Arbeit, lagen Laura und Oskar vor dem Fernseher, sie auf dem Zweiersofa, er auf dem Dreier, interio, Artikel-Nr. 30 148.307, Isabelle, Dreiersofa, 30 148.200, Isabelle, Zweiersofa, total eintausendeinhundertachtzig Franken, Betrag gegeben eintausendzweihundert, Rückgeld zwanzig, ›Gute Zeiten, schlechte Zeiten‹, RTL. Beide liebten diese andere Welt, hielten sie auf Band fest, Folge um Folge, um sie abzuspielen, wann immer sie Lust hatten. Verließ Markus frühmorgens das Haus, legte sich Oskar zu Laura. Manchmal fand der Zimmermann Arbeit, blieb einige Wochen, gab die Stelle wieder auf. Ende Februar, mit Oskar unterwegs, schrieb Laura Markus einen Zettel: Schlafe gut, träume süß! In Liebe, Laureli. Dann wurde sie schwanger.

Laura entschied sich für eine Lebensversicherung bei der GENFER, Markus mußte sich von einem Arzt untersuchen lassen, war gesund, er unterschrieb am 23. März 1992. Sollte er vor Ablauf der Versicherung sterben, würde seiner Ehefrau eine halbe Million Franken ausbezahlt.

An einem Tag im April verriet Laura Markus T. ihre Schwangerschaft. Wie das möglich sei, fragte Markus, sie und er hätten doch seit Monaten nichts mehr miteinander gehabt. Du hast es mir im Schlaf gemacht, sagte Laura, Markus freute sich. Er rief die Mutter an.

Das Gezanke wurde immer häufiger, meistens ging es um Geld. Markus warf den andern vor, sie lebten auf seine

Kosten, Oskar sagte, er solle nicht so blöd tun, bei einem Lohn von six Mill, die Nachbarn reklamierten Ruhe. Ende April, nach vier Monaten an der Adam-Seiler-Straße, zogen sie zu dritt an die Bahnhofstraße 64, im August an die Blumreinstraße 110. American Express verweigerte Markus, der seine Schulden nicht mehr bezahlte, die Kreditkarte. Am 19. Mai legte Laura wieder einen Zettel hin: Lieber Markus! Oskar und ich laufen in Erlenbach herum und suchen wieder nach leeren Wohnungen. Markus, nehme etwas vom Kühlschrank, es hat genug für Dich, doch denke bitte daran, es muß für alle reichen.

Wenn Laura und Oskar vor dem Fernseher lagen, die Stube verdunkelt, wenn sie lachten und auf eine Weise scherzten, die Markus nicht verstand, sagte er: Heute läuft wohl wieder das Deppenprogramm.

Im späten Frühling setzten Oskar und Laura Markus T. einen Schwarztee vor, darin aufgelöst acht Schlaftabletten der Marke Seresta. Markus nahm einige Schlucke, fand ihn bitter, fragte Laura: Hast du da was reingetan? Sie sagte: Zwei Teebeutel. Markus trank die Tasse leer, wurde zuerst gesprächig, fast fröhlich, Laura und Oskar lachten mit ihm, dann wurde Markus müde, er legte sich ins Bett, Freitag abend, und erwachte in der Nacht auf Montag.

Oskar und Laura gefiel die neue Zweisamkeit, Markus T. verschlief die Wochenenden, und wollte er seinen Tee nicht trinken, sagte Laura: Wenn du mich liebst, dann nimmst du das. Oder sie schlug sich auf den Bauch, der ständig größer wurde, bis Markus tat, was ihr gefiel.

In diesen Tagen rief Laura ihre Schwiegermutter an, bat um zehntausend Franken, sie hungere, brauche Kleider, denn Markus habe in Stuttgart, als er sich beruflich dort aufhielt, in einer einzigen Nacht dreißigtausend verspielt. Die Mutter, ungläubig und erschrocken, telefonierte dem Sohn. Der sagte: Maman, davon weiß ich nichts. Laß mich das klären. Dann telefonierte er Laura, später der Mutter, sagte: Du lügst, Laura hat nie so was behauptet, wie käme sie dazu?

Maman, schrieb der Sohn am 21. Juni in seiner Kinderschrift: Du hast falsche Anschuldigungen gemacht, was ich für ziemlich gemein und rücksichtslos halte. Denn Laura ist in Erwartung (Ende 4. Monat) und darf sich nicht aufregen, weil Laura und unser zukünftiges Baby Ruhe brauchen. Ich habe Laura schon gesagt, wieso ich gleich nach dem Studium nach Zürich ging. Nämlich, daß ich zu Hause nicht etwas sagen oder erzählen konnte, ohne daß Du mich dann beleidigen oder beschimpfen mußtest. Du konntest nie das akzeptieren, was ich sagen wollte. Übrigens wollen wir nicht riskieren, daß die Taufe unseres Kindes von Dir verdirbt wird, deshalb finden wir es auch besser, wir laden Euch gar nicht ein, schade! Du hast es so gewollt. Am besten sehen wir Euch nie wieder. Ich möchte nicht, daß Du Laura so kaputtmachst, was Du es bei mir gemacht hast. Laura wollte Euch noch in die neue Wohnung einladen, aber auf das heutige Telefon könnt Ihr das vergessen. Markus.

War Markus T. bei der Arbeit, nun nicht mehr an der Zürcher Friesenbergstraße, sondern in Aadorf, Kanton Thurgau, oder war er übers Wochenende stillgelegt, sprachen Laura und Oskar darüber, im Scherz, wie es wäre, wenn Markus ganz aus ihrem Leben ginge. Man könnte zum Beispiel, sprachen sie, einen Marder einfangen, damit er unter Markus' Auto die Bremskabel durchbeiße. Man könnte Markus, nach einem Serestatrunk, ins Auto setzen, das Auto anzünden oder in den See stoßen, man könnte ihn, den Ungewandten, von einem Hochhaus stürzen oder auf ein Bahngleis binden, und dann, lachten sie, würde es vielleicht in der Todesanzeige heißen: Dein Leid sehen und nicht helfen können, war unser allergrößter Schmerz.

Manchmal, wenn er aus seinem Schweigen erwachte, verlangte Markus T., Oskar habe endlich auszuziehen. Laura wollte, daß er bleibe. Oskar schlug Markus, Markus floh ins Schlafzimmer. Neben den Computer bei Alcatel hatte er Lauras Bild gestellt. In der Zeitung las Laura, in Italien seien Leute nach einem Pilzmahl gestorben.

Am 1. August 1992, Nationalfeiertag, schrieb Laura auf einen Zettel: Lieber Markus, ich mache mir große Sorgen um Dich, denn es ist jetzt vierzehn Uhr fünfzehn, und Du bist immer noch nicht da. Draußen regnet es in Strömen und donnert wie wild. Wo bist Du jetzt? Es ist in der Zwischenzeit vierzehn Uhr fünfzig, und Du bist noch immer nicht da! Markus, warum bist Du noch nicht zurück?

Laura und Oskar fuhren nach Zürich, kauften Bücher über Pilze. Es wurde Herbst, sie gingen, die Broschüren in der Hand, durch die Wälder hinter Erlenbach und am Üetliberg, reisten, weil sie dort besonders viele Pilze vermuteten, nach Churwalden und in den Aargau, sammelten, was sie für giftig hielten, Riesenrötling, Safranschirmling, Ziegenlippe, den Grünblättrigen Schwefelkopf, den Getropften Schleimschirmling, den Narzissengelben Wulstling, mischten sie, zusammen mit Seresta, Markus ins Essen.

Markus T. erschien am 21. und 22. September nicht zur Arbeit, zum ersten Mal, seit er bei Alcatel war. In der Badewanne schlief er oft ein, sank mit dem Kopf unter Wasser, erzählte dann Laura, die laut lachte, er sei beinahe ertrunken. Laura rief Markus' Vorgesetzten an, fragte, wann ihr Mann am Vorabend die Firma verlassen habe, er sei erst um Mitternacht nach Hause gekommen, seltsam lallend, ob er, Markus' Chef, sich dies erklären könne. Am 3. November leitete die Bank Finalba AG gegen Markus T. die Pfändung ein, elftausenddreihundertneununddreißig Franken.

Zu dritt gingen sie zum Arzt. Markus hatte ins Bett gemacht, er war bleich, sprach langsam und undeutlich, hatte Bauchschmerzen, Durchfall. Am Abend, wieder zu Hause, rief Laura den Arzt an, Markus gehe es bereits besser, es sei wohl nur eine Erkältung oder eine kleine Lebensmittelvergiftung gewesen. Als Markus T. am 16. November abermals beim Arzt vorsprach und der, weil er sich nicht zu helfen wußte, Markus in die Klinik Hohenegg einweisen wollte, wehrte Laura, das komme nicht in Frage, wenn schon, dann sei ihr Gatte nach Männedorf ins Spital zu bringen. Der Arzt willigte ein, Laura brachte Markus nach Hause, Blumreinstraße 110 in Erlenbach. Nicht nach Männedorf.

Einmal mischten Laura und Oskar Salmiak in Markus' Tee, er wettete, Markus trinke ihn trotz seines Gestanks, sie wettete dagegen. Oskar reichte Markus die Tasse und sagte, er habe ihm hier, aus ganzem Herzen liebend, einen Tee gemacht, Markus trank ihn nicht, Laura gewann die hundert Franken. Markus' Lohn war längst gepfändet. Laura schnitt, als Oskar sich weigerte, den Fernsehkanal zu wechseln, mit einer Schere das Stromkabel durch. Die Schere hatte Plastikgriffe, Rauch stieg aus dem Gerät, sie warfen es auf den Müll, kauften ein neues.

Es war Samstag, 28. November 1992, Geburtstag von Markus' Vater. Der Sohn rief die Eltern an, weinte. Er sei am Morgen ins Büro geflohen, Oskar und Laura hätten ihn geschlagen. Er sprach langsam, verwaschen, er möchte, sagte er, dem Vater zum Geburtstag gratulieren, mehr nicht. Komm zu uns, sagte die Mutter, du bist unser Kind. Er könne nicht, antwortete der Sohn, er habe keine Wäsche dabei und sein Auto stehe beim Bahnhof, und wenn er nicht wieder nach Hause gehe, würden die andern es finden und zerbeulen. Die Mutter: Dann versteck das Auto, setz dich in den nächsten Zug. Und Wäsche gibt es auch in Genf.

Die Schwester, vier Jahre jünger, fuhr ihrem Bruder entgegen, und als Markus T. in Lausanne aus dem Intercity trat, erkannte sie ihn kaum. Er schien noch kleiner als er war, hundertfünfundsechzig Zentimeter, noch dünner und bleicher, Markus hatte lange Haare, er war schmutzig, so hatte sie ihn noch nie gesehen, und er lächelte nicht. Sie brachte ihn nach Hause, der Sohn setzte sich aufs Sofa, begann endlich zu reden. Manchmal schlafe er drei Tage lang, wenn er dann erwache, wisse er nicht, wieso, auch müsse er ständig bitteren Tee trinken, und im Essen, das Laura ihm koche, entdecke er manchmal kleine weiße Stücke. Die Mutter sagte: Kind, wenn sie dir das nächste Mal diesen Tee gibt, dann schaff davon ein wenig zur Seite und laß es untersuchen.

Es wurde Mitternacht, die Mutter hieß den Sohn, Laura anzurufen, damit sie wisse, wo er sei. Das gehört sich so. Markus rief an, Oskar war am Apparat, sagte: Laura hat geboren. Um Viertel vor acht. Einen Sohn.

Markus versuchte dann, Laura zu erreichen, Kreisspital Männedorf, die Leitung war besetzt, Markus T. versuchte es immer wieder, versuchte es auch zu Hause, Blumreinstraße 110, auch besetzt, da platzte die Mutter in die Stille: Junge, bist du sicher, daß das Kind von dir ist? Der Vater und die Schwester sahen sich erschrocken an. Gott, wie sie so Unanständiges nur denken könne.

Endlich hatte Markus Laura am Apparat. Sie redeten nicht lange, und als sie miteinander fertig waren, sagte Markus: Laura möchte, daß ich sofort zu ihr komme.

So gehst du mir nicht, trotzte die Mutter, jetzt gehst du erst mal schön schlafen, schläfst dich erst mal gut aus, und morgen früh bringt Papa dich auf den Zug.

Am Sonntagmorgen rief Laura an, wo Markus so lange bleibe.

Dezember. Markus trank seinen Tee. Laura sagte: Damit du gesund wirst. Er setzte sich in die Badewanne und schlief ein. Laura stellte den Haartrockner an, warf ihn ins Wasser, doch das Kabel, zu kurz, rutschte aus der Dose. Markus erwachte, Laura sagte, der Apparat sei ihr aus der Hand geglitten, sorry. Einige Tage später behalf sich Oskar mit einem Verlängerungskabel. Doch die Badewanne war elektrisch nicht geerdet, der Haartrockner lief unter Wasser weiter, Markus schmiß ihn aus der Wanne, Oskar sagte: Kleiner Witzversuch, und lachte, Markus lächelte.

Manchmal schimpfte Oskar, Markus sei ein hundeelender Vater, weil er Lauras schreiendes Kind nicht tröste, aber mit Software und Hardware angeben, darin sei er ganz groß.

Markus T. hörte auf, sein Leben im grauen Ordner zu belegen.

Am Weihnachtstag 1992 standen Laura, ihr Kind und Markus T. unerwartet vor der Tür der Eltern, sie setzten sich auf das Sofa, der Sohn trug sein Haar so kurz wie nie zuvor, Laura hatte ihn rasiert. Der Vater holte den Fotoapparat. Er müsse, begann Markus, einen Irrtum klarstellen. Was er nämlich vor vier Wochen geredet habe, die Sache mit dem bitteren Tee und den kleinen weißen Stücken in seinem Essen ... Erzähl mir nichts, fuhr die Mutter dazwischen, ich brauch dir nur ins Gesicht zu schauen, um zu merken, daß Laura dich schon wieder zu einer Lüge zwingt.

Da warf sich der Vater aus dem Polster, zeigte zur Tür: Jetzt ist es genug. Laura nahm ihr Kind und ging. Markus zögerte. Dann sagte er: Dann muß ich wohl auch.

1993. Tod.

Am 20. Januar bestand Laura die Fahrprüfung. Markus fuhr nun mit dem Zug zur Arbeit, verließ die Wohnung um sechs, kam um acht Uhr abends zurück und legte sich bald ins Bett. Oskar, Laura und ihr Kind reisten in Markus' Fiat durch die Schweiz, besuchten Warenhäuser, kauften gegen Rechnungen, die sie Markus zur Bezahlung heimbrachten, teuer ein, besahen sich in Autoausstellungen schnelle glänzende Maschinen. Oskar sagte: Jetzt brauchen wir Markus nicht mehr.

Zu viert zogen sie an die Marienstraße 53 b in Erlenbach, Erdgeschoß rechts, mit Autogarage Nummer elf, Lauras

Vater hatte den Mietvertrag unterschrieben. Die Schweizerische Bankgesellschaft lehnte es am 10. Februar ab, für Markus T. ein Konto weiterzuführen. Laura und Oskar und das Kind fuhren nach Berlin, warteten vor den Ufa-Studios auf eine Schauspielerin aus ›Gute Zeiten, schlechte Zeiten‹, harrten aus, die Frau zu fragen, ob sie Patin ihres Kindes werde, die Dame war nicht im Haus. Markus T. wollte von der Alcatel ein Zwischenzeugnis. Herr T., schrieb die Firma, hat mit VAX-Clusters und Workstations, PCs und IBM/MVS-Großrechnern sowie Mikroprozessoren mit unterschiedlichsten Betriebssystemen und Sprachen gearbeitet. Wir kennen Herrn T. als selbständigen und verantwortungsbewußten Mitarbeiter, der seine Aufgaben zielbewußt angeht. Besonders hervorzuheben sind seine umfangreichen Informatikkenntnisse und sein hohes Umsetzungsvermögen, 20. April 1993.

Neben seinen Computer hatte Markus T. das Bild des Kindes gestellt, rot gerahmt, von dem er glaubte, er habe es im Schlaf gezeugt. Am Muttertag schlug Oskar Laura wund. Sie blutete aus Nase und Mund. Als Laura ihren Säugling erstmals zu einer Frau brachte, die sich in der Zeitung angeboten hatte, Kinder zu hüten, erzählte sie der Fremden, ihr Mann sei sehr krank, er werde wohl bald sterben.

Zusammen mit ihrem Kind, sieben Monate alt, reiste Laura am 13. Juni nach Davos, um dort im Hotel Meierhof während zweier Wochen Gewicht zu verlieren. Denn ihr Bauch, klagte sie, habe sich nach der Geburt nicht zurückgebildet. Am zweiten Tag der Kur rief sie die Davoser Pilzkontrolleurin an, nannte sich Frau Meili und gab vor, an der Eidgenössischen Technischen Hochschule von Zürich zu studieren. Sie wolle, sagte Laura, eine Arbeit über Knollenblätterpilze schreiben, das sind doch die giftigsten überhaupt, nicht wahr? Die Pilzkontrolleurin von Davos verwies Laura an den Pilzkontrolleur von Thusis. Dem erzählte

Laura, sie lerne Biologie und schreibe über *Amanita phalloides* und *Cortinarius orellanus*. Solche, gab der Mann zur Auskunft, wachsen erst später im Jahr.

Markus T. fehlte eine Woche lang bei der Arbeit.

Im Zürcher Albisriederhaus war Pilzausstellung, Juli 1993, Laura und Oskar gingen hin, hörten sich den Vortrag an und baten einen Fachmann um einige Grüne Knollenblätterpilze. Zu Hause legten sie die Pilze ins Tiefkühlfach, zerdrückten sie später zu einem Mus und mischten sie mit genießbaren Pilzen, die sie gekauft hatten, Markus murrte, aß dann den Teller leer. Er erbrach, hatte Durchfall, blieb wieder drei Tage im Bett.

Im Zug von Erlenbach nach Zürich besprach Laura eine unbekannte Frau, ihr Sohn, armes Würmchen, sei krank, aber sie, seine Mutter, habe kein Geld, um die Medikamente zu kaufen, die er für sein Weiterleben brauche. In Zürich angekommen, ging die Frau in zwei Filialen der Schweizerischen Bankgesellschaft, hob dreißigtausend Franken ab und gab sie, ohne Quittung, Laura. Laura kaufte am nächsten Tag bei der FRANZ AG in Zürich einen Peugeot 205 GTI, Cabriolet, rot, Jahrgang 12/87. Am 23. Juli ließ sie sich in der Klinik Hirslanden den Bauch verkleinern.

Markus' sechsundzwanzigster Geburtstag. Die Eltern riefen den Sohn an, ein halbes Jahr hatten sie mit ihm nicht mehr gesprochen, man wünschte Glück, der Sohn sagte, es gehe ihm bestens, allerdings sei er auf sie nicht gut zu sprechen, Laura habe sich beklagt, sie kümmerten sich nicht um ihr Enkelkind.

Die Eltern saßen am runden Tisch.

Laura und Oskar sahen sich auch einen Porsche an, sie sei, sagte Laura dem Verkäufer, von Haus aus begütert. Der Kassiererin einer Tankstelle in Feldbach redete Laura ein, ihr Mann habe Aids, sie fürchte, er stecke das Kind damit an. Laura, den Kleinen auf dem Arm, während Oskar im Auto wartete, sprach bei der Heilsarmee vor, bei Sozialämtern und Pfarreien am rechten Ufer des Zürichsees, bat um Mitleid und Gabe. Hatte sie Glück, fuhren sie in ein teures Restaurant und bestellten ihr liebstes Gericht, Chateaubriand. Als Markus, die gestampften Knollenblätterpilze im Leib, nicht starb, sagte Oskar: Dieser Mensch ist bei Gott unsterblich.

Die GENFER schrieb Markus T., wegen Nichtbezahlung aller Prämien verringere sich das Todesfallkapital von fünfhunderttausend Franken auf zweihundertfünfundfünfzigtausendsechshundertachtzig.

Am 8. August 1993 rief Laura das Kantonsspital Chur an, fragte eine Ärztin, was zu tun sei, wenn jemand Knollenblätterpilze gegessen habe, ihr Mann nämlich sei bereits gelb davon. Am 11. August fuhr sie nach Thusis, Graubünden, traf den Pilzkontrolleur, er gab ihr zwei Grüne Knollenblätterpilze und warnte vor den Giften *Amanitin* und *Phalloidin,* Laura schrieb die Worte auf, Oskar wartete mit dem Kind im Peugeot GTI. Die Pilze stanken, Laura warf sie aus dem Auto. Am 19. reisten sie nach Zurzach, Aargau, begleiteten einen Pilzkontrolleur in den Wald am Achenberg. Der Mann überließ ihnen drei Grüne und zwei Gelbe Knollenblätterpilze, Laura unterschrieb den Pilzkontrollschein Nummer siebenundfünfzig mit dem Namen Meili. Oskar schnitt die Pilze in kleine Stücke, versuchte, sie in einer Spritze auszupressen, gewann kaum Saft, dann warf er sie weg.

Im September dann schauten sie sich einen BMW 318 an. Weil die Kur in Davos und auch die Operation in der Klinik Hirslanden Laura nicht schlank und schön gemacht hatten, ließ sich Laura in der Zürcher Bellevue-Klinik einen Stoff gegen Fettleibigkeit spritzen. Markus T. fehlte immer häufiger am Arbeitsplatz in Aadorf. Wenn er kam, war er der erste, der letzte, der ging. Seine Kollegen fragten, wieso er soviel arbeite. Markus T. antwortete, weil ihm dies zugute käme, wenn er einmal doktoriere, vielleicht schon bald.

Laura und Oskar fuhren ein zweites Mal nach Zurzach, strichen allein durch den Wald am Achenberg. Sie fanden zehn, vielleicht fünfzehn Grüne Knollenblätterpilze. Oskar drückte sie durch ein Küchensieb, gewann einen Deziliter braungrünen Saft und goß ihn in eine Babyflasche, die er in den Kühlschrank stellte, neben die Milch.

Am Lettensteg, dem Nest der Zürcher Drogenkranken, kaufte Laura für fünfhundert Franken Heroin, um Markus T., wenn er nach einem Serestatee schliefe, den tödlichen Schuß zu setzen. In ihrer Küche, Marienstraße 53 b, Erlenbach, bereiteten sie das Gift auf, ungeschickt, verschütteten es. Dann, abermals am Lettensteg, bat Laura einen Mann, von dem sie glaubte, er habe Aids, um zwei Insulinspritzen voll Blut, dreihundert Franken, als sie in Erlenbach ankam, war der Saft trocken und dick.

Markus T. weigerte sich, einen Arzt zu besuchen. Laßt mich, sagte er, als ihn am Arbeitsplatz die Kollegen drängten, bin nur etwas müde. Er sprach langsam, er lallte, war bleich und schmal, sah niemanden an, starrte in den Bildschirm. Am Morgen des 7. September kam er als letzter, um zehn Uhr erst, die Augen gelb und fast geschlossen. Er sei in Ordnung, sagte Markus T. Das Gelb ist von den Kontaktlinsen. Schließlich brachten ihn die Arbeitskollegen doch zum Arzt, Markus T. begann zu weinen, eine Stunde lang, der Arzt fragte, ob er Drogen nehme, nein, sagte Markus, aber er wisse nicht, was seine Frau ihm ins Essen mische. Ich kündige meine Stelle, ich weiß, wimmerte er, nicht weiter. Der Arzt befahl ihn ins Krankenhaus. Auf keinen Fall nach Uster, dort besucht mich meine Frau, sagte Markus. Schließlich führten ihn zwei Kollegen ins Universitätsspital Zürich, Notfall, im Auto sagte Markus, nun gehe es ihm bereits besser, und wenn er wieder gesund sei, werde er Frau und Kind verlassen, um in Aadorf, möglichst nahe bei der Alcatel, ein Zimmer zu nehmen. Er lächelte wieder, Mund und Seele verschlossen. Als die Kollegen am Abend anriefen und fragten, wie er sich fühle, antwortete Markus T., wieder lallend und verstört: Eben ist Laura aus dem Zimmer gegangen.

Zwei Tage blieb er im Universitätsspital. Benzodiazepine im Urin, Beruhigungsmittel. Den Ärztinnen, die ihn behandelten, erzählte er vom ständigen Streit, von Oskar und Laura und von dem Kind. Daß sie zu viert in drei Zimmern wohnten, daß er dort zwar geduldet sei, aber mehr nicht, daß Oskar ihn schlage und auch Laura. Daß er oft das Kind hüten und, neben seiner Arbeit, auch die Wäsche besorgen müsse. Seine Frau habe er einmal gefragt, ob sie mit Oskar schlafe, und sie habe nein gesagt. Obwohl sie oft lüge. Deshalb habe er auch die Berührung mit seiner Familie in Genf verloren. Und als ich einmal krank war und Mineralwasser verlangte, gab sie mir eine Flasche, darin schwamm etwas Weißes.

Markus T. sprach, als rede er von jemand anderem, ohne Gefühl, lächelnd.

Die Ärztinnen fragten, warum er so dünn sei, ausgezehrt. Weil ich zu Hause nichts zu essen bekomme, antwortete Markus T.

Warum kochen Sie nicht selber?

Weil ich nicht darf.

Und warum besuchen Sie nie Ihre Eltern?

Weil ich nicht darf.

Er habe, sagte Markus T., immer geglaubt, er werde nie hoffnungslos, er nicht, solange er lebe. Aber jetzt. Er würde, bat er, gerne im Spital bleiben.

Laura schickte eine Karte: Gute Besserung, 8. September 1993. Schließlich bestellte eine Ärztin Laura ins Haus. Sie kam, trotzig, laut, setzte sich neben Markus, verschränkte die Arme. Die Ärztin begann: Im Grunde wissen wir nicht, was Ihren Mann krank macht, wir empfehlen ihm aber, eine Psychotherapie zu beginnen. Laura drohte mit der Scheidung, wenn Markus nicht sofort aus dem Spital entlassen werde. Am nächsten Abend, siebzehn Uhr dreißig, kam Markus T. im Zug nach Hause, es war Donnerstag, und legte sich ins Bett. Dort blieb er eine Woche lang.

Am 11. fuhr Laura ins Kantonsspital Baden, sagte, ihr Mann habe Aids und sie Durchfall, sie brauche dringend Seresta, Laura bekam fünfzig Milligramm davon. Am 12. rief sie das Schweizerische Toxikologische Informationszentrum an und wollte Auskunft, was zu tun sei mit einem Mann, der sich vor fünf Stunden den Saft eines Grünen Knollenblätterpilzes in den Körper gespritzt habe und immer noch keine Zeichen der Vergiftung zeige. Am 13. telefonierte sie dem Kantonsspital Luzern, wollte wissen, wie schnell das lokale Betäubungsmittel Lidocain wirke. Sie fuhr nach Baden zu einem Arzt, gab Bauchschmerzen vor, erhielt ein Rezept für Lidocain. Am 15. reiste sie nach Basel, Oskar auf dem Beifahrersitz, holte in der Apotheke »Zum wilde Maa« Einwegspritzen. Am 19. sagte Markus T.: Entweder zieht Oskar aus, und zwar für immer, oder ich lasse mich scheiden. Sonntag.

Laura und Oskar beschlossen, Markus T. noch einmal zur Arbeit zu schicken. Die Kollegen fragten: Wie geht es? Markus, weiß und fahrig, lallte: Besser denn je. Und der Familie? Der auch.

Laura Antoinette T., Frau des Markus, schrieb am Freitag, dem 24. September 1993, in ihre Agenda: Markus ist heute morgen ca. zwischen Mitternacht und ein Uhr an einem Herzstillstand gestorben. Lieber Markus, warum mußtest Du nur so früh gehen?!

Oskar versteckte sich zuerst in seinem Zimmer, als sich der Hausarzt, von Laura am frühen Morgen in die Wohnung gerufen, an Markus T. zu schaffen machte. Markus lag rücklings auf seinem Bett, den Körper leicht auf die linke Seite gedreht, Arme und Beine in der Stellung eines Boxers, der Schläge abwehrt, bekleidet nur mit einer Pyjamahose, die bis zu den Knien hinuntergezogen war. Er war starr, hatte schon dunkelrote Flecken. Der Arzt notierte: Aufgrund der Angaben der Ehefrau, der gestern die schwere Atmung des Verstorbenen aufgefallen sei, muß an einen *Status asthmaticus* gedacht werden.

Dann telefonierte er dem Polizeiposten Erlenbach, um sieben Uhr fünfzehn waren die Beamten an der Marienstraße 53 b, wunderten sich über die Unordnung in allen Zimmern. Die Bezirksanwaltschaft befahl, die Leiche, damit sie aufgeschnitten und untersucht werde, nach Zürich ins Institut für Rechtsmedizin zu bringen.

Laura und Oskar, beide ruhelos, fuhren im roten Peugeot in die Berge, Freitag, Samstag, sie hatten Streit, auf dem Rücksitz saß das Kind. Zwischen Chur und Arosa warfen sie die Babyflasche, in die sie vor Wochen den Saft der Grünen Knollenblätterpilze gefüllt hatten, aus dem Auto, die Flasche rollte auf die Straße zurück, sie hielten an, schmissen sie, zusammen mit einigen Ampullen Lidocain, in den Wald. Dann entwarfen sie Todesanzeigen. Gottes Wille geschehe, auch wenn wir ihn nicht verstehen können.

Am Montag fragte Laura, Trauer in der Stimme, den Bezirksanwalt, ob man über Markus' Sterben Genaueres wisse. Und während sie dann ausrechnete, wieviel Geld sie fortan an Witwenrenten und Waisenrenten zu erwarten habe, sie kam auf zweitausendfünfhundert Franken monatlich, entdeckten in Zürich die Rechtsmediziner einen Einstich an Markus' linkem Unterarm und ein Stück Pilz in seinem Magen. Man bot Laura und Oskar für den nächsten Tag zum Verhör auf, Laura am Vor-, Oskar am Nachmittag. Die Frau brachte das Kind zu ihrer Mutter, um elf Uhr fünfzehn begann sie zu weinen, erzählte dem Polizisten von Knollenblätterpilzen, die man gemeinsam gesucht und gefunden habe.

Laura und Oskar durften nicht in die Marienstraße zurück, kamen in Untersuchungshaft. Es war Dienstag. Das Kind, zehn Monate alt, blieb bei Lauras Eltern. Am Mittwoch teilten die Rechtsmediziner dem Bezirksanwalt mit, Markus T. sei vergiftet worden, auf einen Liter Urin habe man zweihundertsieben Mikrogramm Gift der Amanita-Gruppe festgestellt. Dem Polizisten, der sie einvernommen hatte, schrieb Laura: Noch kann ich nicht glauben, daß mein Mann nicht mehr bei uns ist. Sie schrieb, Markus sei nur deshalb von Genf nach Zürich gezogen, weil er von seiner Mutter wegwollte, immer habe er nur lernen, lernen und nochmals lernen müssen und nie nach draußen gehen dürfen, dies habe Markus ihr, Laura, schon am zweiten Tag ihres gemeinsamen Lebens erzählt.

Als die Mutter am Freitag von ihrer Arbeit kam und kaum in der Wohnung saß, läutete das Telefon, Kantonspolizei Genf, ob sie einen Sohn habe, der Markus heiße, ob der im Kanton Zürich lebe. Was ist los mit meinem Sohn? schrie die Mutter. Wir kommen vorbei, sagte der Polizist. Sie rief ihren Mann an, der bei Freunden saß, dann warteten sie am runden Tisch, schwiegen und rieten hin und her, was mit dem Sohn geschehen sei. Die Mutter sagte: Wenn die Polizei am Telefon nicht sagt, was mit Markus passiert ist, dann lebt er nicht mehr.

Nach zwei Stunden kamen endlich zwei Beamte. Ihr Sohn sei vor einer Woche in seinem Bett gestorben. Der Vater und die Mutter weinten, die Tochter, vier Jahre jünger als Markus T., schrie, bis die Nachbarn an die Heizung klopften. Als er sich gefaßt hatte, fragte der Vater, wieso sie erst heute von Markus' Tod erführen. Weil die Ehefrau des Verstorbenen, antworteten die Männer, versprochen habe, die traurige Nachricht ihren Schwiegereltern selber zu hinterbringen.

Woran er denn gestorben sei, fragte der Vater. Sie wüßten es nicht, sagten die Polizisten, sie hätten aus Zürich nur ein Fax erhalten, mit der Bitte, ihnen, Markus' Eltern, den Tod des Sohnes mitzuteilen.

In die Todesanzeige setzten die Eltern den Spruch: Gott

ist Liebe. Ich habe den guten Kampf gekämpft. Ich habe meinen Gang vollendet. Ich habe den Glauben bewahrt.

Die Mutter nahm sich einen Anwalt, um Markus' Kremation zu verhindern, bat auch um eine Beerdigung in Genf. Laura schrieb ihren Eltern: Ich *will*, daß Markus in Erlenbach beerdigt wird und *nicht* in Genf. Denn meine Schwiegermutter mußte mich bei der Polizei schlechtmachen. Sie ist so eine blöde Kuh. Papi, Markus hat schon, seit ich ihn kannte, kremiert werden wollen. Aber nein, kaum mischt sich seine Mutter ein, wird ihr Wille wieder durchgesetzt. Aber in Erlenbach wird die Beerdigung stattfinden, sonst gibt's Ärger.

Am 3. Oktober 1993 sagte Laura aus, der Vater ihres Kindes sei Oskar.

Die Beerdigung in Erlenbach war am 13., Nachmittag, der Herbst wärmte ein letztes Mal. Markus' Onkel aus Holland war angereist, zwei Kollegen von der Alcatel, Standard Telephon und Radio AG, Bekannte der Eltern aus Genf. Man setzte sich ins linke Kirchenschiff, rechts saßen eine Polizistin und Laura, deren Eltern, das Kind, das ständig wimmerte. Laura schluchzte. Der Pfarrer fand Worte. Schließlich trat die Gesellschaft ans offene Grab, Nummer sechshundertelf, der Sarg schon darin, und neben dem Loch glühte ein Herz aus roten Rosen, eine Schleife war hingebreitet, In Liebe, Deine Laura.

Eine Woche später, von Laura angeführt, fand die Polizei in einem Wald hinter Chur die Babyflasche, in der sie und Oskar den giftigen Saft gesammelt hatten. Laura genoß die Reise, sie lachte, der Polizist hatte blaue Augen, sie bat ihn, Pate ihres Kindes zu werden.

Weihnachten 1993. Laura schrieb: Markus war für mich ein Vorbild, er konnte ja alles, war absolut intelligent, ja, auf diesen Mann konnte ich nur stolz sein, war ich auch.

Die Mutter sagte, man hat uns nicht nur um den Sohn betrogen, auch um seine schöne Karriere.

1994. Recht.

Nach dem heutigen Stand der Dinge, schrieb die Mutter der Gemeindeverwaltung Erlenbach, Seegasse 52, hat die angeklagte Ehefrau keinen Grund mehr, darauf zu bestehen, daß unser Sohn auf dem Friedhof in Erlenbach bleibt. Wir bitten Sie um die Genehmigung, unseren Sohn so bald wie möglich zu uns holen zu dürfen, hochachtungsvoll.

Erlenbach antwortete am 18. Januar, sechs Tage später, eine Exhumierung sei aufgrund des Artikels 23 der kommunalen Friedhof- und Bestattungsverordnung nur bei zwingenden Gründen möglich, gemäß § 41 der kantonalen Bestattungsverordnung dürften im Friedhof beigesetzte Leichen nicht ausgegraben und anderwärts beigesetzt oder kremiert werden, die Gemeinde allerdings sei frei, in außergewöhnlichen Fällen eine Ausnahme zu machen, was hier nicht der Fall sei, zumal bedacht werden müsse, daß jede Exhumierung ein markanter Eingriff in die Persönlichkeit des Verstorbenen darstelle, weil nicht davon ausgegangen werden dürfe, Sarg und Leichnam könnten schadlos aus der Erde gehoben werden.

Sieben Wochen später stellten die Eltern ein zweites Gesuch, Oskar legte ein Geständnis ab, Laura gab zu, sie und ihr Freund hätten vom Geld ihres Mannes gelebt, Anfang April lehnte Erlenbach die Exhumierung ein zweites Mal ab, und Laura schickte Oskar einen Brief, von Gefängnis zu Gefängnis. Herzli, schrieb sie, jetzt muß ich laut lachen über Markus, er war so doof. Ja, weißt Du noch, wie wir uns nervten, wie er Auto fuhr oder wenn er eine ganze Stunde duschte. Ja, oder immer seine weißen Büchsenbohnen mit Tomatensauce aufmachte, hey, ich konnte es nicht mehr riechen, nur schon dabei mußte ich fast kotzen. Ja, oder seinen Satz, er habe keine Probleme und sein Sohn werde auch nie Probleme haben. Oski, ich bekomme Lachkrämpfe.

Sie schrieb, er, Oskar, hätte bei der Beerdigung dabeisein sollen, zuerst habe Markus' Mutter geweint, aber kaum am Grab, habe sie ihren Mund aufreißen müssen und sei kalt wie die Nacht im Winter über sie und den Fall hergefallen, obwohl sie nicht im Bilde gewesen sei, aber zu motzen, das habe sie selbst am Tag der Beerdigung noch fertiggebracht.

Oski, willst du mich auch noch ohne die Fünfhunderttausend heiraten?

Meine Mami meinte immer, ein Studierter wäre etwas Besseres.

Am 13. Juni 1994, kurz vor halb zehn, legte auch Laura T. ein Geständnis ab. Man habe Markus T., nachdem er ihr und Oskar und dem Kind lästig, ja, überflüssig geworden sei, abgeschafft.

An Markus' Geburtstag reisten die Eltern ans Grab, daran zu weinen. Im Blumenladen neben dem Bahnhof kauften sie Rosen. Wir wissen nicht mal, sagte der Vater, ob Markus Blumen liebte, wir wissen fast nichts. Die Mutter sagte: Von diesem Bahnhof hier ist er jeden Morgen zur Arbeit gefahren.

Im November schlugen sie Markus' Nachlaß aus, er bestand aus Schulden. An die Gemeinde Erlenbach schickten sie ein drittes Gesuch.

1995. Urteil.

Der Vorsitzende der II. Strafkammer des Obergerichts des Kantons Zürich sagte, es sei eine Binsenweisheit, daß auch das ungeheuerlichste Verbrechen letztlich einem banalen Motiv entspringen könne. Das Bedürfnis, alles erklären zu wollen und zu können, sagte er, kann zwar wohl auf den Wunsch zurückgeführt werden, als Mensch die Welt und deren Phänomene rational zu begreifen – gleichwohl werden wir alle täglich mit Geschehnissen konfrontiert, die uns unbegreiflich sind.

7. Dezember 1995, Donnerstag. Um die Stunden zu ertragen, hatte der Vater so viele Beruhigungspillen genommen, daß er während der Verhandlung fast einschlief. Die Mutter hielt sich an ihrer Tasche. Dann wurde Laura T. in den Saal geführt, sie trug einen roten Pullover, Winterschuhe, dann Oskar D., man setzte sie auf zwei Stühle, ein Papierkorb dazwischen, er sah ihr ins Gesicht, sie schaute weg. Der Staatsanwalt las aus seiner Schrift, die Täter, die Markus T. ums Leben brachten, seien besonders skrupellos und heimtückisch vorgegangen.

Als Markus T. am 21. September 1993 gegen 18 Uhr von der Arbeit kam, war sein Verhängnis vorgekocht. Laura stellte ihm Kartoffelstock hin, darin aufgelöst fünfzehn Serestatabletten, und Hackfleischplätzchen. Nach dem Essen setzten sich Markus, Oskar und Laura vor den Fernseher, ›Gute Zeiten, schlechte Zeiten‹ auf RTL, dann Peter Strohm auf ARD. Markus wurde müde, um einundzwanzig Uhr schickte ihn Laura ins Bett. Als sie sicher waren, daß Markus schlief, zogen Laura und Oskar das Betäubungsmittel Lidocain in eine Spritze. Laura ging ins Schlafzimmer, links das Bettchen des Kindes, dann ihres, dann jenes von Markus, Markus lag auf dem Rücken. Sie machte kein Licht, ließ die Tür ins Wohnzimmer offen. Laura kniete auf ihr Bett, versuchte, die Spritze in Markus' rechten Arm zu stoßen, versuchte es wieder, stand auf, ging um Markus' Bett herum, tat es am linken Unterarm und drückte ihm zwei Milliliter des Betäubungsmittels in den Körper. Sie löste die Spritze von der Nadel. Die ließ sie stecken. Ging in die Küche. Oskar zog weiteres Lidocain ins Gefäß, Laura spritzte es ihrem Mann, der nicht erwachte, insgesamt zwölf Milliliter.

Schließlich sog Oskar den Saft der Grünen Knollenblätterpilze, der seit Wochen im Kühlschrank in einer Babyflasche aufbewahrt war, hinter der Tetrapackung Milch, in zwei Zweimilliliterspritzen, Laura entlud sie in den Arm des

Markus T., ging wieder in die Küche, erhielt von Oskar neuen Stoff, eilte ans Bett ihres Mannes, wieder in die Küche, wieder ans Bett, spritzte ihm wenigstens sechs Milliliter Gift, höchstens zwölf. Markus erwachte einmal kurz, schrie: Au, was macht ihr mit mir? Dann sprach er nichts mehr. Um ein Uhr am 22. September 1993 ließen sie von ihm ab. Sie gingen ins Wohnzimmer und schmusten. Auf einmal stand Markus in der Tür, ein Schatten, er wankte in die Toilette, löste Wasser, Laura folgte ihm, Markus sagte, sein linker Arm schmerze, ging wieder ins Bett. Laura und Oskar schliefen im Wohnzimmer, sie auf dem Zweiersofa, er auf dem Dreier.

Am Mittwoch zogen Laura und Oskar das Telefonkabel aus der Dose, versteckten das Gerät in einem Schrank. Markus blieb im Bett, trank Mineralwasser, aß einige Joghurt, sein Arm war geschwollen. Markus T., allein in der Wohnung, Marienstraße 53 b, wurde immer schwächer. Laura und Oskar fuhren übers Land. Ihr Kind auf dem Arm, bat Laura beim Sozialdienst des Pfarramts Bruder Klaus in Zürich um Erbarmen, ihr Mann habe sie aus der Wohnung gewiesen. Als sie wieder zu Hause waren, traten sie an Markus' Bett, er konnte kaum sprechen, nicht stehen, er hauchte, er habe kein Gefühl in den Beinen.

Eine Stunde nach Mitternacht, am 24. September 1993, schrie Lauras Kind nach ihrer Mutter. Sie ging ins Zimmer, beruhigte es und sah, in der anderen Ecke, nach Markus, er war tot.

Soviel zum Tathergang, sprach der Staatsanwalt in den Saal. Die Angeklagte, die Hände zwischen Stuhl und Schenkel, mit den Füßen kaum den Boden berührend, begann zu schluchzen.

Es wurde Abend. Die Mutter wußte, daß der Richter das Urteil, das sie sich wünschte, langsamer Tod durch Vergiften mittels Knollenblätterpilzsaft, nicht würde sprechen können. Betrachtet man den Lebensweg der Angeklagten, so kommt man nicht um die ungeheuerliche Feststellung herum, sagte dann der Richter, daß sie, außer der Zeugung ihres Kindes, nichts über längere Zeit so gezielt und geplant an die Hand genommen hat wie die Tötung ihres Ehemannes.

Da stand Laura von ihrem Stuhl auf, rief: Sie brauchen nicht weiterzulesen, sagen Sie doch gleich: lebenslänglich. Der Richter mahnte zur Ruhe. Laura lief aus dem Raum, ihre Wärterin hinterher. Das lasse ich mir nicht gefallen. Nicht mit mir.

Das Obergericht des Kantons Zürich sprach Laura T. und Oskar D. schuldig, Markus T., holländischer Staatsbürger, geboren am 28. Juli 1967 in Herten, Deutschland, ermordet zu haben, und bestrafte sie mit dem Dasein im Zuchthaus, lebenslänglich, einer Schadenersatzsumme an die Eltern des Ermordeten, sechzehntausendfünfhundertsiebenundsiebzig Franken und fünfundzwanzig Rappen, und einer Genugtuungssumme von fünfzigtausend Franken.

Die Eltern blieben noch eine Nacht in Zürich und fuhren am nächsten Morgen nach Erlenbach, am Grab zu weinen.

Kurz nach Neujahr 1996 schickte Lauras Vater Markus' Hinterlassenschaft nach Genf, das Diplom der Genfer Ingenieurschule, das Diplom der Eidgenössischen Technischen Hochschule von Lausanne und einige Computerdisketten. Mehr war nicht. Der alte braune Stoffbär, mit dem er einst ausgezogen war, war nicht dabei, die Mutter trauerte.

Erlenbach lehnte auch das dritte Gesuch um Exhumierung ab. Die Ausgrabung eines Toten störe dessen Frieden, ziehe die Nachbargräber in Mitleidenschaft, außerdem verletzten Anblick und Geruch freigelegter Leichen Würde und Harmonie des Friedhofs sowie die Gefühle jener, die zu Ehren der Toten denselben aufsuchten.

Die Mutter schrieb darauf den Familien, die neben Markus einen Toten in der Erde hatten, bat sie um ihr Verständnis, daß man Markus zu bergen wünsche, und bot an, die Kosten, höchstens aber fünfhundert Franken, für eine Neubepflanzung ihres Grabes, sollte sie notwendig werden, zu übernehmen. Sie können sich vielleicht vorstellen, schrieb sie den Unbekannten, welchen Schmerz wir empfinden, wenn wir, um das Grab unseres Sohnes in Erlenbach zu besuchen, jedesmal an den Ort seiner unendlichen Qualen zurückkehren müssen. Es ist unmöglich, Ruhe und Frieden zu finden.

Die Eltern legten Beschwerde gegen den Entscheid der Gemeinde Erlenbach beim Bezirksrat Meilen ein. Der hieß den Rekurs am 2. August gut. Am 13. beschwerte sich Erlenbach gegen den Entscheid des Bezirksrates beim Regierungsrat. Es stelle sich die Frage, ob durch private Erklärung einfach auf den Schutz des Totenfriedens überhaupt verzichtet werden könne, sei dieser doch ein hochrangiges Polizeigut.

1997. Ruhe.

Von Markus T. war nicht mehr viel, als am Abend des 16. Juni 1997 der Friedhofgärtner im Bagger vorfuhr und Grab sechshundertelf freischaufelte, nur noch der Schädel und wenige Knochen. Er legte sie in einen Sarg aus Zinn. Der Sohn traf am nächsten Morgen eine Viertelstunde nach elf Uhr in Genf ein, die Eltern hatten einen Pfarrer bestellt, niemand sonst war da, als Markus in sein neues Loch sank, Nummer fünfhundertsiebenundvierzig, der Vater pflanzte blaue Lobelien, die Tochter rote Begonien, die Mutter setzte ein Hibiskusbäumchen.

Sie besuchte den Sohn fast täglich, es war Sommer und warm, in einer Plastiktüte hatte sie eine kleine Hacke. Damit streichelte sie die Erde, unter der er lag.

Ricardo und Mario

Es ist längst Nachmittag, der 23. Juni 1999, Sand und Schatten, als Torres zu zittern beginnt, Torres, Ricardo, sechzig Jahre alt.

Geschlossen? haucht er.

Geschlossen, sagt Urzúa, Mario, neunundvierzig, nimmt seine schweren Hände vom großen Tor. Torres schweigt.

Herrgott, sagt Urzúa, sein langes weniges Haar zu einem Schwanz gezurrt.

Nun dreht sich Torres ins Licht, das gelb in die Wüste kippt, sieht die Tafel im Staub: *Peligro no pasar,* Minengürtel.

Die Männer rütteln am Gittertor, schieben die dunklen Brillen hoch.

CHACABUCO.

Eine Stunde bis zum nächsten Wasserhahn.

Durch die Minen? fragt Urzúa.

Torres, der Ältere, lächelt. Schüttelt endlich den Kopf, klein, schmal, schüchtern.

Ricardo Torres und Mario Urzúa. Seit Tagen unterwegs, den Ort zu sehen, wo sie, ein Vierteljahrhundert zuvor, ihre Hoffnung abgaben: CHACABUCO: Gefangenenlager unter Augusto Pinochet Ugarte, Putschist, Schächter, Diktator, 1973–1989.

Dreimal habe er geweint, damals, erzählt Urzúa dem Torres, als sie, Seite an Seite, im Bus durch die Ödnis reisen, von Santiago bis Antofagasta, tausendvierhundert Kilometer weit, immer nordwärts, und bis zur Erschöpfung reden und dann einschlafen und unruhig schnarchen, dreimal habe er geweint, erzählt Urzúa, der jüngere, dreimal während der ganzen verdammten Gefangenschaft.

Weinen konnte ich nicht, entschuldigt Torres.

Das erste Mal, als Oscar Vega tot an einem Balken hing. Dann Weihnachten '73. Schließlich irgendwann, als alle aus meiner Zelle Besuch hatten, nur ich nicht, Mario Urzúa, Studentenführerchen, vierundzwanzig Jahre alt.

Weinen konnte ich nicht, spricht Torres in den Bus, die ganze Zeit konnte ich es nicht.

Torres und Urzúa stehen vor dem Tor in der trockenen Wüste Atacama, die sich zwischen Pazifik und Anden schiebt, sie scharren im roten Sand, es ist längst Nachmittag, die Schatten schon lang.

Herrgott, schimpft Urzúa, und jetzt?

Laß mich mal, flüstert der schmale schüchterne Torres und stellt sich vor das hohe Gitter. Er zwängt seine Hände durch die Maschen, fingert mit einem Draht, stöhnt, zirpt, zupft. Dann, jetzt, springt das Schloß auf.

Ob in meinem Haus noch Vorhänge sind?

Warum?

Weil die Hitze darin sonst unerträglich ist.

Die Männer schieben die dunklen Brillen hoch, sie traben los, der jüngere zehn Schritte vor dem alten, Wind fährt durch die tote Stadt, schüttelt Zinnblechdächer, die wimmern und ächzen.

Aber wo sind die Wachttürme? ruft Torres.

Und der Stacheldraht? sagt Urzúa.

Ohne Wachttürme verstehe ich nichts.

Wann, Mario, haben sie dich verhaftet?

Ich war Studentenführer, Mario Urzúa, Kommunist, und hatte vor, am 11. September 1973 Präsident Allende zu treffen. In seinem Palast, der Moneda. Es war früher Morgen, meine Mutter, Angestellte beim Telegrafenamt, weckte mich, schrie, im Radio habe sie von einem Putsch gehört. Ich fuhr sofort an die Technische Universität von Santiago, traf dort den Rektor, wir schlossen uns ein, den ganzen Tag, die ganze Nacht, hatten Angst und hörten den Lärm der Panzer und der Gewehre. Am 12. September, gegen acht Uhr, stürmten Soldaten das Gebäude, fesselten uns, brachten uns ins Chilestadion, dann ins Nationalstadion.

Mich, erzählt Torres im Bus, mich fingen sie zu Hause weg, in Concepción, wo ich geboren bin, ich war damals Journalist und Dozent an der Universität, in keiner Partei. Regionalstadion. Hörte die Schreie der Gefolterten.

Der Bus kriecht durch den Großen Norden des Staates Chile, *el desierto de Atacama,* der Schaffner drückt eine Kassette ins Videogerät, Liebe und Kung Fu, spult das Band vorwärts, sobald eine Schauspielerin sich anschickt, ihre Bluse zu lüften. Torres fragt: Haben sie dich gefoltert?

Soldaten zogen Mario Urzúa eine schwarze Kapuze über den Kopf, Oktober 1973, banden ihm die Arme auf den Rücken. Sie warfen ihm vor, Mitglied eines geheimen Kommandos zu sein, schlugen ihn ins Gesicht, in den Bauch, drohten, Schwester und Freundin zu vergewaltigen, wenn er nicht gestehe. Sie schlugen ihn immer wieder, zwei Tage lang, einmal verrutschte die Kapuze, und Urzúa sah, daß er vor Offizieren lag, die stumm in ihren Bänken saßen, eine hinter der andern, wie in einem Vorlesungssaal, und dem Folterer bei seiner Arbeit zuschauten, als legte der eine Prüfung ab. Endlich schleppten sie ihn in ein anderes Zimmer, schrien: Nun ist Schluß, stellten ihn an eine Wand, Urzúa hörte das Ladegeräusch der Gewehre, er dachte nichts mehr, wartete, bis sie abdrückten, wartete, dann die Stimme: Das Arschloch muß noch einmal zum Verhör.

Ich weiß nicht, erzählt Urzúa dem Torres, wie oft sie mich erschießen wollten.

Er schließt die Augen, sinkt ins Polster, und Torres schiebt die dunkle Brille hoch.

Urzúa sagt: Einmal hörte ich einen Mann, die Stimme eines Gefolterten. Und als sie mit ihm fertig waren, weinte der: Mit diesen Händen schlägst du mich, und mit diesen Händen streichelst du dein Kind. Nun weiß ich: Gott gibt es nicht.

Im Saum meiner Hose hatte ich vier Tabletten Valium 10 versteckt, hab sie nie gebraucht, flüstert Torres.

Zwei Monate nach dem Staatsstreich, Mitte November 73, holten die Soldaten der Militärjunta siebenhundert Gefangene aus den Stadien der Hauptstadt Santiago, trieben sie in Busse, zwangen die Lehrer, die Journalisten, Ärzte, Schauspieler, Psychologen, Historiker, Musiker, Studenten, sich zwischen die Sessel zu drücken. Auch Mario Francisco Eugenio Urzúa Peres. Um neunzehn Uhr erreichten sie den Hafen von Valparaíso, Urzúa trat aus dem Bus, sah ein Kind, das ein Wort sprach, einen Satz, den er nicht verstand, sah dann die Mutter, wütend, die weit ausholte und das Kind ins Gesicht schlug.

Die letzte Frau, die ich sehe, schlägt ihr Kind, dachte Urzúa, man wird uns alle im Meer versenken.

Schließlich saßen die Männer auf einem Frachter, sein Name war Lebu, siebenhundert Gefangene unter Deck, es stank nach Mensch, an den Wänden zehn Fässer, in die, wer konnte, sich entleerte. Drei Tage dauerte die Reise in den Norden, und Urzúa schmerzten die Augen, als er an einem frühen Morgen wieder Land sah, *el desierto de Atacama,* von der Sonne rot und schön gefärbt.

Soldaten, Maschinenpistolen vor den Bäuchen, befahlen die Gefangenen in alte Bahnwagen, der Zug dampfte in die Wüste hinein, stundenweit, Sand und Schatten.

Es war längst Nachmittag, als die Verschleppten einen Ort erreichten, der ein halbes Menschenleben zuvor verlassen worden war, die Oficina Chacabuco, eine Salpetermine, Fabrik und Stadt zugleich, in der einst achttausend Menschen gelebt, gearbeitet, gelitten, geliebt hatten, in der Mitte des Nichts, 1924–1938.

Und du? fragt Urzúa den Torres.

Chacabuco erreichte ich erst am 18. Januar 1974, zusammen mit fünfzig anderen Männern aus Concepción. Auf dem großen Platz mußten wir uns in eine Reihe stellen, die Kleider ausziehen, standen nackt auf dem großen Platz, vielleicht eine halbe Stunde lang, mußten hergeben, was wir besaßen, es war Abend, überall Panzer und Soldaten und Gelächter.

Rasierklingen? fragt Urzúa.

Durften wir behalten. Um uns umzubringen.

Dann führten sie uns zu einem Haus, Pavillon vierundzwanzig, man befahl mich in die dritte Wohnung, zusammen mit sechs anderen, wir schliefen in hölzernen Betten, drei übereinander, ich war zuoberst, sicher vor den Ratten, Pavillon vierundzwanzig, dritte Tür.

Mein Haus, sagt Urzúa, würde ich sofort wiedererkennen.

Bist du sicher?

Staub stiebt jetzt unter Urzúas luftgepolsterten Schuhen, sein langes Haar fliegt im Wind, Urzúa dreht sich zu Torres: Komm, schreit er, dort hinten.

Torres aber bleibt stehen, macht einen Schritt, noch einen, verharrt vor einem rostigen metallenen Behältnis.

Mein Lastwagen, sagt Torres.

Was? ruft Urzúa.

Mein liebster Lastwagen. Ich wußte, daß ich nie mehr Journalist sein könnte in diesem Staat Chile, also bat ich meinen Mitgefangenen, Hanibal Matamala, der im Bett unter mir schlief, Lehrer für Mechanik ...

Hanibal Matamala, unterbricht Urzúa, war mein Professor an der Universität.

Dein Professor, Gefangener von Pinochet, machte in der Wüste einen Mechaniker aus mir. Täglich übten wir an verrotteten Lastwagen aus der Salpeterzeit, zerlegten sie, setzten sie neu zusammen, bis ich verstand.

Ich wurde Schauspieler, sagt Urzúa, bot, Sonntag für Sonntag, den Gefangenen und den Offizieren, die immer in der ersten Reihe saßen, ein selbsterdachtes Theater, erinnerst du dich?

Ein Scherzchen des Schicksals, flüstert Torres, daß ich später, kaum im deutschen Exil, ausgerechnet bei Porsche eine Stelle fand, Mai 1975, Stuttgart, Abteilung Motorenbau.

Unser erstes Stück hieß: ›Warten auf Ernesto‹.

Warten auf Ernesto? Was bedeutet das?

Urzúa beginnt zu lachen: Alles. Und nichts.

Ernesto Che Guevara? Nach Chacabuco?

Nun hält sich Urzúa den Bauch, krümmt sich im Sitz Nummer acht des grünen Busses, der täglich die Wüste quert: Egal, das Stück hieß: ›Warten auf Ernesto‹.

Wo sind wir? fragt Urzúa. Mit weiten Schritten setzt er über den Sand, bleibt stehen, sieht sich um, ratlos.

War dort nicht ein Wachtturm?

Weiter, sagt Torres.

Sie trotten durch den Geisterort, links und rechts zerfallene Häuser, keine Türen, keine Dächer mehr, Bretter, Lehm, Stroh, Untergang. Dann treten sie auf einen Platz, in der Mitte einige Büsche, eine Gartenlaube aus altem Holz, daneben ein Haus mit Balkon.

Das Theater.

Urzúa wuchtet die Türen auf, kühle Luft schlägt ihnen entgegen, er tritt in die Dämmerung, Torres, der Ältere, zehn Schritte hinter ihm. Sie stehen und schweigen, werfen ihre Köpfe ins Genick, erkennen tanzende Elfen, lauschige Birken, die ein Maler einst, als die Oficina Chacabuco aus der Wüste gestanzt wurde, 1922–1924, auf kanadisches Holz pinselte.

Caruso war hier, sagt Torres, auch die Callas.

Weiß ich doch, sagt Urzúa.

Chile, schlankes langes Land am Stillen Ozean, lebte vom und für Salpeter. Die es besaßen, machte Salpeter, ein Natriumnitrat, Rohstoff für Dünger, Schießpulver, Farben, schnell reich. Wo immer es gefunden wurde, entstand ein Kontor, eine Oficina, Ankaufsstelle. Der junge Staat Chile, ständig auf Geld aus, befahl gar Soldaten in die Wüste, 1879–1884, führte Salpeterkrieg, nahm Peru und Bolivien Boden ab, in dem teures Salpeter schlummerte, oberflächlich, bis in die Tiefe von sechs Metern. 1890 stammte die Hälfte aller staatlichen Einkünfte von Steuern, die Minenbesitzer, meist Engländer, entrichteten. Bis, 1912, die deutschen Forscher Haber und Bosch eine Möglichkeit fanden, Stickstoff künstlich aus Luft zu gewinnen. Der Niedergang geschah rasch. 1916 führte Chile noch drei Millionen Tonnen seines berühmten Stoffes aus, fünf Jahre später nur mehr eine. Chacabuco aber entstand, als die hohe Zeit des Chilesalpeters bereits vorüber war, eine Totgeburt.

Der Unort war das Werk der britischen Lautaro Nitrate Company, Heimat für dreitausend Arbeiter und ihre Frauen und Kinder, achttausend Menschen, einen halben Kilometer lang und breit, gesetzt auf sechsunddreißig Hektaren Sand, allseits von Mauern umgeben, eine Stadt mit niedrigen Häusern und engen Zimmern, mit rechtwinklig gerichteten Straßen, die schöne Namen trugen: calle Valparaíso, calle Coquimbo, calle Atacama, mit einem dreistöckigen Theater für eintausendzweihundert Zuschauer, mit Krankenhaus, Schlachthaus, Warenhaus, Kosten: eine Million Pfund Sterling.

Täglich schwärmten die Salitreros, Salpeterarbeiter, in die nahe Pampa aus, mit nacktem Oberkörper und hohen schweren Stiefeln, eine kurzstielige Schaufel in der Hand, auf der Suche nach Caliche, salpeterhaltiger Erde, sprengten den Boden mit Dynamit auf, zertrümmerten ihn mit Hämmern, die fünfundzwanzig Pfund wogen, luden die Ware auf Maulesel und brachten sie, unter glühender Sonne, nach Chacabuco zur Behandlung in die Fabrik, die auch nachts nicht ruhte und alljährlich einhundertvierundfünfzigtausend Tonnen reinen Salpeters entließ.

Jeder Nagel, jedes Brot, jeder Tropfen Wasser wurde nach Chacabuco gekarrt. Trinkwasser, geht die Rede, soll einen Arbeiter mehr gekostet haben als Alkohol. Entlöhnt wurde er mit Fichas, betriebseigenen Münzen, die er einzig in Chacabuco umsetzen konnte, in der Pulpería, dem betriebseigenen Warenhaus, das die Preise bestimmte. Ab und an kamen Huren ins Lager, erlösten im Vierminutentakt. Chacabuco, wie alle Oficinas, hatte seine besonderen Gesetze, Nachtwächter gingen durch die Enge, schrieben auf und berichteten, was sie sahen und hörten.

29. Juni 1927. In folgenden Häusern, wo einige ihren Namenstag Pedro feierten, wurde gesungen:

Bulnes Nr. 50: bis ein Uhr morgens
Portales Nr. 72: bis drei Uhr morgens
Uribe Nr. 75: bis ein Uhr morgens
Aldea Nr. 42: bis zwei Uhr morgens

22. August 1927. Um 00.30 Uhr stand Oscar Escobar offenbar verliebt am Fenster des Krankenhauses und unterhielt sich mit der Krankenschwester Margarita. Escobar wohnt in der Straße Cochrane 4.

23. Mai 1927. Kurz vor Mitternacht schlug der Bolivianer Saturnio Hernán Bravo seine Ehefrau María Vargas, gleiche Staatsangehörigkeit. In dem Moment, als der Unterzeichnete kam, versuchte der Besagte gerade, mit der Hand in die Scheide seiner Frau zu dringen, um ihr den Bauch aufzureißen. Das Verbrechen konnte durch unser Eingreifen verhindert werden. Beide Eheleute waren betrunken. Der Mann wurde der Polizei übergeben.

Der schmale Torres kauert in der Mitte des Theaters, legt die Sonnenbrille ab. Rotgeränderte Augen. Da unten, sagt er und zeigt in den Orchestergraben, da unten habe er damals, kaum eine Woche im Gefangenenlager, nach Metall suchen müssen, auf Befehl eines Offiziers, der die Ware schließlich verkaufte, privat, *claro,* Leutnant Minoletti, den sie alle Leutnant Schakaletti nannten, dieser falsche Hund, der ständig blöd lachte, da unten im Graben habe er Folterwerkzeuge gefunden, Eisenstangen und Handschellen, die man einst den Salitreros aufschirrte, sie zu bestrafen für irgendwelchen Eigensinn, in Fesseln geschlagen von der Lautaro Nitrate Company Ltd, Great Britain.

Kein Wunder, sagt Urzúa, daß die chilenische Arbeiterpartei in dieser Wüste entstand, nach dem Massaker an zweitausend Salpeterarbeitern, Frauen, Kindern, in Iquique, 1912.

1907, drei Tage vor Weihnachten, sagt Torres.

Sag ich doch, röhrt Urzúa, grinst breit.

Und du, Mario, erzähl.

Ich floh mit meiner Frau nach Schweden, März 1978, blieb, wie du, sechzehn lange Jahre. War Schweißer bei Scania, schweißte Lastwagenbrücken. In Schweden wurde meine Tochter geboren, ich nannte sie Uliana. Nach diesem Mädchen, du weißt schon, das gegen die Menschewiki stritt. Den Sohn nannte ich Nikolai. Nach dem Jungen, der in Brest Litowsk im Kampf gegen die Nazis fiel. Beide sind sie in Schweden geblieben. Auch meine Frau.

Und was machst du heute? fragt Torres den Urzúa, als sie nach Chacabuco reisen, Seite an Seite, Sitz sieben und acht.

Heute, sagt Urzúa, sieht aus dem Fenster und dahinter die rote Einöde und lächelt leise, heute, *Compañero,* verkaufe ich Räucherstäbchen aus China, Schwimmkerzen aus der Schweiz, Bachblütentropfen aus Deutschland, Faltencreme aus Italien.

Dann schweigt er lange, sagt: Was will ein Studentenführer mehr?

Torres, der Ältere, legt Urzúa die Hand auf den Arm.

Auf zu den Häusern, wo wir gefangen waren.

Staub flirrt im Licht, das ins alte Theater fällt.

Er sei der einzige seiner Zelle gewesen, redet Urzúa, der einzige, der nie Besuch bekam während all der Monate, hier in diesem gottverdammten Schauspielhaus, wo die Männer ihre Frauen trafen, sich küßten und streichelten und weinten und sich dann, wenn der Soldat, der sie bewachte, wegsah, schnell auf diese dreckigen Riemen legten und verschmolzen. Der einzige im ganzen Haus, der von seiner Familie nie Besuch bekam. Und darob habe er geweint.

Weinen konnte ich nicht, entschuldigt sich Torres.

6. März 1935, Filmvorführung im Theater Chacabuco: ›*Cautiva de su pasión.* In Leidenschaft gefangen‹. Liebe erlaubt weder Ausreden noch halbe Mittel. Mit Tallulah Bankhead, der großen Rivalin der Greta Garbo.

3. April 1935: ›*Grandioso día de aventuras.* Das Lachen des Schakals‹. Das jüngste Werk des gutaussehenden und beliebten Schauspielers Tim McCoy.

Sie schließen hinter sich die Tür, wandern weiter durch ihre Schatten, Sand knirscht, in der Ferne das leise süße Rauschen der Panamericana, die nach Alaska führt.

Weißt du, wo wir sind? fragt der Alte.

In der Vergangenheit, sagt der Jüngere.

Aber wo?

War dort nicht ein Wachtturm? fragt Urzúa.

Torres zuckt die schmalen Schulter, dreht sich nach Norden, nach Süden. Wind fällt in die Geisterstadt, kühlt Haut und Haar.

Herrgott, schimpft Urzúa, nicht einmal einen Wachtturm haben sie stehenlassen.

Sie streunen zwischen den langen niedrigen Häusern, Blech wimmert im Wind, sie bleiben stehen, ratlos, gehen weiter.

Hier wohnte, jubelt Torres plötzlich, Pedro Enríquez. Den sie folterten und ständig anschrien: Wo genau im Bio Bio haben die Sowjets ihre U-Boote verankert?

Urzúa lacht auf.

Nein, sagt Torres leise, hier wohnte nicht Pedro Enríquez.

Weiter. Die Schatten immer länger.

Jetzt öffnen sich die Reihen der ewiggleichen Hütten, ein großer weiter Platz liegt vor den Männern.

Endlich, ruft Urzúa, winkt dem Älteren.

Jeden Morgen, jeden Abend brauste der Lagerkommandant, 1. Armeedivision, Kaserne Antofagasta, im Schützenpanzer an, befahl die Gefangenen auf den großen weiten Platz, tausend Männer, Kommunisten, Sozialdemokraten, Linksliberale, ließ sie zählen und dann die Hymne des Landes singen: *Reines Chile, dein Himmel ist blau, und der Meereswind streicht über dich hin. Deine blütenbesäten Felder sind ein glückliches Abbild des Paradieses. Majestätisch ragen deine weißen Berge, die der Herr als Bollwerk dir gab, die der Herr als Bollwerk dir gab.*

Den Wüstengefangenen war verboten, sich Genosse oder Kamerad zu rufen, die Soldaten, fast noch Kinder, wechselten jeden Monat.

Erinnerst du dich an den, der sich selber in den Bauch schoß? fragt Torres. Weil der nicht ertrug, was er in Chacabuco sah.

Für den habe ich Blut gespendet, sagt Urzúa.

Doktor Peña, Kommunist, hat ihn operiert.

Sozialdemokrat.

Kommunist.

Sozialdemokrat.

Dann lachen sie und schweigen.

Täglich zogen die Häftlinge gegen die Sinnlosigkeit aus, manche sangen in einem Chor, spielten Theater, Fußball, Volleyball, berieten in einem Ältestenrat, lehrten Motorenbau, Astronomie, Mathematik, Englisch, Lesen, schrieben eine Wandzeitung. Einige bastelten Aschenbecher aus Onyx, schlugen Nägel spitz, ritzten damit Bilder in altes Holz: Rosen und Madonnen.

Nachts hörten sie den Lärm der Minen, die hochgingen, weil vielleicht ein Hund auf sie trat.

Ach, das waren nicht Hunde, das waren Offiziere, sagt Torres, Offiziere, die Steine auf die Minen warfen, um uns Angst zu machen.

Das Essen war schlecht und immer gleich: Bohnen, versetzt mit *piedra lumbre,* Feuerstein, einem Mittel wider die Manneslust. Wer Geld hatte, bestach einen Soldaten, kam so zu Brot und Wurst. Eines Tages fuhr das Rote Kreuz vor, besah sich das Lager, versprach dann, jede Woche eine Kuh zu schicken, damit die Gefangenen zu etwas Fleisch kämen. Nur Haut und Knochen erreichten Chacabuco, das Fleisch griffen sich die Offiziere, für sich, ihre Familien, ihre Freunde in Antofagasta, der weißen Stadt am Meer.

Einmal bestellten sie uns auf den Friedhof in der Wüste, zu den Gräbern der Salpetermenschen. Mußten für einen Offizier, der Arzt war, Skelette aus dem Boden scharren.

Aquí yacen los restos del que fue nuestro querido Vicente Guerra B. Falleció el 15 de Agosto 1927. Hier liegen die Reste desjenigen, der unser geliebter Vicente Guerra B. war.

Kennst du Atilio Gaete? fragt Torres.

Nein.

Aus Concepción.

Nein.

Der fand, am Morgen des 21. Februar 74, als er Holz sammelte, in der alten Pulpería das Rapportbuch eines Nachtwächters, Andrade hieß der. Hab es selber gelesen.

5. November 1925. Letzte Nacht wurde der Arbeiter Bautista Cortés Araya (Corral Nr. 20) von dem Wächter Nummer zwanzig beim Verkauf der sozialistischen Zeitung ›La Época‹ überrascht. Der Arbeiter wurde in derselben Nacht zusammen mit dreiundzwanzig Exemplaren der besagten Zeitung der Polizei übergeben. Zudem wurde bei ihm eine Liste mit Adressen vorgefunden, denen er die Zeitung zustellte.

5. Juni 1927. Um zwanzig Uhr fünfzehn meldete der diensthabende Vorsteher Juan Ortíz, daß in Haus Nummer zweiundfünfzig der Straße Aldea zwei Leichname gefunden wurden. Vor Ort wurde festgestellt, daß es sich um Enrique Gálvez Cortés, siebenunddreißig Jahre, gebürtig aus Canela

de Mincha, und seine Ehefrau Rosa Aurora Guerra, neunundzwanzig Jahre, gebürtig aus Valparaíso, handelte. Um ihrem Leben ein Ende zu setzen, befestigten sie Dynamit zwischen dem Bauch von Gálvez und dem Rücken seiner Frau. Die Explosion zerstörte die besagten Körperteile.

27. Juni 1927. Hiermit unterrichte ich meine Vorgesetzten davon, daß keine fertiggestellten Särge vorhanden sind, was zu Verspätungen bei den Beerdigungen führt. Dies war der Fall bei den verunglückten Samuel Zúñiga und Feliciano Cortés Herrera.

29. Juni 1927. In folgenden Häusern wurde gesungen.

Ricardo, wieso kennst du jedes Datum auswendig, fragt der Jüngere den Alten.

So überlebe ich, antwortet Torres.

Torres und Urzúa stehen auf dem großen weiten Platz, kein Vogel, kein Strauch.

Hier mußten wir uns nackt ausziehen, sagt Torres, es war Abend.

Sie stehen im Wind, drehen sich, schweigen. Dann gehen sie einige Schritte, murmeln etwas, knurren, verstummen wieder, schieben die dunklen Brillen hoch.

Dann sagt Torres: Angekommen.

Dann: Dort drüben ist mein Haus, Pavillon vierundzwanzig, dritte Tür.

Er trabt los, drückt die flache Mütze auf den kahlen Kopf, wird immer schneller, der schüchterne schmale Torres, Ricardo, geboren am 5. Februar 1939 in Chiles grünem Süden, Sohn eines Metzgers, biegt um die Ecke, rennt, steht vor der dritten Tür, weicht zurück.

Mi casa.

Wartet auf Urzúa. Geht jetzt hinein, setzt Fuß nach Fuß. Hinein in Gefängnis und Jugend. Kein Dach mehr. Kein Bett. Kot, Lehm, Stroh.

Torres tänzelt durch die Räume, sucht an den Wänden ein Zeichen von einst, irgendeins, irgendwo. Verzweifelt.

Urzúa steht hinter ihm, die Hände, als wolle er beten, und schweigt.

Weißt du noch, wie wir ständig Radio Moskau hörten, und ständig erfuhren, Pinochet sei am Ende, seine Junta überdauere nur noch Tage, höchstens Wochen?

Wir glaubten leicht und schnell, sagt Torres.

Was anderes blieb uns übrig?

Im Juli 1971 hatte Chiles demokratisch gewählter Präsident, Salvador Allende, Arzt und Sozialist, die Oficina Cachabuco, die nur vierzehn Jahre lang in Betrieb gewesen und dann verlassen worden war, unter staatlichen Denkmalschutz gestellt, Decreto Ministerio de Educación Pública No. 1749. Zwei Jahre später war Allende erschossen, Chacabuco ein KZ für jene, die an ihn geglaubt hatten. Der Mörder, General Augusto Pinochet Ugarte, bot seinen Gefangenen die Freiheit an, überall, nur nicht in Chile, und schloß das Lager im Oktober 1974.Vierzehn Jahre später, Oktober 1988, riß er sich hin, das Volk zu befragen, ob es freie Wahlen wolle. Pinochet war seiner Sache nicht sicher, befahl Soldaten auch nach Chacabuco, hieß sie, alles zu zerstören, jeden Wandspruch, jede Zeichnung, was auf ein Gefängnis hinwies, Stacheldraht, Wachttürme, Gitterzellen. Nur die Minen ließen sie im tiefen Sand, fünfzig Meter nach allen Seiten.

Urzúa sagt: Die beste meiner Schulen war Chacabuco.

Er sagt: Als ich Chacabuco verließ, konnte ich nicht mehr schlafen, einen ganzen Monat lang.

Träumst du von Chacabuco? fragt Torres, der Ältere, im Bus, der täglich die Wüste quert.

Einmal träumte mir von Oscar Vega, du kanntest ihn. Der als Knabe in Chacabuco gelebt hatte, Sohn eines Salitrero, und nun mit uns gefangen war.

Der das Haus der Kindheit wiederfand, die Schaufel seines Vaters, die Wäscheleinen der Mutter, und sich damit unters Dach hängte.

Weinen konnte ich nicht, weiß nicht warum, sagt Torres.

Gehen wir zu mir? fragt Urzúa. Tritt ins Freie, wandert los, Torres zehn Schritte hinter ihm.

Rote Sonne über rotem Staub.

Dann bleibt der Jüngere stehen, dreht sich zum Alten.

Wo, Herrgott, ist der Pavillon, den wir *Barrio cívico* nannten, Verwaltungsviertel?

Eine Straße weiter, sagt Torres, wo die tapferen Kommunisten wohnten. Warst du doch, nicht?

Keine Beleidigungen, Sozialdemokrat.

Urzúa grinst, atmet laut.

Hier? Soll ich da mal rein? flüstert er, nein, du bist nicht mein Haus, sagt er, dich betrete ich nicht.

Jetzt. Urzúa, Mario, Sohn einer Telegrafenbeamtin und eines Alkoholikers, Studentenführer, Lastwagenschweißer in Schweden, zittert vor einer farblosen Wand und schweigt, kein Dach, kein Bett, nur ein Spruch auf dem Putz: *Hier wurden gefoltert: Paco Rodríguez und Dr. Doolittle, hier habe ich mir eins abgewichst, 12. 1. 1997.*

Torres legt die schmale Hand auf Urzúas Schulter.

Blech jammert im Wind.

Urzúa sagt: Eines Nachts, hier in diesem Raum, fragt mich einer, ein Physikprofessor, der über mir schläft: *Bigote,* he, Schnauzbart, wovon träumst du gerade? Ich antworte: Davon, in einem großen schweren Scania-Lastwagen durch Skandinavien zu fahren.

Schön, haucht Torres.

Am 28. April 1991, nach sechzehn Jahren im Exil, reiste Ricardo Torres, inzwischen zweiundfünfzig Jahre alt, nach Chile zurück, bat die Zeitung ›El Sur‹ um Arbeit, für die er einst geschrieben hatte, fragte ein Radio an, dann die Banken, damit sie ihm Geld gäben, um eine Tankstelle zu kaufen.

Wovon lebst du also?

Schließlich wurde ich Fischer, ließ mir ein Boot bauen, sechs Meter breit und achtzehn lang, gab ihm den Namen

»Chil-Otto«, Chile und Otto, aus Zuneigung für Deutschland, wurde Kapitän und Präsident der Nationalen Vereinigung der Kleinfischer Chiles.

Urzúa bückt sich zu Torres: Besser als Räucherstäbchen verkaufen.

Bis mein Schiff versank, ohne Ladung, ohne Not, innerhalb von vierzig Minuten, einfach so, Konstruktionsfehler. 1996, drei Tage vor Weihnachten.

Herrgott, sagt Urzúa.

Zwei Männer zotteln durch Sand, Ruinen links, rechts, nach einem Vierteljahrhundert zurückgekehrt an den Ort, wo sie jung waren und leicht im Glauben, ihre Schritte sind kurz, und jetzt legt Urzúa seinen schweren Arm um Torres, drückt den Schmalen an sich.

Sie scharren im Staub.

Drehen ihre Gesichter zur sterbenden Sonne.

Die trocknet, was keiner sehen soll.

Ricardo, erinnerst du dich an unsere Blaskapelle?

Als wär es heute.

Wie die Idioten von Offizieren eines Morgens schrien: Alle Musiker vortreten! Und dann zwölf von uns vortraten. Und zwei Wochen Zeit hatten, bis zum 19. September, dem Tag der Glorreichen Streitkräfte, aus dreißig Soldaten eine stramme Musikkapelle zu formen. Filistoque war der Dirigent.

Nach einer Woche schon marschierten die Soldaten, als hätten sie nie etwas anderes geübt, bliesen wie junge Engel, wirbelten ihr Besteck. Und wehrten sich nicht, wenn Filistoque und seine Gehilfen sie wieder und wieder durch den Dreck trieben. Immer weiter, immer lauter. Im Gleichschritt. Die merkten nicht, welchen Spaß wir hatten. Und am neunten Tag stolzierten sie am Kommandanten vorbei, grüßten ihn höflich, gockelten weiter, kamen bis zum Tor, erinnerst du dich? Erreichten das Tor, und Filistoque schreit, so laut er kann: Schranken hoch! Und die Schranken gehen hoch, und die zwölf Gefangenen treiben ihre Wärter in die Wüste hinaus, immer weiter, das war, kichert Torres, vielleicht mein bester Tag in Chacabuco.

Bis endlich einer zu sich kam, lacht Urzúa, und Alarm schlug. Ab auf die Lastwagen, ab durchs Minenfeld, der Musik hinterher, die Maschinenpistolen im Anschlag.

Die Kapelle war schon auf der Straße, bumzackbum.

Auf der Panamericana, grölt der Junge.

Richtung Alaska, schreit der Alte.

Seine Durchlaucht

Bleich ist Liechtenstein an diesem seltsamen Tag, fünfundzwanzig Kilometer lang, zwölf Kilometer breit, achtzigtausend Briefkastenfirmen, dreißigtausend Menschen. Nebel schliert durch Vaduz, das Hauptdorf des reichsten Landes hienieden. Es ist Schmutziger Donnerstag, Beginn der Narrenzeit, Landtagseröffnung.

Wie jedes Jahr schickt der Fürst sich an, sein altes Schloß, das hoch über dem Ort auf steilem Fels harrt, zu verlassen und hinunterzusteigen ins Flache. Um dort, Punkt neun, vereint mit Regierung und Parlament, das Soufflat des Heiligen Geistes zu erflehen. Komm, Heiliger Geist, auf uns herab, Dein Trost erhellt uns Leiden und Grab. Um dann, nur Schritte neben St. Florin, die Thronrede zu sprechen im stolzen hellen Bau der fürstlichen Regierung, Punkt zehn im zweiten Stock: Und den fünfundzwanzig Volksvertretern wieder einmal einzuschärfen, was Sache ist im kleinen Staat am jungen Rhein.

Abgeordnete in langen dunklen Mänteln eilen die Treppe zur Kirche hinauf, setzen sich in die Bänke. Und warten. Die Regierung. Die Sängerinnen des Chors. Es regnet. Naß und aussichtslos ist das Land kurz vor neun.

Aber dann: Ein schweres Rattern auf Schloß Vaduz. Das Knarren der Zugbrücke. Der Fürst ist los. Acht Minuten bis in die Niederung. Glocken läuten. Endlich fahren zwei Motorräder vor, blaue blitzende Lichter, ein glänzender Audi, FL 1, das fürstliche Banner. Und Hans-Adam II. entkommt dem Blech, der Fürst von und zu Liechtenstein, Herzog von Troppau und Jägerndorf, Graf zu Rietberg, Regierer des Hauses von und zu Liechtenstein, einhundertneunzig Zentimeter, krümmt sich unter den Schirm des Protokollchefs. Trabt los und verschwindet im Schiff von St. Florin. Ist es wahr, Durchlaucht, was im Volk gehüstelt wird? Daß Sie auf Schloß Vaduz nur Audis dulden? Weil Audi den größten Rabatt gewährt?

Der Monarch, Herr über sechs bis sieben Milliarden Schweizer Franken, sitzt allein in der ersten Bank rechts, das Haar längst grau. Hinter ihm der Regierungschef. Links, durch den Gang getrennt, der Schwarm der Volksvertreter, drei Frauen und zweiundzwanzig Männer. Zwei Drittel der Kirche leer. *Missa pro patria.* Die Orgel setzt ein, der Chor schmettert.

Durchlaucht, ist es schön, Fürst von Liechtenstein zu sein?

Nicht daß Hans-Adam II. sich der Neugier dieser Welt entzöge. Nett und lächelnd, schüchtern fast und bubenhaft schachtelt er bei Gelegenheit lange Antworten aufs Band. Ein Causeur reinen Herzens. Der dann aber bis zur Unkenntlichkeit entkernt, was er schriftlich und in ganzen Sätzen vor sich hat. Sie werden morgen einen neuen Text bekommen. Ich möchte Sie nochmals darauf hinweisen, daß nur diese Variante des Interviews zur Veröffentlichung verwendet werden darf.

Durchlaucht zieht sich die schwarzen Socken hoch.

Seine Welt, hoch über dem Rheintal, in einem Schloß, das einst Kerker, dann Gaststätte gewesen war, erreichte der Bub am 14. Februar 1945. Als ältester Sohn von Fürstin Gina und Fürst Franz Josef II. Der, aus Angst vor den Nazis, nur sieben Jahre zuvor die lustige Stadt Wien verlassen und sich und sein Weib, samt Lakaien und Hausschatz, in den fernen armen Kleinststaat gerettet hatte, hundertsechzig Quadratkilometer, zwischen Österreich und die Schweiz geklemmt. Ein halbes Dutzend Namen verehrte Franz Josef seinem Erstgeborenen: Johannes Adam Ferdinand Alois Josef Maria Marko d'Aviano Pius, und erinnerte so, unter anderem, an Ahnherr Johannes Adam I., der ein Vierteljahrtausend zuvor die Herrschaft Schellenberg und die Grafschaft Vaduz gekauft hatte, das heutige Fürstentum, auf daß die Liechtensteiner im deutschen Reichsfürstentag endlich mitplärren durften.

Kaum lag Hans-Adam in Windeln, 1945, bat man den Heiligen Vater zu Rom, Papst Pius XII., er möge dem Knaben den Taufpaten machen. Rom gab statt. Und schickte zum Vollzug den nahen Bischof von Chur.

Einsam und steif sitzt der Fürst in der ersten Bank, und der Pfarrer von St. Florin, Fürstlicher Geistlicher Rat, setzt zur Predigt an.

Das Vermögen der drei reichsten Personen der Welt – so habe er gelesen – sei größer als das Bruttoinlandsprodukt der achtundvierzig ärmsten Staaten, spricht der Pfarrer. Weit über zwei Milliarden Menschen müßten mit weniger als zwei US-Dollar am Tag auskommen. Das geflügelte Wort des Schweizer Dichters Jeremias Gotthelf, daß im Haus beginnen müsse, was leuchten soll im Vaterland, gelte global.

Ist nicht auf ihn gemünzt, denkt der Fürst.

Vor dem Altar, der Feier angepaßt, liegen rote und gelbe Blumen. Hans-Adam II. bewegt sich nicht. Der Pfarrer kommt zum Ende. Gelobt sei Jesus Christus. Man steht auf, der fürstliche Kittel rutscht, um Arm und Hemd hat Seine Durchlaucht eine große Plastikuhr gezurrt, Finnenmodell.

Hans-Adam und seine vier Geschwister aßen nicht am Tisch ihrer Eltern. Erzieher erzogen zu Höherem, und Hans-Adam weinte, wenn es zu weinen gab, in den Schoß der Köchin Julie, die der Vater, Fürst Franz Josef II., 1938 aus Wien mitgebracht hatte. Die Schule war im Dorf Vaduz, Hans-Adam, der Erbprinz und künftige Monarch, wurde täglich hingebracht, hinab durch den Wald, der das Schloß vom Flachland trennt, alle sprachen Alemannisch, nur Hans-Adam sein seltsames Wiener Schloßhochdeutsch. Er wurde, um gewöhnlich zu sein, Pfadfinder. Als der Lehrer seinen Stock endlich auch über die erbprinzlichen Finger zog, kam die Strafe dem Kind wie Erleichterung vor.

Zehn Jahre alt, zerriß der Erbprinz den Katechismus, den er hätte auswendig lernen sollen, warf ihn, vor sechzig Vaduzer Kindern, aus dem Fenster des Dorfschulzimmers. Wozu bin ich auf Erden? Wir sind auf Erden, um Gott zu erkennen, ihn zu lieben, ihm zu dienen und dadurch in den Himmel zu kommen.

Ein Jahr später, 1956, schickten ihn die Eltern nach Wien ans berühmte Schottengymnasium, das der Vater schon besucht hatte, zu Benediktinern, Hans-Adam blieb ein Schwieriger. Vier Jahre hielt er es in der Fremde aus, und als er Abschied nahm, 1960, bestellte ihm der Schulleiter, es sei sehr viel besser, ein Kommunist zu sein als ein derart Liberaler wie er, Hans-Adam von Liechtenstein. Der Erbprinz wechselte nach Zuoz in die Schweiz an die Nobelanstalt Lyzeum Alpinum. Mit sechzehn verliebte er sich in eine Frau, die einundzwanzig war, Marie Aglaë Gräfin Kinsky von Wchinitz und Tettau, Tochter des böhmischen Hoch- und Uradels, dem auch Hans-Adams Mutter entsprungen war. Die Eltern überraschte er mit der Note, seine Gemahlin stehe bereits fest, die Eltern grinsten ob solcher Frühreife, selbst die Auserwählte konnte nicht umhin, zu lächeln. Hans-Adam aber, mit Ausdauer begabt, beharrte in junger Minne. Vier Jahre später erlangte er das Abitur. Wollte Physik studieren oder Archäologie. Der Vater entschied auf Wirtschaft. Der Sohn gehorchte. Hochschule St. Gallen, Schweiz. Eine Fürstenpflicht.

Am 30. Juli 1967, Hans-Adam war zweiundzwanzig, heiratete der Erbprinz seine Marie Aglaë, ein gelungenes Fest: tausendeinhundert europäische Adelige, sechshundert polnische Krebse, vierhundert geräucherte Forellen, dreihundert norwegische Hummer, hundert Fasane, hundert Milchmastpoularden, achtzig Rehrücken, dreißig Kilo frische Gänseleber, zwanzig Beinschinken, zehn Wildschweinschinken, Château Lafite Rothschild 1960.

Wir beten für den Fürsten, sagt jetzt der Priester, wir beten für den Landtag und die Regierung unseres Landes. Begleite ihr Tun mit Deinem Geiste. Schenke ihren Verhandlungen Erfolg zum Wohle unseres ganzen Landes. Christus, erhöre uns.

Christus, erhöre uns, knurren die Volksvertreter und Regierungsräte.

Jetzt wird Wein zu Blut, Brot zu Fleisch, und Hans-Adam II. kniet mit steifen Rücken in der ersten Bank.

Durchlaucht, ist es ärgerlich, ständig beobachtet zu werden?

Wird er gar nicht.

Durchlaucht, sind Sie einsam?

Ist er nicht.

Warten. Bis das Staatsoberhaupt aus der Bank tritt und die Hände zur Kommunion hinstreckt. Seine Person, Artikel 7, Absatz 2 der Verfassung des Fürstentums Liechtenstein, ist geheiligt und unverletzlich. Dann schluckt der Regierungschef den Leib des Herrn, dann der Außenminister, die Justiz-, Bildungs- und Verkehrsministerin, die Landtagsabgeordneten. Der Chor jubelt *Agnus Dei, qui tollis pecata mundi,* Lamm Gottes, das du trägst die Sünden der Welt. Endlich ist die Messe aus, der Priester schlägt vor, Lied 07 anzustimmen, *Komm, Heiliger Geist, auf uns herab*. Hans-Adam bewegt die Lippen kaum.

Nicht fahrlässig hatte Franz Josef II. seinen Ältesten in die Wirtschaft getrieben. Der Sohn, so der Vorsatz des Vaters, sollte richten, was ihm, dem gelernten Förster, mißlang. Das Haus Liechtenstein war im Begriff zu verarmen. Mangelte es an Flüssigem, verkaufte man Grund und Boden in

Österreich. Gab auch mal einen Frans Hals her oder einen Leonardo da Vinci, ›Porträt der Ginevra de Benci‹, für zwanzig Millionen Schweizer Franken.

Und also übertrug Franz Josef seinem Hans-Adam, der sich im fernen Spanien für die Unabhängigkeit der Basken entzündete, die Sorge um das fürstliche Vermögen, 1972.

Hans-Adam, kein Zögerling, gründete die Stiftung Fürst von Liechtenstein, brachte darin ein, was man hatte. Er befahl, ordnete, wie ihm gefiel, kaufte Farmen in den USA, verlor sie wieder, Onkel wüteten, Klagen ergingen, Hans-Adam setzte durch. Sein Fürstenhaus, heute, ist das reichste Adelsgeschlecht Europas, sechs bis sieben Milliarden Schweizer Franken, vielleicht viel mehr.

In achtzehn Ländern beschäftigt es tausendsechshundert Menschen, die Herren von Liechtenstein gehören zu den größten Grundbesitzern in Österreich, zwanzigtausend Hektar, Ländereien, Forstbetriebe, zeitweise war Hans-Adam II. der größte Schweinebauer im Land, zehntausend Exemplare, vorübergehend züchtete in den Vereinigten Staaten von Amerika niemand mehr Reis als die Liechtensteiner. Man hat Paläste in bester Wiener Lage. Die fürstliche Kunstsammlung allein ist vielleicht vier Milliarden Franken wert, Rubens, Van Dyck, Rembrandt, Raffael, Cranach, Möbel, Waffen, Teppiche, Silbergeschirr, Porzellan. Hans-Adam II. und sein Geschlecht besitzen auch eine Bank, LGT Bank in Liechtenstein, deren Direktor auch schon Ratschläge gab, wie man ausländische Steuerbehörden umgeht. Die Bank betreute im Jahr 2001 dreiundvierzig Milliarden Schweizer Franken. Und gewann hundertsechsundfünfzig Millionen Reines. Morgens ist Hans-Adam II., befreit von jeder Einkommenssteuer, Chief Executive Officer seiner Familie. Nachmittags herrscht er.

Gehet hin in Frieden, hofft der Pfarrer.

Ein junger Polizist, den schwarzen Kragen hochgeschlagen, springt aus der Kirchenbank, beugt, wie Katholiken es tun, andächtig das Knie. Wartet. Bis auch der Fürst aus der Bank tritt, fromm zu Boden geht. Sich zum Ausgang dreht und St. Florin mit großen Schritten rasch entwischt. Dann die Regierung. Dann der Landtag. Bleich und naß ist Liechtenstein am Schmutzigen Donnerstag, die Volksvertreter stellen sich unter ihre Schirme, rennen hinüber ins Regierungshaus, zweiter Stock. Wo Seine Durchlaucht, die man nicht warten läßt, Punkt zehn zur Maßregelung 2002 anhebt.

Haben Sie heute morgen, am Tag Ihrer großen schwierigen Rede, gebetet?

Hans-Adam betet oft und gern. Und manchmal dünkt ihn, es sei da jemand, der ihm antworte. Nur weiß er nicht, wer ihm antwortet. Seine Durchlaucht konsultierte Bücher und Schriften und gewann im Lauf der Jahre die Einsicht, daß zwischen Himmel und Erde mehr flirrt und flattert, als sich chemisch und physikalisch erhärten läßt. Parapsychologisches. Daran kommt ein kritischer Mensch nicht vorbei.

Doch Hans-Adam, glücklicher Verwalter des fürstlichen Vermögens, begeisterte sich nicht nur für Science-fiction, die er in langen Regalen hortete, er flammte für alles, was einer Rakete glich. Über die Atombombe dachte er nach und über den dritten Weltkrieg. Neununddreißig und noch immer nur Prinz, bestürmte er seinen Vater, ihn als Stellvertreter ins hohe Amt zu stemmen. Andernfalls, so drohte der Junge, könnte er sich einem weiteren Studium verloben. Der Alte gab nach, befahl seiner Regierung, die Landesverfassung entsprechend zu polieren, Liechtensteinisches Landesgesetzblatt 1984 Nr. 28. Und also übernahm Hans-Adam II., Vater von vier Kindern, das Sagen. Wurde Quasifürst von und zu Liechtenstein, 26. August 1984. Durfte, an Stelle des Vaters, die Gesetze des Landtages bestätigen oder auch nicht. Durfte den Landtag verschieben, schließen und – aus erheblichen Gründen, die er bestimmte – auflösen. Durfte Beamte einsetzen. Außenpolitik machen. Die Mitglieder der Regierung ernennen. Begnadigen. Zu verantworten, was er anstellt, hat der Fürst von und zu Liechtenstein nicht, weder strafrechtlich noch politisch. Dazu hält man sich eine Regierung, unten im Flachen.

Es regnet. Man wartet. Fünfundzwanzig Volksvertreter. Fünfzehn Journalisten. Vier Regierungsräte. Das Schweizer Fernsehen, das österreichische, Tele Südostschweiz, Radio L. Die Thronrede. Zehn Uhr vorbei. Der Fürst noch nicht im Landtagssaal. Ein heller Raum, lindengrün der Stuck. An den Wänden, glänzend und ölig, die Vorväter Seiner Durchlaucht, Liebhaber üppiger Perücken und bunter Bauchbinden. Warten. Wird er, wie schon so oft, dem Landtag die fürstliche Meinung geigen? Wieder drohen, Land und Volk zu verlassen, wenn das Parlament nicht endlich spurt? Nicht tut, wie ihm gefällt? Seine Vorschläge nicht in die Verfassung schreibt?

Dann ist Ruhe. Die Regierungsräte, die Volksvertreter spicken aus ihren Stühlen, stehen steif und schweigen, und Hans-Adam II., den Regierungschef demütig im Gefolge, stakst in den Saal, stellt sich unter die Büste von Urgroßonkel Johann II., 1858–1929, einundsiebzig Jahre Fürst, Fußnote im Guinness Buch der Rekorde. Hans-Adam lächelt, dreht sich zum Landtag. Breitbeinig steht er im Saal, die Fußspitzen gegeneinander gekehrt, er wartet, bis die Fotografen zur Stelle sind. Das Papier, das der Fürst in schlanken Händen hält, zittert. Stehend liest er vom Blatt, stehend hört man an. Sehr geehrte Landtagsabgeordnete.

Durchlaucht, es gibt Leute, die glauben, Sie litten unter Verfolgungswahn?

Das behaupten politische Gegner, die sich nicht anders zu helfen wissen.

Schwungvoll geruht Hans-Adam zu herrschen. 1987 verbot er einem Landrichter, der gegen Diners Club Suisse ermittelte, weil dieser sich erdreistet hatte, mit dem fürstlichen Wappen zu werben, ratzfatz jedes weitere Tun. Falls man im Land mit meiner Entscheidung nicht einverstanden ist, schrieb Hans-Adam, soll sich das Land einen anderen Namen und ein anderes Wappen zulegen. Mit freundlichen Grüßen.

Keiner verstand.

Ich will hier doch nicht nur den Grüß-August spielen.

Herbst zog ins Land, 1989. Fürstin Gina, Hans-Adams Mutter, die mit ihren Untertanen einst Wurst gegessen und das Wetter besprochen hatte, starb am 18. Oktober, ihr Mann, der geliebte schweigsame Fürst Franz Josef, zwei Monate später. Hans-Adam, der Erbprinz, wurde endlich Erster und Höchster im Staat. Fürst. Liechtenstein trauerte. Man rieb die Toten mit Balsam ein, legte sie neben St. Florin in eine Gruft, die dem Volk einmal jährlich offensteht.

Dem Neuen gefiel, sich nicht nur, wie es Brauch war, vom Landtag huldigen zu lassen, sondern vom ganzen Volk. Und so geschah, daß an Mariä Himmelfahrt 1990, dem Staatsfeiertag, Zelte vor dem Schloß standen, Tribünen, Teppiche waren gelegt, Fahnen flatterten, Gleitschirme schwebten, die Chöre und Kapellen des Landes kamen, sangen und jubelten, Ehre sei Gott in der Höhe. Der Bischof von Chur, ein gebürtiger Liechtensteiner und Vertrauter von Fürstin Marie Aglaë, der schon als Kind am liebsten Heilige Messe spielte, filetierte den Sinn des Lebens. Wir sind auf Erden, um in den Himmel zu kommen. Dann empfahl Fürst Hans-Adam II. seinen Staat, wie der Vater es schon getan hatte, der Mutter Gottes, Maria, Königin des Friedens, schütze mein Land vor allen inneren und äußeren Gefahren. Man sang die Hymne, hoch lebe der Fürst vom Land, hoch unser Vaterland, durch Bruderliebe Band vereint und frei. Endlich gab's Wurst und Tanz. Am Abend ein Spezialfeuerwerk. Letztes Bild, wie jedes Jahr, die Worte: Für Gott, Fürst und Vaterland.

Verzeihen Sie die Direktheit der Frage, Durchlaucht. Glauben Sie, wie manche flüstern, tatsächlich an Ufos?

Er glaubt an Gott.

Sehr geehrte Landtagsabgeordnete, spricht Hans-Adam in den hellen Saal. Ich kann nur wiederholen, was ich bei früheren Gelegenheiten gesagt habe: Dem Fürstenhaus geht es nicht um politische Macht.

Stumm stehen die Volksvertreter in den Bänken.

Lassen Sie sich nicht von einer kleinen Gruppe mißbrauchen, für die der Landtag nichts anderes ist als eine Figur auf dem Schachbrett, die man opfern kann in einem Verfassungsstreit, der schon längst Selbstzweck geworden ist. Stimmen Sie dem Verfassungsvorschlag zu. Das Volk wird Ihnen danken.

Hans-Adam zittert.

Drei Jahre nach dem Tod seines Vaters, im Herbst 1992, widerfuhr ihm, dem kalten Rechner, ein Schrecknis: Eine Rechnung ging nicht auf. Am 27. Oktober rief er die fürstliche Regierung aufs Schloß, befahl ihr, das Liechtensteinische Volk zur Frage, ob es dem Europäischen Wirtschaftsraum beizutreten wünsche, auf jeden Fall noch vor dem 6. Dezember abstimmen zu lassen. Denn am 6. Dezember würden die Schweizer sich zum Thema äußern, die nahen Europazauderer, mit denen man den Schweizer Franken teilte und einiges mehr.

Abstimmungstermine festzusetzen sei das Recht der Regierung, nicht des Fürsten, wehrte sich die Regierung.

Abstimmungstermine zur Außenpolitik sind Außenpolitik, meinte Hans-Adam.

Wer ist hier der Jurist, Durchlaucht oder ich? fragte der stellvertretende Regierungschef.

Hans-Adam zürnte. Und wurde laut: *Roma locuta, causa finita*. Rom hat gesprochen, der Fall ist erledigt.

Dann gab er seiner Regierung drei Stunden Zeit, sich recht zu bedenken. Andernfalls werde er sie senkeln, wie er seine Familie gesenkelt habe. Werde auch das Parlament auflösen und hinuntersteigen ins Regierungsgebäude, sich persönlich auf den Stuhl des Regierungschefs setzen und mit Notrecht herrschen und jeden Beamten entlassen, der nicht spurt.

Die Regierung hielt stand. Der Fürst rief für den kommenden Abend, siebzehn Uhr, den Landtag ein, um ihn zu entfernen. Ließ beim Fernsehlandeskanal bestellen, es sei um zwanzig Uhr fünfzehn eine Viertelstunde freizuhalten, während der sich Hans-Adam, Staatsoberhaupt, ans Staatsvolk wenden werde.

Krise in Liechtenstein. Der Monarch im Begriff zu putschen.

Ehemalige Regierungsmitglieder, besonnene ältere Menschen, die sich Überparteiliches Komitee für Monarchie und Demokratie nannten, eilten ins Regierungshaus, suchten zu vermitteln, fuhren hinauf zum Schloß, sprachen mit Hans-Adam, fuhren hinunter, ließen Plakate drucken: Wir stehen zu unserem Landtag. Liechtensteiner! Liechtensteinerinnen! Alle auf nach Vaduz, zum Regierungsgebäude, heute, Mittwoch, 28. Oktober 1992, um sechzehn Uhr dreißig. Fabriken gaben den Arbeitern frei, schickten sie zum Aufstand.

Und als der Fürst um siebzehn Uhr im Dorf eintraf – Marie Aglaë betete unterdessen bei Maria zum Trost –, lärmten und pfiffen zweitausend Menschen. Wir wollen unsere Regierung, keinen Diktator. Wir sind das Volk. Wir schützen die Monarchie vor dem Fürsten.

Steif und schnell entwischte Hans-Adam der Meute. Trabte ins große Haus und begann zu feilschen. Wollte in einer gemeinsamen Erklärung Sätze umgestellt haben, Worte austauschen. Um achtzehn Uhr fünf gab er auf, unterschrieb seine Niederlage. Die ewige Schwäre Seiner Durchlaucht.

Liechtenstein stimmte nach der Schweiz ab, die Schweiz sagte nein zum Europäischen Wirtschaftsraum, Liechtenstein meinte ja.

Aufgewühlt beschloß Hans-Adam eine neue Verfassung.

Drohte in seiner nächsten Thronrede, 1993, das Land zu verlassen, wenn nicht geschehe, wie ihm gefalle. Ja, antwortete er der ›Washington Times‹, ja, der Vorschlag, die Verfassung zu ändern, kam von meiner Seite.

Doch am Schmutzigen Donnerstag 2002 lehrt er das Parlament: Nicht das Fürstenhaus hat mit der Diskussion über die Stellung der Monarchie in der Verfassung begonnen. Daran möchte ich noch einmal erinnern.

Schweigen im Saal.

Die Einfälle Seiner Durchlaucht sind der Schrecken seiner Regierungschefs. Eigenhändig skizzierte er einst ein neues Kunstmuseum. Über Tauchanzüge stellte er Gedanken an, über Waffentechnik und Festungsbau. Die Einsteinschen Relativitätsgesetze erkannte er für richtig an, Lichtgeschwindigkeit ist keine Grenze, sondern eine Konstante. Das Christentum ist die Grundlage der modernen Welt, weil wirtschaftsfreundlich, der Staat ein Monstrum. Der Fürst, auf alles gefaßt, erwog gar die Militarisierung seiner hundertsechzig Quadratkilometer. Oder die Versteigerung von Arbeitsbewilligungen an Ausländer. Hans-Adam dilettiert mit Lust.

Ufos und ihre Besatzungen sind ihm zumindest möglich. Vor Extraterrestrischem will der Fürst, politisch verantwortlich, seine Augen nicht verschließen. Naiv käme es ihm vor zu glauben, wir seien in diesem Universum einzig und allein. Vorbereitet muß die Menschheit sein. Um nicht, wenn die seltsamen Anderen landen, deren Labormäuse zu werden.

Ich möchte doch darauf hinweisen, warnt der Monarch ab Blatt, daß die Geschichte des 20. Jahrhunderts leider allzu viele Beispiele kennt, bei denen selbsternannte Demokraten, ohne das Volk zu fragen, Monarchien beseitigt haben, um dann eine Diktatur einzuführen.

Im September 1993, elf Monate nach der Schmach vor dem Regierungsgebäude, sprach der Landtag dem Regierungschef, einem jungen überforderten Mann, der seit hundert Tagen erst im Amt war und bei Gelegenheit Akten zerriß und log, das Vertrauen ab. Statt den Regierungschef zu entlassen, wie die Volksvertretung es verlangte, entließ Hans-Adam die Volksvertretung. Und hielt den Unbedarften im Amt. Der dankte es seinem Herrn, unterschrieb flugs, am Parlament vorbei, Hans-Adams neues fürstliches Hausgesetz. Stimm- und thronfolgeberechtigt im Hause Liechtenstein ist nur, wer Mann ist, Art. 9.1. Heiraten darf nur, wer den Segen des Fürsten erlangt, Art. 7.1. Kommt eine Prinzessin außerehelich nieder, entscheidet der Fürst, ob das Kind von Liechtenstein heißt, 7.4.

Im Februar 1995 verbot er jenem Herrn, der ihn einst mit der Frage gereizt hatte, wer hier denn eigentlich der Jurist sei, jedes öffentliche Amt im Staat. Berufsverbot. Der Gelehrte und Richter, inzwischen Dozent für Liechtensteinisches Recht an der Universität Innsbruck, rief den Europäischen Gerichtshof für Menschenrechte in Straßburg an. Bekam recht. Hans-Adam II., schwer erziehbar, erließ Mitteilung Nr. 520: Die Konsequenz dieses Urteils wird sein, daß Seine Durchlaucht der Landesfürst in Zukunft darauf verzichten wird, privat oder öffentlich gegenüber möglichen Kandidaten zu begründen, weshalb sie nicht ernannt werden.

Das Jahrtausend war fast vorbei, und Hans-Adam von Liechtenstein hatte die Verfassung, die er sich ersehnte, noch immer nicht. Barfuß und in kurzer Hose setzte er durch den Schloßwald, selbst im Winter. Immer wieder empfing er eine Kommission der Regierung, bat sie höflich ins Südrondell, bewirtete sie mit Hahnenwasser. Manchmal schlug er die schmale Hand aufs Möbel. Ich sage Ihnen, meine Herren, die Sache wird so kommen, wie das Fürstenhaus längst entschieden hat.

Meine Herren, wir sind Radikaldemokrat.

Wenn die Leute mich nicht mehr wollen, können sie ja Bill Gates holen und das Land Microsoft nennen.

Es ist Schmutziger Donnerstag im Fürstentum. Der Herrscher steht vor einem Stuhl, auf der Lehne leuchtet das Wappen des Hauses, Hans-Adams Gesicht ist leer und traurig, er leiert in den Saal: Lehnt man den Verfassungsvorschlag ab, so ist die Vertrauensgrundlage zerstört, welche es dem Fürstenhaus bis jetzt ermöglicht hat, für dieses Land politische Verantwortung zu tragen. Uns bleibt dann keine andere Wahl, als den Zustand wiederherzustellen wie vor 1938.

Bis dahin, 1938, hatten die Fürsten von Liechtenstein sich in Wien und Umgebung amüsiert. Wir haben das schon mal durchgerechnet: In Wien würden wir uns Zeit und Geld sparen.

Sehr geehrte Landtagsabgeordnete, schließt Hans-Adam II. die Schelte, für die vor Ihnen liegende Entscheidung wünsche ich Ihnen viel Erfolg und Gottes Segen. Ölig, ernst hängen bleiche Fürsten an der Wand.

Alle Richter des Landes will Seine Durchlaucht künftig ernennen. Jederzeit die Regierung entlassen dürfen. Mit Notrecht regieren. Das fürstliche Hausgesetz soll Verfassungsrang erhalten. Nicht nur die Taten des Fürsten, sondern auch die seines Stellvertreters würden unanfechtbar. Im Gegenzug dürfte das Volk dem Fürsten offiziell mißtrauen, Artikel 112. Wenn tausendfünfhundert Bürger, mit Name, Adresse, Unterschrift, dies wünschten. Der Landtag hätte dann eine Abstimmung anzusetzen, und spräche die Mehrheit sich gegen den Monarchen aus, entschiede der Rat der fürstlichen Familie, ob die Meinung der Untertanen ernst zu nehmen oder alles beim alten zu belassen sei. Sammelte jemand gar tausendfünfhundert Unterschriften für die Abschaffung der Monarchie und stimmte das Volk dem Ansinnen zu, hätte der Landtag eine republikanische Verfassung zu schreiben. Die schließlich wieder vors Volk müßte. Und der Fürst, wenn es ihm gefiele, dürfte Schritt für Schritt mit Gegenschritten behindern.

Durchlaucht, was ist zu tun, wenn die Außerirdischen kommen?

Mental hat Fürst Hans-Adam II. vieles schon durchgemacht. Selbst die Annahme, daß die Anderen längst unter uns sind. Immerhin tröstet, daß jene, die vielleicht schon seit Jahrtausenden unerkannt und außerirdisch auf Erden wandeln, offenbar von harmloser Anlage sind. Und nicht die Ausrottung der Menschheit planen. Sonst könnte der Fürst ja keine Interviews mehr geben. Und sie dann, wenn er sie schriftlich und in ganzen Sätzen vor sich hat, bis zur Unkenntlichkeit entkernen. Sie werden morgen einen neuen Text bekommen. Um Empfangsbestätigung wird gebeten.

Jetzt setzt sich Seine Durchlaucht in den schwarzen Stuhl, der hinter ihm steht. Und alle setzen sich, die Regierung, das Parlament. Und Hans-Adam zieht eine Socke hoch, schiebt die Hände zwischen die Schenkel. Kindliches schimmert aus seinem Gesicht, Mißtrauen in diese Welt, die zu klein ist für einen wie ihn. Anständig lauscht er dem Vortrag des Alterspräsidenten. Schießt jetzt, als der zu einem Ende kommt, sofort hoch. Flieht hinaus in den Audi FL 1. Hinauf aufs Schloß, weltraumwärts.

Von dort: Das Knarren der Brücke.

Silvia

Zehn Männer standen im Raum. Einer öffnete den Koffer und sah die kleinen Schuhe, die sie ihren Kindern gekauft hatte. Zehn Männer. Einer stellte Fragen. Wie viele Kinder hast du? Und sie wußte, die Fragen waren nur Schein. Man schloß den Koffer, sie sah die bunten Schuhe nicht mehr, und der Bus fuhr weiter, hinüber in die Sicherheit, Chile, Ausland, ohne Silvia Tolchinsky. Ich möchte vergessen, sagt die Frau, möchte mein Leben keinem erzählen, mein Leben gehört mir. Sie redet langsam, streichelt sich den Hals. Dann war Ruhe. Und sie wußte, diese Schuhe siehst du nie mehr. Es war ein heller Tag. Der 9. September 1980. Am frühen Morgen war sie in Mendoza in den Bus gestiegen, um Argentinien zu verlassen. Wo sie geboren war. Das sie liebte. Ein Land, beherrscht von Generälen, die folterten, mordeten, tausendfach, seit sie sich Jahre zuvor an die Macht putschten, 1976, 24. März. Der Bus hielt in Las Cuevas, dem Grenzort, es war Mittag, ein Mann sagte: Mitkommen. Silvia Tolchinsky dachte, so also ist es, wenn sie einen schnappen. Sie ist klein, sie zitterte. Einer schloß den Koffer, und sie sah die Schuhe ihrer Kinder nicht mehr. Zehn Männer. Straßenkleider. Sie nannten sie eine Hure der Subversiven, der Verräter von Vaterland, Familie und Kirche. Man schrie, man schlug, zerrte ihr die Ohrringe aus dem Fleisch, alle Kleider vom Leib, jemand drückte eine Pistole an ihren Kopf. Zehn Männer der Institutos Militares. Ich möchte schweigen und muß reden. Ihre Stimme ist tief und einsam.

Silvia Tolchinsky überlegte, wegzulaufen bei nächster Gelegenheit, damit man sie erschieße. Sie dachte an die Giftkapseln, die sie, eine Montonera, Frau im Untergrund, oft mit sich getragen hatte. Zyankali, das sie zweimal schon im Mund hatte, wenn Soldaten, Polizisten, Geheimagenten sich ihr näherten in den Schluchten von Buenos Aires. Wir waren Sozialisten, glaubten an den neuen Menschen, an Gerechtigkeit und Aufbruch, wir suchten den Umsturz, damit Argentinien sich neu ordne. Und wir, die Montoneros, begriffen uns als Vorhut. Als Avantgarde des Besseren. Sie lächelt aus rotem Polster, lächelt und schließt die Augen. Ich studierte Geschichte, weil ich es für meine revolutionäre Pflicht hielt, ich wollte, daß der Holocaust sich nie wiederhole. Zehn Männer und eine Ewigkeit. Man gab ihr die Kleider zurück, verband ihr die Augen, fesselte sie an Händen und Füßen und zwang sie in ein Auto, fuhr los. Dann stieg man aus, führte die Frau irgendwohin, es war kühl, es hallte, sie mußte sich bücken, eine Höhle. Frau Tolchinsky, was hat Ihre Kindheit geprägt? Silvia Tolchinsky fährt sich über das schwarze Haar. Wenn abends mein Vater, ein Kettensägenhändler, nach Hause kam, die Zeitungen unter dem Arm, und mit dem Papier dann zu reden begann, die Zeitungen mit Leidenschaft lobte oder tadelte. Sie schweigt. Unvergessen ist mir, wie ich eines Tages auf dem Arm einer Nachbarin, die mir Essen reichte, eine blaue Zahl entdeckte, Auschwitz, ich war dreizehn, ich erschrak sehr, der Holocaust brach in mein Leben, war tatsächlich und hier, und ich, noch Kind, wollte helfen, konnte nicht, kam zu spät. Schritte hallten, Männer schrien, befahlen ihr, sich zu setzen, Silvia Tolchinsky setzte sich, einer sagte, sie habe Glück, ihnen, den Institutos Militares, in die Hände gefallen zu sein und nicht anderen Einheiten der argentinischen Armee. Die nicht zaudern mit Abfall wie dir. Sie saß in der Höhle, die Augen verbunden, in Ketten gelegt, und dachte an die Worte einer Freundin, Genossin, Montonera, die die

Folter überlebt hatte und freigekommen war. Kollaboration ist keine Garantie, daß du überlebst, gerade die größten Verräter bringen sie um, hatte die Freundin gesagt. Und erzählt, was man mit ihr gemacht hatte, Silvia Tolchinsky ertrug das Grauen nicht, sie bekam Zahnschmerzen, damals, heftig und rasch, mußte zum Arzt. Der nicht verstand, was ihr weh tat. Frau Tolchinsky, die Montoneros entführten, mordeten. Haben Sie je getötet? Flugblätter habe ich verteilt, ich brachte Schriften von einem Ort zum andern, arbeitete in der Führung der Organisation mit, ich bin ein ängstlicher Mensch, bei bewaffneten Aktionen war ich nie dabei. Ich habe nicht getötet. Ich weiß nicht, was ich getan hätte, hätte man mir das Töten befohlen, ich weiß es nicht, *no sé.* Sie schweigt, krümmt sich über den Tisch in ihrem Haus, führt den Finger über die Maserung des Holzes. Wir waren nicht sehr kritisch, sagt sie. Aber ich war Mitglied. Bin verantwortlich. Man schob Silvia Tolchinsky wieder in ein Auto, brachte sie in die Stadt Mendoza, band sie an ein Bett. Jemand stellte Fragen. Wann bist du geboren? Am 9. März 1948. Wo? In Buenos Aires. Bist du Jüdin? Ja. Wo ist dein Mann? Tot. Wieso? Am 8. Juli 1978 wurde er von Geheimpolizisten entführt und in die Escuela de Mecánica de la Armada gebracht, fünf Tage später lag seine Leiche im Parque Centenario in Buenos Aires. War er Montonero? Ja. Kennst du Marx? Ja. Drei Tage war sie schon in Mendoza, ohne Wasser, ohne Brot, vermummt und gefesselt, in einem Schulhaus gefangen. Und immer war einer neben ihr. Eine Stimme, die fragte, fragte, schrie und ihr zu reden befahl, erzähl uns alles, erzähl uns dein ganzes Leben, und wehe, du vergißt etwas, wir wissen genau, wo deine Kinder sind. Silvia Tolchinsky begann, von ihrer Großmutter zu reden, die aus Odessa floh, 1905, als die Christen sich über die Juden hermachten. Die Jiddisch sprach und ihr, der Enkelin, ein Wort hinterließ, das es im Spanischen nicht gibt: Mensch. Und sie erzählte, daß sie im Norden der Stadt

Buenos Aires die Schulen besuchte. Daß sie, beim Putsch gegen Perón, 1955, auf der Plaza de Mayo den Lärm der Bomben hörte. Daß sie in den Schulbüchern die Bilder des Gestürzten und seiner berühmten Evita mit weißem Papier überkleben mußten. Daß daß daß. Die wußten nicht, was sie mich fragen sollten, wußten nicht, was mit mir machen. Und ich redete und redete, dachte, so lange du redest, lassen sie dich leben, ich redete um mein Leben, und plötzlich hörte ich meinen Peiniger schnarchen. Ab morgen, sagte schließlich einer, gehört dein schöner Körper dem Bataillon 601. *Servicio de Inteligencia del Ejército,* SIDE, gefürchteter Folterertrupp des Heeres. Viel Spaß, sagte einer. Die Augen verbunden, zwangen sie Silvia Tolchinsky in ein kleines Flugzeug, die Hände auf dem Rücken, sie hörte die Stimme des Piloten, Landung in Córdoba, dann in Campo de Mayo, einem Armeegelände bei Buenos Aires. Man stieß sie in einen Wagen, drückte sie auf den Boden, sie merkte, daß eine Schranke aufging, sich schloß, der Wagen verließ die Anstalt, rollte endlich über Kies und hielt vor einer Quinta, einem Wochenendhaus, umflossen von Rasen, nicht weit von Campo de Mayo. Dort blieb ich elf Monate. Ich will nicht, daß mein Leben zum Roman wird, und doch rede ich, muß reden und erklären, ich habe keine Wahl, sagt die Frau. Man führte sie in ein Zimmer, fesselte sie auf ein Bett, die Arme hingebreitet, eine Kette zwischen den Füßen, zwei Ketten, unter der Pritsche, zwischen Füßen und Armen, regungslos, blind. Sie hörte Menschen, Nachbarinnen, die Wäsche aufhängten, Nachbarn, die Zucker in Tassen rührten, Kinderlieder. Hörten diese Menschen das Rasseln meiner Ketten nicht? Wollten sie nicht hören? Sie windet sich den seidenen Schal um Arme und Brust. Oft fragte ich mich, warum erkennen meine Folterer in mir keinen Menschen mehr, nur noch Quälbares? Einer lärmte: Ein neues Paket ist hier, laßt es uns öffnen. Der Raum, in dem sie gefesselt lag, schien ihr riesig, er war klein. Jeden Morgen um sieben Uhr trat jemand ins Zimmer, brachte Matetee, und Silvia Tolchinsky durfte sich aufsetzen. Dann führte man sie ins Bad, sie war auch dort nie allein, Toilettengang dreimal täglich, Ausnahmen nicht erlaubt. Dann, vielleicht am vierten Tag im Wochenendhaus, auf ihr Bett gebunden, hörte sie, wie Männer in ihr Zimmer kamen, Eisenstangen schlugen gegeneinander, die Männer fluchten und schimpften, und sie wußte, das ist die Picana, dic sie vorbereiten, das Metallbett, auf das sie dich fesseln, um elektrische Stöße durch den Leib zu jagen. Sie schrien, nannten sich *el Ratón,* die Ratte, oder *el Tío,* der Onkel, einer hieß *el Viejo,* der Alte, ein anderer *el Gitano,* Zigeuner, *el Negro, Cacho, Fito,* Carlos. Nun bist du an der Reihe. Silvia Tolchinsky dachte an ihre Eltern, die nicht wußten, ob sie noch lebte. Jemand knurrte, Kleines, wir sind Löwen und haben Hunger, du mußt uns schon Kuchen schenken, damit wir dich nicht fressen. Dann stellte er eine Frage. Silvia Tolchinsky antwortete nicht. Sie hörte einen lauten tiefen Schrei, roch verbranntes Fleisch, und sie merkte, daß man einen Menschen an ihre Seite gebunden hatte, einen Mann, sie stellten ihr Fragen, folterten den Fremden, Frage? Schrei, Frage? Schrei, Frage? Schrei, verbranntes Fleisch. Eine Frauenstimme: Hier drin mußt du lernen, die nächsten fünf Minuten zu überleben. Jetzt schrie der Mann, den sie quälten, ich bin Padre Jorge Ardur. Silvia Tolchinsky ertrug den Schmerz des andern nicht länger, sagte, ich erzähle euch, was ich weiß, viel ist es nicht, und sie erzählte, daß sie, zusammen mit den drei Kindern, nach dem Tod ihres Mannes nach Kuba zog, Befehl der Organisation, daß sie vor fünf Monaten als Kurierin nach Argentinien zurückkam, daß die Person, die sie treffen sollte, nicht erschien, daß sie die Dokumente deshalb zerstörte, Frage? Schrei, Frage? Schrei. Und die Männer sagten, Mädchen, halt uns nicht zum Narren, was du redest, wissen wir längst. Sie wußten alles, sagt Silvia Tolchinsky. Die Montoneros waren längst aufgerieben, von fünftausend

Mitgliedern im Jahr 1976 lebten 1980 noch vierhundert, neun von zehn Gefolterten hielten dem Elend nicht stand, verrieten Namen, Orte, Geheimnisse, wurden dann erschossen, erschlagen, erwürgt, aus Flugzeugen lebend ins Meer geworfen, einige Tausend Menschen. Jeden Morgen um sieben trat eine Stimme an ihr Bett, brachte Matetee, sagte, wir sind Löwen und haben Hunger, gib uns Kuchen, damit wir dich nicht fressen. Elf Monate lang lag sie dort, die Augen verbunden, in Ketten gelegt, sie hörte die Löffel der Nachbarn, die Zucker rührten, Kinderstimmen, elf Monate, *si, señor, si, señor.* Und plötzlich läutet jemand an der Tür, zwei Männer, höflich fragen sie, wer in diesem netten Haus lebe, Volkszählung, und du weißt nicht, ob du schon verrückt bist, und du weißt nicht, ob du schreien sollst, damit die Volkszähler dich hören, und dann fällt dir ein, daß dein Schreien zwei Schuldlose in Gefahr bringt, man wird sie töten, wenn sie dich hören, man darf dich nicht hören, es gibt dich nicht mehr. Denn der Mensch ist auch, was andere in ihm erkennen, sagt Silvia Tolchinsky, schiebt die schmalen Hände zwischen die Knie, und wenn andere in dir nur noch ein Paket sehen, wirst du zum Paket. Sie wollte nicht sterben. Dachte an ihre Kinder, die sie, bevor sie Kuba verließ, in ein Heim gebracht hatte, dachte an die Worte ihrer Freundin, die die Folter überlebte: Laß deinen Folterer nie merken, wie zerstört du bist. Den Anblick deiner wahren Zerstörung erträgt er nicht. Dann nimmt er dir, um sich zu befreien, dein Leben. Silvia Tolchinsky sang Tangolieder, sie sang sie leise und ständig. Einer, vielleicht *el Viejo,* vielleicht *Fito* oder Carlos, ließ sie einen Brief, ohne Datum, an ihre Schwiegermutter schreiben, bitte, nimm meine Kinder zu dir, sie sind in Havanna in einem Heim. Einer gab ihr einmal Fisch zu essen, statt billige Wurst, und eine Stunde später schlich der Folterer an ihre Pritsche, flehte, ihn nicht zu verraten, Fisch statt Wurst sei gegen das Gesetz. Alles machten sie mit mir, sagt Silvia Tolchinsky, alles, einzig auf ihr elektrisches Bett legten sie mich nicht. Mit dir, sagten sie, haben wir Besseres vor. Einer gab ihr, statt fünf, sechs Zigaretten, dann bettelte er, verrate mich nicht. Manchmal brachten sie die Frau in ein anderes Zimmer, setzten sie an einen Tisch, sagten, so, nun wollen wir etwas Gutes essen, und holten einen anderen Gefangenen, setzten ihn neben sie und trugen dann das Mahl auf. Und begannen, als sie nach der Gabel tasteten, zu schreien, ihr Hurenkinder, ihr Subversiven, was fällt euch ein, hier eure faulen Mägen zu füllen, sie schrien und schlugen, fesselten die Frau wieder ans Bett. Manchmal fragten sie, was willst du zum Frühstück? Und dann antwortete sie, Kaffee. Was glaubst du, wo du bist, du weniger als Nichts, Kaffee gibt es im Hotel Hilton, nicht bei uns. Silvia Tolchinsky sang Tangolieder, leise, damit ihre Wärter sie nicht hörten. *Tu angustia comprendió que era imposible / In deiner Angst begriffst du, es war sinnlos / Luchar contra la gente es infernal / Gegen die Leute zu kämpfen heißt höllische Qualen / Deshalb verließest du mich, ohne etwas zu sagen, meine Liebe.* Oft fragten die Männer, wann hast du deine Tage? Sag mir, wann du deine Tage hast, ich bring dir Binden, so viele du willst. Eine Stimme erzählte, drüben in Campo de Mayo habe sich ein Folterer an einer Gefangenen vergessen. Und die Frau habe sich beschwert. Also habe man sie umbringen müssen. Geht doch nicht, daß einer sich an einer Gefangenen vergreift. *Si, señor.* Frau Tolchinsky, haben Sie verraten? Sie schweigt. Ich glaube nicht, ich hoffe nicht, sagt sie und führt den Finger über die Maserung ihres Tischs. Ich überlebte, indem ich sie im ungewissen ließ, darüber, ob ich ihnen noch nützen könnte. Ständig tat ich so, versuchte so zu tun, als könnte ich ihnen irgendwann noch nützen. Wie im Fieber suchte ich nach Dingen, die ich ihnen erzählen könnte, Dinge, die ein bißchen wahr, meist aber erfunden waren, Dinge auch, die sie längst kannten, ich hatte keine Zeit, meine Folterer zu hassen, mußte nachdenken, wie ich überleben könnte. Will man sterben, ist man verloren. Ich fing an, kubanische Häuser zu beschreiben, Häuser in Havanna, in denen ich gewohnt hatte, die ich kannte, dann schrien sie mich an einen Tisch, schoben mir die Augenbinde hoch, und wochenlang schrieb ich, schrieb auf, wie in Havanna Häuser aussehen, wie viele Fenster, Balkone, Türen, und meinen Bericht übergaben sie dann einem der ihren, Bataillon 601, damit der zeichne, was ich erzählt hatte. Ich hoffe, daß ich niemanden verraten habe, ich weiß nicht, ob es mir gelungen ist. Sie fesselt sich den hellen Schal um Arme und Brust. Verstehen Sie? fragt Silvia Tolchinsky, sie lächelt, schwarze Hose, schwarze Bluse. Schweigt. Irgendwo bellt ein Hund. Ich kann nicht ausschließen, sagt sie, daß durch mich jemand leiden mußte. Sie fährt sich über das Haar. Möchte nicht, daß mein Leben zum Roman wird. Sie gab den Henkern vor, sie spräche Deutsch und Französisch, und einer, Liebhaber klassischer Musik, brachte ihr die Gebrauchsanweisung seiner neuen teuren Anlage von zu Hause mit, befahl ihr, die Worte ins Spanische zu bringen, die Frau erbat sich ein Wörterbuch, übersetzte während Wochen, *el ecualizador,* der Entzerrer. Manchmal legten sie ihr Artikel aus dem Wirtschaftsteil einer Zeitung hin, hießen sie, den Text zu erklären, denn ihre Generäle, Agosti, Massera, Videla, Viola, hatten das Land verschuldet, vierzig Milliarden Dollar, zwei Fünftel der Industrie lag zerstört, glaubst du, fragten die Folterer, Argentinien kommt je wieder hoch? glaubst du, wir könnten eines Tages entlassen werden? Silvia Tolchinsky überlebte. Die Folterer fragten sie, was soll man mit den Leichen der Gefolterten tun? irgendwo begraben? oder den Familien übergeben? und wenn wir sie den Familien zeigen, kann uns dies später nicht schaden? welchen Kuchen, *Chica,* schenkst du uns heute? Sie dachte sich weg. Dachte an Miguel, ihren toten Mann, der so lustig gewesen war und klug, blond und schön, Liebe auf den ersten Blick, damals, 1968, Silvia Tolchinsky war erst zwanzig. Miguel Villarreal aus La Plata, Vater ihrer drei Kinder, 1971, 1974, 1976. Miguel, den alle Chufo nannten. Der alles und nichts ernst nahm. Miguel. Der mit ihr in die Vorstädte zog, Ungebildeten das Lesen und Schreiben lehrte, den Sozialismus predigte. Mit dem sie alles teilte. Zuerst das Glück, dann die Panik. Sie dachte daran, wie sie sich, nach dem Putsch der Generäle, versteckten, von einer Wohnung in die andere flohen, nie zu Hause waren, den Kindern beibrachten, keinem zu sagen, wie sie hießen, andere Namen zu nennen. Der Ältesten schrieben sie auf, wen sie anrufen sollte, wenn ihre Eltern plötzlich verschwänden. Man fühlte sich umstellt, umzingelt, ständig in Gefahr, alles machte Angst, die Militärs waren überall, einmal sogar auf unserem Dach, ohne zu wissen, wer wir waren, sie fingen die Leute, als wären sie Fliegen, von der Straße weg, alles war Angst, wenn man Brot kaufte, in den Bus stieg, jemanden traf, einmal hagelte es auf das Haus, in dem wir lebten, es hagelte stark, und wir glaubten, die Soldaten schössen auf uns, Panik, und die Kinder verstanden nicht. Zyankali in der Tasche, Zyankali im Mund. Wenn ich mir heute etwas nicht verzeihe, dann die Kindheit, die ich meinen Kindern bot, sagt Silvia Tolchinsky sehr leise. Meine Kinder machen mir keine Vorwürfe, sie müßten es eigentlich, es wäre gesund für sie. Sie lag im Wochenendhaus vor den Toren von Campo de Mayo und dachte sich Miguel auf den Rand ihres Schragens, Miguel Villarreal, Montonero, Sekretär der südlichen Zone von La Plata, den die Schächer längst eingefangen hatten, Ecke Corrientes/Paraná, Buenos Aires, 8. Juli 1978. Den sie in einen Lieferwagen stießen. Und fünf Tage später tot in den Park Centenario warfen. Dann zu seinen Eltern fuhren und sagten, der Mann habe sich selber getötet, Liebeskummer. Silvia Tolchinsky, blind und gekettet, erzählte ihrem Mann, wie sie den Kindern seinen Tod beibrachte. Wie die Kleine, kaum zweijährig, fragte, ob es die bösen Männer waren, die dich töteten. Und der Knabe wollte wissen, ob du wohl, auch als Leiche, noch Schnauzbart trägst. Nur die Älteste, die dich verehrte, sagte nichts, sie litt sehr, stumm, Chufo. Und dann, als du tot warst und auf deinem Grab ein Kreuz stand, *Paz a Chufo,* verließen wir Argentinien, es regnete, als man dich in die Erde ließ, dein Vater sagte, *Chufo, Chufito, hasta el cielo te llora,* selbst der Himmel weint um dich, wir zogen nach Mexiko, dann nach Kuba. Dort waren wir ein ganzes Jahr. Bis mich die Organisation, verzweifelt darüber, daß wir schon fast besiegt waren, nach Argentinien schickte, mit einigen Dokumenten. Unsere Kinder, verzeih, brachte ich in ein Heim. Hier lebten nur Kinder von Montoneros, toten und noch lebenden. Beim Abschied griff die Kleine nach meiner Hand, ich weinte, und sie sprach, Mami, laß uns gehen, als wollte sie sagen, laß uns aufhören mit dieser Farce, Mami, laß uns für immer nach Hause gehen, irgendwohin, und ich antwortete, ich kann nicht, Kleines, ich muß so wichtige Dinge tun. Chufo. Als Silvia Tolchinsky, April 1980, nach Buenos Aires zurückkam, in die Stadt, in der sie geboren war, war wenig wie einst. Viele Genossen, Freunde waren nicht mehr. Verschwunden ohne Nachricht. Gefangen. Vielleicht tot. Ihre Stimme ist tief und müde. Ich möchte vergessen, möchte mein Leben niemandem erklären, und doch muß ich es. Meine Geschichte holt mich ein. Die erste Nacht in der Heimat verbrachte die Frau in einem Hotel. Vorsichtig schaute sie aus dem Fenster, erkannte einen Wagen der Polizei. Silvia Tolchinsky schlich aus dem Zimmer, versteckte sich, bis es Morgen war, neben dem Wassertank des Hotels. Ging sie durch die Straßen, sah sie in alle Schaufenster, suchte im spiegelnden Glas Verfolger. Klopfte sie an eine Tür, fürchtete sie, Soldaten warteten dahinter. Alle hatten Angst, alle machten Angst. Sie war eine Fremde. Zweifelte, ob richtig sei, was sie tat. Konnte nicht anders, als es zu vermuten. Die Revolution. Noch nie so nahe wie jetzt. Nie mehr Holocaust. *Nunca más.* Ich betrog mich wohl selber, ich ahnte, daß ich längst Sinnlosem aufsaß, Rädchen in einer Maschine war, das sich drehte und nie aufhörte, sich zu drehen. Eine Leerläuferin. Doch machte ich weiter. War es den Toten schuldig. Und ich ahnte, irgendwann erwischen sie dich, irgendwann bist du an der Reihe. Man wartete, harrte aus. Daß man dabei sterben konnte, tröstete einen. Wo alles Angst ist, ist der Tod Zuversicht. Silvia Tolchinsky stellte sich vor Fabriken, verteilte Blätter, die Arbeiter staunten und verstanden nicht, was sie wollte. Fünf Monate blieb sie in Buenos Aires und sehnte sich krank nach ihren Kindern. Am Morgen des 9. September 1980, acht Uhr, bestieg Silvia Tolchinsky in Mendoza einen Bus, der sich nach Chile aufmachte. Ein heller Tag. Las Cuevas. Mitkommen, sagte einer. Zehn Männer standen im Raum. Eines Tages brachte man einen Gefangenen an das Bett, auf das sie gekettet war. Man nahm ihr die Augenbinde ab, sie sah Lorenzo Viñas, Dichter und Genosse. Er lächelte, seine Beine waren voller Blut und Flecken. Er griff in sein Hemd, zeigte der Frau das Foto eines Kindes. Drei Wochen alt sei seine Tochter gewesen, als man ihn entführte, sprach er, und er lächelte und hielt das Bild in zitternden Händen. Sie redeten über Muttermilch und Windeln. Und irgendwann später, ich weiß nicht mehr, wann, führten sie Lorenzo wieder an meine Tür, ich glaube, ich konnte ihn sehen, ich bin mir nicht sicher, und ich wußte, nun wird er verlegt, ein Paket geht ab, ein Mensch wird getötet, und Lorenzo wußte es auch, er schien glücklich zu sein, er tänzelte, ich hörte, daß er tänzelte, er war glücklich und sagte zu seinem Bewacher, paß mir auf die kleine Silvia auf, und sie brachten ihn weg, ich sah ihn nie mehr, niemand sah ihn je wieder, ich wurde ohnmächtig. Achtzehn Gefangene, sieben Frauen und elf Männer waren in den Zimmern jenes Wochenendhauses am Rand der Stadt Buenos Aires, miteinander, nacheinander, junge Montoneros, nach Argentinien zurückgeschickt, um mit letzter Kraft den Umsturz zu schaffen, die Contraofensiva der Organisation. Von ihnen überlebte nur Silvia Tolchinsky. Im Dezember 1980 warf man die Frau wieder in ein Auto, die Binde verrutschte, sie las ein Straßenschild, Calle Conesa 101, ein Eckhaus, wieder kettete man sie an ein Bett, hörte sie die Nachbarinnen. Ein Wärter legte ihr eines Tages Fotos hin. Deine Kinder, sagte der Mann. Und Silvia Tolchinsky sah drei Kinder, die im Hauseingang ihrer Schwiegermutter standen. Sie schaute sie lange an. Fragte, wer sind diese Kinder? Deine, sagte der Mann. Das sind nicht meine Kinder, sagte sie. Das sind sehr wohl deine Kinder, sagte der Folterer. Das sind nicht meine Kinder, sagte sie. Dies sind deine drei Kinder, ich schwöre es bei meinen. Und Silvia Tolchinsky wußte nicht, ob sie längst verrückt sei. Gab es im Kerker Trost? Sie schließt die Augen, macht sich klein und schweigt. Trost? Die Phantasie, die Gegenwelt, die ich mir schuf, ich dachte mich zu meinem Mann, der tot und irgendwo war, zu meinen Kindern, die nun bei meiner Schwiegermutter lebten, ich überlegte, was ich alles unternehmen würde, wenn ich hier rauskäme, stellte mir vor, ich würde ein Haus kaufen, ein altes schönes Haus, und darin eine Bibliothek einrichten für alle Kinder und alle Nachbarn, ein Haus des Friedens, der Begegnung. Ich dachte ständig an die Zukunft, obwohl ich an eine Zukunft nicht glaubte. Sie schweigt wieder. Mich tröstete auch eine Blume, die ich roch, Jasmin de Cabo, sie stand wohl vor meinem Fenster, ich konnte sie nicht sehen, ich roch sie ständig, sie war meine Vertraute, Jasmin de Cabo. Sie lächelt und wird stumm. Ich rede nicht gern mit Journalisten. Und schließlich zeigte man der Frau Bilder ihrer wirklichen Kinder, auf dem Schulweg, im Hauseingang, im Wohnzimmer der Schwiegermutter, he *Chica,* uns entgeht nichts, wir wissen alles, welchen Kuchen gibst du uns heute? Ein Bewacher setzte sich an ihr Bett, er war freundlich, fragte, Mädchen, wer hat gesiegt? Silvia Tolchinsky antwortete: Sie, mein Herr. Nein, sprach der Folterer, die Rebellen haben gesiegt, indem sie uns zwangen, Dinge zu tun, die wir nie mehr loswerden. August 1981. Man stieß sie in ein kleines Flugzeug. Drei Männer zur Bewachung. Landung in Paso de los Libres, Grenze zu Brasilien. Man löste ihr die Binde aus dem Gesicht, führte sie in ein Haus an der Calle Brasil, zehn, zwölf Männer standen im Raum, Bataillon 601, ich war verwirrt, kann mich an diesen Tag kaum erinnern. Silvia Tolchinsky trug keine Ketten mehr, die Haut über den Knöcheln vernarbte, sie putzte die Zimmer ihrer Peiniger, kochte, wusch, war Sklavin, lebte mit ihnen. Jemand klopfte an die Tür, mach auf, befahlen die Männer, sie öffnete, sah vor sich ein kleines Mädchen in einem bunten Rock, das Lose verkaufte, das Mädchen lachte, Silvia Tolchinsky erschrak, plötzlich stand das Leben vor mir, das Unbegreifliche, sie fand kein Wort, ließ das Mädchen stehen und rannte ins Haus, in ihr Gefängnis. In Paso de los Libres, ständig umgeben von Soldaten, sehnte ich mich nach den Ketten zurück, diese Ketten waren mir auch Schutz gewesen, verstehen Sie? Kann man das verstehen? Man sperrte sie, direkt an der Stelle, an der die Busse hielten, die nach Brasilien fuhren, von Brasilien kamen, hinter Gitter. Von drei Männern bewacht, saß sie dort, wartete auf den nächsten Bus, wartete, bis ihr jemand eine Liste der Reisenden gab und deren Pässe, bis die Menschen, genau in der Folge der Papiere, die vor ihr gestapelt lagen, aus dem Bus stiegen, und hätte ich nun jemanden erkannt, sollte ich ihn verraten, das war mein Leben damals, fünf Monate lang, zwölf Stunden am Tag, manchmal sechzehn. Ich erkannte keinen. Verriet niemanden. Ende November 1981, Silvia Tolchinsky war seit vierzehn Monaten Gefangene, ohne Nachricht verschwunden, kamen einige Männer des Bataillon 601 aus Buenos Aires angereist, sie trugen Sonnenbrillen und lederne Mappen. Die Frau sah die Männer aus einem Auto steigen, sah, wie sie ins Haus an der Calle Brasil traten. Einer aber, etwas verloren, ging nicht mit den anderen, mir schien, der gehörte nicht dazu. Er war jung und klein, kam zu Silvia Tolchinsky, sie hatte Angst, er stellte sich vor, Gustavo Scagliuzzi. Seltsam, nie stellte einer sich vor, und wenn, dann als die Ratte, der Alte, der Zigeuner, der Türke. Claudio Gustavo Scagliuzzi. Ziviles Mitglied des Bataillon 601. Er sah sie lange an, er schaute sich um, Angst in den Augen, es ist schwierig zu beschreiben, es war Besonderes in seinem Blick, ich nenne es das Andere, ich glaube, in seinen Augen glänzte die gleiche Angst wie in meinen, und ich hatte das Gefühl, er sähe, obwohl er beim Bataillon war, zum ersten Mal eine Gefangene, das Ergebnis seiner Arbeit. Er sprach, er wüßte genau, wer sie sei, er, eigentlich Architekturstudent, habe die kubanischen Häuser zeichnen müssen, die Silvia Tolchinsky vor Monaten beschrieb. Dann wurde er leise. Man sei nach Paso de los Libres gekommen, flüsterte Scagliuzzi, um ihr eine Falle zu stellen. Denn es könne kaum sein, daß sie, Silvia, während Monaten von den Tausenden, die aus den Bussen stiegen, keinen erkenne. Man wird dich prüfen, sagte er. Wie denn? Ich weiß es nicht. Dann schwieg Scagliuzzi und ging zu den anderen. Ich dachte, vielleicht ist gerade dies die Falle, vielleicht ist er meine Falle, in die ich treten soll. Er ist einer von ihnen. Er gehört dazu. Bataillon 601. Ich weiß nicht, was ich dachte. Die Männer fuhren weg, und Silvia Tolchinsky saß wieder hinter Gittern, sah Menschen über die Grenze gehen, zwölf Stunden am Tag, wochenlang. Monate später, die Zimmer ihrer Folterer putzend, entdeckte sie eine Mappe. Papier darin. Sie putzte weiter, kehrte zur Mappe zurück, überlegte, das Papier zu lesen, ich hoffte, ich erführe so die Namen meiner Folterer. Die Männer saßen vor dem Fernseher, einer in der Toilette, Silvia Tolchinsky zog das Papier aus dem Leder, ein Paß, sie öffnete ihn, der Ausweis ihres Cousins, ich erschrak. Dessen Frau, Montonera, war zwei Jahre zuvor in Brasilien entführt worden, März 1980, hatte, als man sie von der Straße wegfing, den Paß ihres Mannes bei sich getragen. Silvia Tolchinsky wußte, dies wird deine Falle. Ich wußte, daß der Cousin, auch er ein Montonero, nie erwischt worden war, ich wußte es nicht, ich hoffte es. Eines Nachts holte man sie aus dem Bett, trieb sie hinter die Gitter am Grenzübergang, Soldaten überall. Ein Bus fuhr vor, hielt aber nicht, wie bis dahin, direkt vor ihrem Versteck, etwas abseits, man brachte ihr die Pässe der Passagiere, nicht aber eine Liste mit deren Namen, es war sehr dunkel, Februar 1982, die Menschen, einer nach dem andern, traten aus dem Bus, und plötzlich habe ich den Paß meines Cousins in der Hand, und obwohl ich wußte, daß mir dies irgendwann geschähe, erschrak ich sehr, ich zitterte, wurde bleich, Panik, ich weiß nicht, ob Sie verstehen? da habe ich den Paß dieses Verwandten vor mir, von dem ich hoffe, daß er noch lebt, und gleichzeitig weiß ich, daß der Paß längst im Besitz der Soldaten ist, was soll ich tun? was, wenn der Cousin trotzdem im Bus sitzt? was, wenn ich ihn verrate? mir wird schlecht. Silvia Tolchinsky sagte, dies ist der Paß meines Cousins. Ein Geschrei ging los, Soldaten rannten, Gewehre, Lichter, man spielte Verhaftung, umstellte den Bus und alle, die darin gereist waren, das Vaterland in Gefahr, man schloß Silvia Tolchinsky ins Haus an der Calle Brasil, schloß sie in einen Raum, sie zitterte, wußte nicht, wie ihr geschah, ihr war schwindelig, der graue Koffer ging zu und sie sah die bunten kleinen Schuhe nicht mehr, die sie ihren Kindern gekauft hatte. Die Frau wurde krank, stand während Tagen nicht mehr auf, und einer trat an ihr Bett, flüsterte, sei ruhig, dein Cousin war nicht im Bus, verrate mich nicht. Doch auch dies konnte ich nicht glauben, ich konnte niemandem mehr trauen, hatte diese Fähigkeit nicht mehr, ich war allein, alles, was mich umgab, diente der gleichen Sache, meiner Demütigung, meiner Zerstörung, nur er, dieser Gustavo, der mich gewarnt hatte, schien mir anders. Sie krümmt sich über den Tisch, kratzt sich die schmalen Hände. Ich habe niemanden verraten, und darauf bilde ich mir nichts ein. März 1982. Wieder in Buenos Aires. Man befahl Silvia Tolchinsky in eine Wohnung an der Calle Pueyrredón, vielleicht, sagte man, lassen wir dich bald frei, vielleicht auch nicht. Sie durfte das Haus nicht verlassen, du weißt, daß wir wissen, wo deine Kinder sind. Ich wollte nicht fliehen. Zwei Kerkermeisterinnen lebten mit ihr, ließen sie nicht aus den Augen, Schichtwechsel am Freitag. Die Generäle begannen den Falklandkrieg gegen Großbritannien. Und eines Tages trat Gustavo Scagliuzzi ins Haus an der Calle Pueyrredón. Er war schüchtern und anders, in seinen Augen, noch immer, glimmte Angst. Wie es gehe, fragte er, ob man etwas brauche. Am nächsten Tag brachte er Tassen, Gläser, Besteck, ich verstand nicht, was er suchte, wieso er kam. Er kam immer wieder, ließ ein Buch liegen, kam wieder, um es zu holen. Er ließ seine Jacke zurück, holte sie. Er sprach wenig. Schließlich war er einfach da, sagt sie, es gab keine Gefühle, ich lebte mit meiner Trauer, er mit seiner Freundin, aber er war da, fragte, ob man etwas brauche. Sohn eines Generals, Architekturstudent, ziviler Angestellter des Bataillon 601, IN-8. Manchmal fuhren Soldaten vor, Straßenkleider, dann zogen sie Silvia Tolchinsky aus ihrem Käfig, laß uns ein bißchen spazieren, und sie zwangen sie über die Plätze der Stadt, schritten hinter ihr, warteten, bis jemand sie anspräche, eine Genossin, ein Montonero, um ihn sofort wegzusperren, ich, der Köder. Die Generäle waren müde, Falkland verloren, die Geheimdienste suchten. Und tatsächlich kam einmal eine Bekannte auf mich zu, ich sah sie zu spät, sie redete mich an, ich sprach auf sie ein, als sei ich einst mit ihr zur Schule gegangen, ich redete Unsinn, verzog das Gesicht, bis sie merkte, in welcher Gefahr sie war. Panik. Hat Ihnen Gustavo das Leben gerettet? Zumindest hat er es mir zurückgegeben. Sie zieht die Schublade des Tisches, alles ist langsam an ihr, ihr Reden, ihr Verstummen, sie schiebt ein Bild über das Holz, ein Mann, Claudio Gustavo Scagliuzzi, unsicher lächelnd. Er, sagt sie. Ich rede mit Ihnen, damit ihm geholfen wird. Schweigt. Silvia, sagte Gustavo Scagliuzzi, schreib deiner Familie, daß du noch lebst, die Welt soll erfahren, daß es dich gibt, um so schwerer wird es dem Bataillon fallen, dich noch umzubringen. Eine Falle? Will er, daß ich meinen Eltern schreibe, um mich dann um so sinnloser zu töten? Sie schrieb. Und Gustavo Scagliuzzi, Bataillon 601, steckte den Brief unters Hemd, bat seine Schwester, die nichts ahnte, ihn abzuschicken. Oft kam er in die Wohnung, schob die Kerkermeisterin in einen anderen Raum, flüsterte seiner Gefangenen zu, man wird dich morgen verhören, dies und das wird man dich fragen. Und dann berieten Silvia Tolchinsky und Gustavo Scagliuzzi, was sie sagen sollte. Gustavo brachte Zeitungen, brachte die Welt ins Haus an der Calle Pueyrredón. Wenn er nicht bei mir war, hatte ich Angst, ich wurde abhängig von ihm, bis heute bin ich es, wir sind uns abhängig bis heute. Sie legt das Gesicht in ihre schmalen Hände. Im Treppenhaus bellt ein Hund, ein Fahrstuhl summt. Verstehen Sie? Kann man mich verstehen? Gustavo war das Andere für mich, er war mir der mutigste Mensch, der an einem Ort, wo es kein Gewissen gab, seinem Gewissen folgte, er war, indem er mir half, ständig in Gefahr, er schob sich zwischen mich und das Bataillon 601, er war mein Spitzel, mein Beschützer. Du mußt dich deiner Familie zeigen, sagte er, dann wird man dich nicht mehr einfach töten können. Die Frau nannte ihm den Namen eines Onkels in Buenos Aires, Scagliuzzi rief den Onkel an, bestellte ihn an einem bestimmten Tag, Juli 1982, in die Calle Tupumán in eine bestimmte Bar, deren Namen ich vergessen habe, sagte ihm, dort werde er seine Nichte Silvia treffen, bewacht von einer Wärterin, eine zufällige Begegnung, verstehen Sie? Und der Onkel kam, weinte fast, und Silvia Tolchinsky, die Kerkermeisterin neben sich, sagte, was sie mit Scagliuzzi besprochen hatte, vor zwei Jahren habe ich mich von den Montoneros getrennt, ich habe seither in Verstecken gelebt, aus Angst vor der

Rache der Genossen. Wochen später schlug Scagliuzzi der Frau vor, ihre Kinder zu besuchen. Ich wollte nicht, daß sie mich sähen, bevor ich wirklich frei wäre. Scagliuzzi suchte einen Vorwand, die Gefangene Tolchinsky nach La Plata zu fahren, in die Nähe ihrer Schwiegermutter, wo die Kinder lebten. Calle 62. Silvia Tolchinsky, klein und zitternd, sah von weitem ihre Kinder. Erkannte die Jüngste nicht mehr. Es war furchtbar, sagt sie. Frau Tolchinsky, was macht Sie sicher, daß Gustavo nicht folterte, nicht mordete? Sie nickt, sie schweigt. Es wäre ganz furchtbar für mich, wenn es so wäre. Ich glaube ihm, sagt sie mit brüchiger Stimme. Ich glaube ihm, weil in seinen Augen diese Angst war, die auch in den meinen war. Ich glaube ihm. Schweigt. Was bedeuteten Sie ihm? Es war nicht Liebe, sagt Silvia Tolchinsky, die Liebe kam später, ich weiß es nicht, weiß nicht. *No sé. No sé.* Ich glaube, ich war die erste Gefangene, die er sah. In mir erkannte er, was er tat, wo er war. Ich glaube, er suchte jemanden, der ihm half, der Welt zu entkommen, deren Teil er war, der Folterwelt. Ja. Er suchte nicht mich. Unsere Liebe, später, begann wortlos, sie erwuchs aus Schweigen, aus Blicken, Gesten, Taten, *no sé.* Sie schweigt. Dies hatte mit dem Tod zu tun, der einem ständig vor Augen stand, ihm und mir. Ja. Sie führt den Finger über das helle Holz. November 1982. Erste Massengräber wurden entdeckt, die argentinischen Gewerkschaften riefen zum Generalstreik. Und irgendwann verstand ich, daß Gustavo genauso gefangen war wie ich. Er war der Sohn eines Generals, war 1975 schon, noch vor dem Putsch der Folterer, zum Bataillon gekommen, weil er so sein Studium weiterbetreiben konnte, Gustavo war zu schwach oder zu feige, das Bataillon zu verlassen, als er merkte, wozu es gut war. Gustavo wußte, was geschah, er wollte es nicht wissen, er dachte, er bliebe, wenn er nichts wüßte, frei von Schuld. Ein Schreibtischtäter. Ich kann nichts entschuldigen. Er streifte den Tod von mir. Sie schiebt die Hände zwischen die Knie, macht sich klein.

Gustavo Scagliuzzi fuhr Silvia Tolchinsky vor die Wohnung des Onkels, es war Freitag, eine Wärterin brachte sie ins Haus, 5. November 1982. Ihre Eltern. Die Mutter holte ein Heft aus der Tasche, Gedichte der ältesten Tochter, elfjährig. Eines hieß, Mami, ich verstehe das Leben nicht, zünde mir die Lichter meines Weges an. Silvia Tolchinsky schlug die Seite um, las den Titel eines Gedichts, das nie geschrieben wurde, *La vida,* das Leben. Sie schweigt. Argentinien schuldete dem Ausland fünfzig Millionen Dollar, hunderttausend Menschen zogen durch die Straßen, schrien gegen die Regierung, die Generäle bereiteten den Abgang vor. Das Bataillon 601 beschloß, seine Gefangene Tolchinsky während der Nacht in der Wohnung des Onkels zu belassen, tagsüber aber ins Haus an der Calle Pueyrredón zu schließen, wir lassen mit uns nicht spaßen, *Chica,* denk an deine Kinder. Sie wußten nicht mehr, wieso sie mich gefangenhielten, wußten nicht, wie sie mich loswerden könnten. So saß die Frau, vierunddreißig Jahre alt, auf dem Sofa ihres Käfigs, tat nichts, wartete, bis es Abend wurde, tat nichts, wartete, schlief bei ihrem Onkel. Am 7. November 1982, kurz vor fünfzehn Uhr, ging die Tür auf. Ihre Kinder. Hielten sich an den Händen. Kamen nicht näher. Kamen nicht näher. Ich. Ich glaube, ich möchte das Gespräch für heute beenden. Ende Dezember 1982 kam ein Offizier des Bataillon 601 in die Wohnung an der Calle Pueyrredón, in der Silvia Tolchinsky ihre Tage verbrachte, und bedeutete, man könnte ihre Gefangenschaft versüßen, falls, erstens, ihr Vater eine Wohnung kaufe, in der man sie ab und zu besuche. Falls sie, zweitens, verspreche, nicht zu fliehen und niemandem zu erzählen, was ihr im Lauf der vergangenen zwei Jahre widerfahren sei. Falls sie Abstand halte von alten Genossen, Montoneros, Hurensöhnen. Silvia Tolchinsky versprach. Ihr Vater kaufte eine Wohnung, ein letztes Gefängnis für seine Tochter, Calle Scalabrini Ortiz, Soldaten lungerten vor dem Haus, eine Kerkermeisterin, manchmal klopften sie an die Tür, verlangten Kaffee, Silvia Tolchinsky bediente, leistete dem Sohn der Wärterin Nachhilfe in Geschichte, sie schüttelt den Kopf, das schwarze Haar, sie lächelt, ich war nicht frei, ich wollte, daß dies alles endlich ein Ende nähme, so oder so. Im Januar 1983 ließ man mich mit den Kindern in die Ferien fahren, ohne Bewachung, meine Kerkermeisterin fragte, ob sie uns begleiten dürfe, sie fühle sich allein ohne mich, ich weiß nicht mehr, mit welchen Worten ich sie abhielt, mitzukommen. Silvia Tolchinsky reiste an den Atlantik, Villa Gessl, sie spielte mit den Kindern, dachte an Miguel, den blonden schönen Mann, der tot und irgendwo war, dachte an Gustavo Scagliuzzi, Bataillon 601, warum nur trat er damals dieser Truppe bei, warum nur? Aber wäre er ihr nicht beigetreten, wäre ich nicht mehr am Leben. Wann merkten Sie, daß Sie Gustavo liebten? *No sé,* ich weiß es nicht, es gab, es gibt etwas Wahres, sehr Tiefes zwischen uns, das man nicht bereden kann, unsere Liebe gedieh aus dem Tod, *no sé*. Ein Offizier befahl Gustavo Scagliuzzi in sein Büro, hieß ihn, Platz zu nehmen, lächelte zuerst, wurde ernst, ein Affärchen in Ehren, mein Lieber, nur, irgendwann sollte dies erledigt sein, deine schöne Frau Tolchinsky ist eine Gefahr für Argentinien, und es gibt Kreise in diesem Land, die könnten plötzlich nicht mehr zulassen wollen, was du tust, verstehst du? Und wer weiß, ob dein Liebchen und seine Genossen nicht längst deine Entführung planen? Sie löst den Schal um ihre Brust, es war kein Leben mehr. Gustavo sagte, ich solle das Land verlassen, später werde er mir folgen, doch zuerst müsse er dieses Bataillon hinter sich bringen, sein Leben säubern. Sohn eines Generals. Im Juni 1983 trat Silvia Tolchinsky in das Haus von Marshall Meier, Rabbi zu Buenos Aires. Der Rabbi hatte Besuch, er bat die Gäste mitzuhören, und die Frau erzählte zum ersten Mal, was ihr geschehen war, und während ich rede, merke ich, daß ich mich zu schämen beginne, daß ich mich schuldig fühle, weil alle tot sind, weil ich überlebt habe, ich dachte an die Mutter meiner kleinen Freundin, die auf ihrem Arm eine blaue Zahl trug und nie darüber sprechen wollte, ich dachte, nun werden sie dich fragen, warum hast du überlebt, wo so viele doch tot sind? Ich dachte, man glaubt dir nicht, weil du nicht tot bist, man hält dich für eine Lügnerin, wer überlebt, ist verdächtig, zum ersten Mal merkte ich, wer überlebt, muß sein Überleben rechtfertigen. Welchen Kuchen, Kleine, schenkst du uns heute? Der Rabbi rief die israelische Botschaft an. Vier Tage später, am 27. Juni 1983, brachte Gustavo Scagliuzzi, Bataillon 601, Silvia Tolchinsky, Montonera, und ihre drei Kinder auf den Flughafen von Buenos Aires. Scagliuzzi trug die einzige Tasche, stand neben ihr, als sie durch den Zoll schritt, sie zitterte. Die Frau und der Mann küßten sich schüchtern und schnell, sie wußten nicht, ob sie sich je wiedersähen. Sie flogen nach Montevideo, Uruguay, dann nach Zürich, Schweiz, war dort drei Nächte lang festgehalten, dann nach Tel Aviv, Israel. Wochen später verließ Gustavo Scagliuzzi das berühmte Bataillon 601.Verrat. Man nahm ihm den Paß ab. Scagliuzzis Vater, General, wehrte sich für den Sohn. Ausreise nach Spanien, August 1983. Reise nach Israel im September. Ich glaube, erst dort begriffen wir uns als Paar, sehr langsam, sehr zart. Wußten Ihre Kinder, wer er war? Nein, sagt die Frau, streichelt sich den Hals. Sie wissen es erst seit fünf Jahren, wir erzählten es ihnen, als der Putsch der Generäle sich zum zwanzigsten Mal jährte, 1996, der Sohn sagte, Gustavo ist der Mensch, der mich mein Leben lang zur Schule brachte, der arbeitete, damit ich an die Universität gehen konnte, die Jüngste fragte, bist du aus Liebe bei uns? Oder aus Schuldgefühlen? Und Gustavo antwortete, wahrscheinlich aus beidem, aber ihr seid die Wahl meines Lebens. Die Frau flüstert: Wir sind uns abhängig. Dann, Juli 1986, zogen Silvia Tolchinsky, ihre Kinder und Gustavo Scagliuzzi nach Spanien, Menorca, Barcelona, Heirat am 24. April 1987, spanische Staatsbürgerschaft, Gustavo Scagliuzzi baute Möbel, handelte mit Türen und Holz, verdiente Geld, kochte, die Kinder gingen zur Schule, heiliger Alltag, gingen an Universitäten, Silvia Tolchinsky studierte, um ihr Leben vielleicht zu verstehen, Psychologie, schloß 1994 ab, es ging uns gut, wir waren, glaube ich, sehr glücklich, ich verfluche den Tag, als mein Mann sich dem Bataillon anschloß, und ich lobe den Tag, als ich seine Augen sah, darin die Angst, die auch in meinen war. Mein ewiges Zerwürfnis mit mir selbst. Die Älteste heiratete, man feierte ein Fest, und alle dachten an Miguel Villarreal, Chufo, den Brautvater, der tot war, keiner sprach seinen Namen, bis Gustavo Scagliuzzi einen Zettel aus der Jacke zog und las, heute ist ein großerTag, doch das Leben macht viele Kurven, einige davon sind schön und angenehm, andere nicht, und wieder andere enden im Nichts, diese Wendung, entschuldigt die Härte, mit der ich dies sage, erfuhr Chufo, der jetzt unter uns ist, *Chufo, Chufito, hasta el cielo te llora.* Ich möchte vergessen, sagt die Frau, möchte nicht reden. Muß es. Muß erklären, um Gustavo zu retten. Gustavo retten. Am 27. August 2001, es war Nachmittag, Silvia Tolchinsky saß in ihrer Wohnung im Westen von Barcelona und richtete ihrem Enkelkind, das bald geboren würde, ein Bett, läutete jemand an der Tür. Ein Mann fragte: Ist Claudio da? Die Frau wunderte sich. Niemand rief ihren Mann bei seinem ersten Namen, alle nannten ihn Gustavo. Mit wem rede ich? fragte Silvia Tolchinsky. Ein Freund von der Stadtverwaltung, sagte der Mann. Dann öffnete sie die Tür, zwei Polizisten standen vor ihr, Straßenkleider, sie sprachen, einer von Claudios Kunden sei unzufrieden, habe ihren Mann angezeigt. Sie antwortete, mein Mann ist nicht hier. Sie gingen wieder, Silvia Tolchinsky wartete, Gustavo Scagliuzzi kam nicht wieder, Angst, dann Panik, der Koffer geht zu, sie sieht die bunten Schuhe nicht mehr. Am Abend ein Anruf. Carlos hier, ich verbinde. Dann Gustavos Stimme: Ich bin's. Wo bist du? Im Polizeigefängnis. Wieso? Ein Richter in Buenos

Aires vermutet, ich hätte einst dich entführt, und siebzehn andere, ich sei beteiligt gewesen an deren Folterung, Ermordung. Er war das Andere für mich, war er bei mir, war der Tod ferner. Argentinien stellte ein Gesuch um Auslieferung des Claudio Gustavo Scagliuzzi, ziviles Mitglied des Bataillon 601 zwischen 1975 und 1983, Causa No. 6859/98. Einst dachte ich, es gäbe keine Geschichte ohne mich, und nun bin ich ihre hilflose Geisel. Klein und müde krümmt sich Silvia Tolchinsky über den hellen Tisch, den ihr zweiter Mann vor Jahren schuf, führt den Finger über die Maserung, singt leise: *Fue estúpido aullar la promesa de tu redención / la gente es brutal y odia siempre al que sueña / sinnlos war es, herauszuheulen, du seist erlöst / die Leute sind brutal und hassen den, der träumt / deine Geschichte und meine Ehre, entblößt auf dem Markt.*

Ein Tango, sagt sie.

Stana

In kranken Nächten hörst du sie heulen, die Teufel, dann stehe ich auf, hole mir das Gewehr ins Bett, das mein Vater zurückließ, als er starb, ich war nicht dabei. Er starb ohne Tränen, und wo es Menschen gibt, sagen sie: Nie mehr wird es einen Mann geben, der klüger war als er. Mein Vater. Milivoje Cerovic. Sohn des Masan. Enkel des Gruban.

Die Wölfe. Der bosnische Krieg hat sie hierhergetrieben. Sie langweilen sich, sie streichen über unsere Weiden, trinken das Blut unserer Tiere. Es gibt nichts Schlimmeres als Wölfe und Frauen. Sie schielen, sie lügen. Sagen sie Feuer, meinen sie Wasser. Wölfe und Frauen. Ich ertrage sie nicht.

Cetulja ist meine Jüngste, kleine Hure, erst zwei Jahre alt und schon ein Kalb im Bauch. Zehn Tage über der Zeit. Legt sie das Kalb ins Gebüsch, dann findet es nicht einmal Gott. Allein die Wölfe. Also verbringe ich meine Tage, die Hure zu bewachen, damit ich bei ihr bin, wenn sie endlich gebärt.

Näherte sich einer meinen Kühen, es wäre das letzte, das er täte. Zwar habe ich nur eine Kugel. Aber die reicht. Am Schützenfest in Boan, vor unendlichen Jahren, traf ich als einziger. Da lobten die Männer: Stana hat unsere Ehre gerettet.

Manchmal, wenn ich bei den Männern sitze und Karten spiele, nennen sie mich Decko. Als ob ich nicht eigentlich Stana hieße. Decko, Jungmann. Zwar bin ich älter als alle, die mich Jüngling rufen. Seit ich denke, bin ich ein Mann.

Geboren bin ich als Frau. Ein Irrtum.

Es war im kalten Winter, vielleicht 1932, als fünfte Tochter meines Vaters Milivoje Cerovic. Er war der Enkel von Gruban, ein Name, der nach Honig riecht, Gruban Cerovic, tapferster Hauptmann in ganz Montenegro. Er kämpfte gegen alle. Am liebsten gegen die Türken.

Wir Männer reden nicht über Kleider und Kinder. Wir verhandeln das Leben. Die Vergangenheit.

Nur Gott weiß, wieso meine Mutter, nach vier Mädchen, ein fünftes gebar.

Man soll nicht versuchen, das Elend des Vaters zu messen, als ich zur Welt kam, wieder eine Tochter. Und die Traurigkeit seines Vaters, Sohn des Gruban, der Fürst Nikola befohlen hatte, im Gerichtssaal die Kappe vom Kopf zu nehmen. Denn Gruban Cerovic war auch Richter in der Hauptstadt und entschied gegen Nikola, den späteren König von Montenegro, als der einem Bauern das Land stahl, um darauf ein Schloß zu bauen. So mutig war Gruban, der Vater meines Großvaters. Und der hieß Masan. So groß war seine Verzweiflung, daß er beschloß, mir den Namen Stana zu geben. Weil ich das fünfte Mädchen war. Stani heißt: Schluß damit.

Lieber ginge ich nackt, als mich mit Frauenkleidern zu beschmutzen.

Njegos sagt, Weiber ändern neunundneunzigmal am Tag die Meinung.

Seit Tagen ist Cetulja über der Zeit. Ich esse kaum, weil ich sie bewachen muß. Und die vier andern. Sekulja. Baljula. Miekulja. Maca.

Fünf Kühe habe ich. Das ist alles. Und bald ein Kalb. Wenn ich schneller bin als die Wölfe. Vor zehn Tagen erst, in der Nähe von Savnik, sind sie in einen Pferch gedrungen und haben fünfundzwanzig Schafe getötet.

Jeden Sommer verlassen wir das Haus in Tusina, wo ich geboren wurde aus einer Mutter, die ständig weinte, weil sie ihrem Mann keinen Sohn gebar. Jeden Sommer steigen wir auf den Berg, drei Stunden weit, ich auf dem Pferd, und am Pferd ein Sack, darin die Katze. Sie teilt die Nächte mit mir. Die Katze heißt Katze. Katzen verdienen keinen Namen.

Seit Koka tot ist, meine liebste Schwester, lebe ich allein in dieser Hütte. Drei Stunden bis Tusina. Die Hütte ist so alt wie die Welt. Aus Brettern und Armut gebaut. Vom Sturm geschüttelt. Vor Jahren, vielleicht zwanzig, blies das Wetter sie fast weg. Am anderen Morgen lag Schnee, tiefer als meine Beine lang sind.

Meine fünf Kühe. Ich melke sie am Morgen und am Abend. Aus ihrer Milch mache ich weichen Käse, Skorup, den ich im Winter verkaufe, wenn wir wieder im Tal sind. Einen ganzen Zentner habe ich letzten Herbst nach Tusina gebracht, gepackt in Ziegenhäute, aber keiner hat ihn gekauft. Seither gebe ich die Milch meiner Kühe meinen Kühen. Was anderes soll ich tun damit? Baljula, die älteste, acht Jahre schon ist sie bei mir, steigt mir manchmal in die Hütte nach, so gierig ist sie auf die eigene Milch, altes Luder.

Aber nachts kommen die Gedanken. Dann möchte man reden. Hörst nur den Wind, der keine Antwort gibt. Und manchmal die Wölfe.

Dann hole ich mir das Gewehr ins Bett, eine M-48, das mir der Vater ließ. Er starb im Bett, in dem ich liege und nicht schlafen kann, weil die Hure längst gebären sollte. Es war im November 1953, der Vater griff sich an die Brust, war plötzlich krank, zum ersten Mal in seinem Leben, fünf Minuten lang, und dann tot. Ich war nicht dabei, als Milivoje Cerovic aus dem Leben ging, mein trauriger Vater, der mich zum Mann gemacht hat.

Seit ich denke, rief mich der Vater sein Söhnchen. Saß ich auf dem Schoß des Großvaters, sang er: Du bist schön wie ein Knabe. Auch Mutter nannte mich ihren kleinen süßen Sohn. Sie stammte aus der Sippe der Jankovic, das Haus, in dem sie geboren wurde, war fünfundzwanzig Meter lang, und als König Nikola in die Gegend kam, aß er von ihrem Brot.

Ein Wolf wird sechzig Kilo schwer. Mein Blut habe ich von den Cerovic. Die Milch von den Jankovic. Was zählt, ist das Blut.

An meinen Hüften hing nie ein Weiberrock. Kein Tuch bedeckte je mein kurzes Haar.

Mit fünf rauchte ich die Tabakreste meines Vaters, mit sechs half ich ihm beim Mähen und Pflügen, mit sieben trank ich von seinem Rakja. Ich war sein liebstes Kind, ich war sein einziger Sohn, und als ich zehn war, versprach ich ihm, nie zu heiraten. Damit, wenn er einmal nicht mehr wäre, das Feuer im Herd seines Hauses nicht erlösche.

Bevor sie in einen Pferch springen, rechnen Wölfe aus, ob sie fähig sind, aus ihm wieder herauszukommen.

Es gibt kein schlimmeres Wort als dieses, um einen Mann zu beleidigen: Mit deinem Erlöschen erlöscht auch dein Name.

Ich bin ein Cerovic.

Abkomme eines großen Geschlechts.

Männer trugen den Vater ins Tal nach Tusina, ich verlor den Verstand, als ich ihn sah, tot und kalt, den Vater, der sein Leben lang nie geweint und im Ersten Weltkrieg die Schlacht von Mojkovac mitgeschlagen hatte, so wütend, daß er dafür einen Orden erhielt, benannt nach Milos Obelic, der viele Jahrhunderte zuvor auf dem Amselfeld, als es gegen die Türken ging, Sultan Murad durchbohrte, ich wurde bewußtlos, nicht lange. Sie trugen Vater ins Zimmer, wo ich geboren wurde aus einer traurigen Mutter, legten ihn ins Bett, wir zogen ihm seine schönsten Kleider an und eine Krawatte, wir stellten Rakja neben sein letztes Bett, klagten laut, weinten und schrien: Wann wird je wieder ein Cerovic geboren, der so klug sein wird, wie du warst, guter toter Milivoje? Einen Tag lang behielten wir ihn im Haus und brachten Vater dann auf den Friedhof, wo ich wieder den Verstand verlor.

Seither hüte ich das Feuer in seinem Herd. Solange ich atme, geht es nicht aus.

Stana Cerovic. Als Weib geboren, zum Mann berufen. Jetzt bin ich der Domacin. Regent über Haus und Hof.

Alles Leichte wird schwer, sobald man die Last eines Hauses auf den Schultern hat.

Was war das?

Ich horche, liege in diesem Bett, drei Stunden über dem Dorf, und kann nicht schlafen. Wegen der dummen kleinen Hure, die sich dem fremden Stier hinstellte, obwohl sie dafür zu jung ist. Als Koka noch bei mir war, besaß ich selber einen Stier. Und siebzig Schafe. Als Koka noch lebte, war das Leben reich. Sie kochte, sie nähte. Sie redete. Ich war nicht allein.

Koka starb am 7. Juni vor zehn Jahren im Krankenwagen, der sie nach Niksic brachte, weil ihre Därme sich verdreht hatten. Als ich ihre Leiche sah, verlor ich den Verstand.

Seit zehn Sommern bin ich allein. Höre nur den Wind, die Krähen und den Kuckuck, und alle paar Tage meine Cousinen, die hinter dem Wald ihre Herde hüten.

Manchmal finde ich am Morgen die Spuren der Teufel im nassen Gras.

Koka hieß eigentlich Leposava. Ich nannte sie Koka, das Hühnchen. Ich liebte sie fast wie mich. Ihr Haar flocht sie zu langen schwarzen Zöpfen. Sie war die schönste meiner vier Schwestern, schöner als Rosanda und Mara, die heirateten, schöner als Borika, die geschworen hat, mich nie zu verlassen. Wie Koka, die nun auf dem Friedhof von Tusina liegt, zwischen Milivoje Cerovic und Ansa, eine geborene Jankovic aus der Nähe von Drobnjak.

Nachts liegt die Katze, die keinen Namen verdient, auf meinen Beinen. Dann spüre ich: Es gibt in dieser Hütte noch etwas anderes, das lebt. Nachts binde ich die Kühe an die Bäume neben meiner Hütte. Manchmal stöhnen sie. Manchmal rufen sie mich. Ich erkenne sie an ihren Stimmen. Dann antworte ich: Maca, was willst du schon wieder? Schlaf doch endlich.

Ich spreche mit ihnen. Wenn ich sie melke, lobe ich ihre Schönheit und scheuche ihnen die Fliegen vom Bauch.

Einmal besaß ich eine, Doculja, die hatte ich verkauft, fünf Dörfer weit, weil ich Geld brauchte, um damit das Blech zu kaufen, das nun meine Hütte bedeckt, und als ich Tage später in den Wald komme, um die Kühe zu melken, steht Doculja dort, heimgekehrt, genau vor ihrem Baum.

Daß Menschen auf dem Mond waren, ist gelogen. Vieles in der Welt ist erlogen.

Ich habe es nie bereut, ein Mann zu sein.

Was war das vorhin?

Manchmal höre ich Geräusche, die ich noch nie gehört habe. Ich horche, horche, bis der Kopf mir schmerzt.

Hunde können Wölfe riechen, aber nicht umgekehrt.

Mein Haar trug ich nie lang. Meine Brüste wurden nie groß. Und ob ich blutete, Monat für Monat, als ich jung war, hat mich noch keiner zu fragen gewagt. Würde es einer wagen, es ginge ihm schlecht. Keiner wagt es. In Tusina reden sie, ich sei fähig, Männer unter den Tisch zu trinken. Ich lasse sie reden. Mir gefällt es, wenn sie so reden. Wenn einer glaubt, ich sei als Mann geboren, dann lasse ich ihn in seinem Glauben. Sie sagen auch, ich hätte einst, als in Tusina Tanz war, den Männern gesagt: Schaut euch nur die Tochter des Milovan an. Ach, wenn ich die doch einmal für mich alleine hätte. Ich lasse sie reden.

Ich bin stolz, der zu sein, der ich bin. Einen wie mich nennt man Tobelija, eine Jungfrau, die versprochen hat, ihr Leben als Mann zu leben. Damit die Familie weiterbesteht, auch wenn sie keine Söhne hat.

Koka war wunderschön. Schöner noch als Mara.

Als ich fünfzehn war, unser Vater schon tot, wollte Mara heiraten. Ich fragte: Wen? Sie sagte: Einen Susic aus Gornja Bukovica. Ich wollte den Mann sehen, Mara, obwohl älter als ich, hatte mir zu gehorchen. Alle Schwestern haben mir zu gehorchen. Dieser Susic gefiel mir nicht. Mara war so schön und er so häßlich. Mara weinte, und als ich sah, wie sehr sie weinte, erlaubte ich ihr, den Häßlichen zu heiraten. Das war vor mehr als vierzig Jahren.

Nun sind wir alt geworden und unsere Zähne schwarz.

Als ich Mara aus dem Haus entließ, damit sie eine Susic werde, ging sie dreimal um den Ofen, wie der Brauch es will. Ich trug eine Krawatte und dunkle Kleider, ich führte das Wort und goß Rakja in die Gläser, gab Mara, die zwei Stunden lang stehen mußte, ohne sich zu bewegen, weil der Brauch es will, meinen Segen. An Vaters Stelle.

Meine Stimme ist tiefer als die Stimmen der Frauen. Frauen sind imstande und verkaufen die eigenen Kinder.

In kranken Nächten heulen die Wölfe.

Ich fürchte mich vor nichts. Nur vor Gott.

Wollte jemand in meine Hütte, es wäre das letzte, was er versuchte. König Nikola hat verboten, andere zu erschrekken. Und tut es einer doch, darf man ihn töten.

Heute kann ich nicht schlafen, höre jedes Geräusch. Den Wind. Die Bäume. Die Cousinen hinter dem Wald, Sara und Rada, und ihr einarmiger Bruder Pavle, der aus Sarajewo floh, als der jüngste Krieg ausbrach, reden manchmal von Feen, guten Frauen ohne Fleisch und Blut, die nachts über die Berge kämen, Unsinn, sonst hätte ich sie längst gesehen, und von Drachen, verstorbenen Männern, deren Seelen wandern.

Was ist das? Kommt dein Kalb? Nichts.

Die Katze schnurrt. Eigentlich sind Katzen Frauensache. Aber womit sonst könnte ich meine Einsamkeit verdünnen?

Junges Gras macht wäßrige Milch.

Die Katze lebt. Sie ist warm, wie ich. Aber ich kann mit ihr nicht reden. Kühe verstehen mich.

Heute ist Vollmond.

Daß Menschen dort oben waren, Unsinn. Manche in

Tusina behaupten es. Aufschneider. Wie könnte man dort hinaufkommen, wenn selbst ein Wolf nur einen Meter achtzig schafft, um in den Schafpferch zu gelangen?

Weil Katzen Weibersache sind, verdienen sie keinen Namen.

Ich schäme mich, daß ich Kühe melke. Ich melke, seit Koka tot ist und Borika krank. Ich schäme mich. Melken ist Sache der Frauen. Zum Glück sieht mich keiner, wenn ich mich unter die Kühe krümme.

Cetulja, was macht dein Kalb, du kleine Hure?

Nur der Wind.

Nachts weide ich meine Gedanken.

1921, Tod von König Nikola.

1906, Gruban Cerovic.

1895, Novica Cerovic, Perle meiner Familie.

Novicas Büste steht in Boan vor dem Motel, das keine Gäste hat. Dort treffen sich am Markttag die Männer und drehen Zigaretten. Sehen sie mich kommen, rufen sie: Stell dich zu uns, Jungmännchen, trink und erzähl. Männer achten mich. Keiner hat je versucht, mir unters Hemd zu greifen. Es wäre das letzte Mal.

Frauen und Wölfe. Sie schielen und lügen.

Eine Frau muß ihren Mann, wenn er ins Haus zurückkehrt, stehend empfangen. Tut sie es nicht, darf er sie verstoßen.

Novica Cerovic, Perle meines Geschlechts, war nicht groß, aber breit, sein Schnurrbart spitz und lang, sein Blick eine einzige Glut. Als er fünf war, schlugen die Türken seinem Vater den Kopf ab. Wölfe und Frauen und Türken. Ich traue ihnen nicht.

Als er vierzehn war, begann Novica Cerovic den Streit gegen die Türken und gab ihn erst auf, als er auf dem Sterbebett lag, neunzigjährig. Sein Bett steht noch heute in Tusina. Wir werden es nie verbrennen. 1840 schwor Novica seinem Fürsten Petar II., genannt Njegos, sich am türkischen Statthalter Smail Aga Cengic zu rächen, der neun Mitglieder unseres Herrscherhauses hatte köpfen lassen. Es waren traurige Jahre, voller Armut und Blut. Also stellte Novica Cerovic dem Smail Aga eine Falle. Er versprach ihm, endlich die Steuern zu bezahlen, wenn er mit wenigen Leuten nach Tusina käme, um das Geld dort abzuholen. Smail Aga glaubte Novica, dem besten meiner Väter, zog mit hundert Türken in unser Dorf. Es wird Abend, es ist warm, die Grillen lärmen, und die Türken sitzen beim Kaffee, Smail Aga sagt: Von Istanbul bis Tusina habe ich nirgends besseres Brot gegessen als hier.

Was macht mein Kalb?

Kaum ist es Nacht, stürzen sich die Unsrigen auf die Türken, ein großes Geschrei füllt das Tal von Tusina, wo ich geboren bin, sie machen achtzig Feinde hin, und Novica Cerovic, damit sie keine Zeit verlieren beim Schlachten, verbietet seinen Männern, den Türken die Köpfe abzuschneiden, wie es Brauch ist in Montenegro. Smail Aga Cengic hat dann doch sein Haupt verloren, Mirko Aleksic schnitt es ihm vom Rumpf und trug es zu Novica. Der wusch und kämmte den fremden Kopf und brachte ihn in die Hauptstadt Cetinje, überreichte ihn Njegos, seinem Herrscher, unserem Bischof und Dichter. Njegos nahm den Kopf in seine Hände, besah ihn von allen Seiten, warf ihn in die Luft und sagte: So bist du mir nun doch in die Hände gefallen, mein kleiner Feind, mein Feindchen.

Das ist der Stoff meiner kranken Nächte.

Njegos schenkte Novica den Orden des Milos Obelic. Den gleichen, den mein Vater Milivoje im Ersten Weltkrieg bekam. Novica und Milivoje, ihr Blut in meinem Adern.

Ich bin alt geworden. Die Hälfte meiner Zähne habe ich verloren, Rosanda und Koka sind schon tot. Ich will nicht daran denken, daß unsere Familie erlöscht, wenn ich sterbe. Mein Vater hat keine Enkel. Niemand wird Holz in den Herd unseres Hauses legen.

Das ist das schlimmste. Seinen Namen zu verlieren. Schlimmer als der eigene Tod. Fehlt der Sohn, fehlt die Zukunft. Ich bin der letzte Cerovic. Stana. Sohn des Milivoje. Enkel des Masan. Urenkel des Gruban. Abkomme des Novica, der von Prinz Danilo ein metallenes Bett erhielt, vom russischen Zar ein halbes Kilo Silber, von Franz Joseph den Orden Viribus Unitis. Held meiner Nächte, nach dem in Belgrad eine ganze Straße benannt ist.

Es gibt nichts Schlimmeres in diesem Leben, als zu wissen, daß es den Namen deiner Väter bald nicht mehr gibt.

Wölfe hassen Zigarettenrauch.

Die Nacht ist ruhig.

Cetulja wird mich rufen, wenn das Kalb aus ihrem Bauch will. Sie rufen mich, wenn sie Mütter werden. Dann setze ich mich zu ihnen, rede mit tiefer Stimme: Ruhig Mädchen, du bist nicht die erste, die solches zu ertragen hat.

Jede Kuh hat im Wald ihren Platz, wo ich sie festbinde für die Nacht. Keine ist so dumm und stellt sich vor den Baum der andern. Die Gesichter der Menschen vergesse ich, nicht die Gesichter meiner Kühe.

Verdammte Wölfe. Wollen Cetuljas Kalb. Ich möchte schlafen und getraue mich nicht. Wölfe sind zu allem fähig. Auch Frauen und Türken.

Ich kann nicht zählen, wie oft wir Männer auf Wolfsjagd waren. Getötet habe ich noch keinen. Sollte mir je einer begegnen, er könnte sich darüber nicht freuen.

Die Schützen von Boan fragten mich, ob ich mit ihnen nach Savnik fahre ans Fest, doch Borika, meine Schwester, die noch lebt und so dick und krumm geworden ist, daß sie sich nicht mehr bewegen kann, hat es mir verboten. Du mußt auf den Berg, hat sie gesagt. Es war das einzige Mal, daß ich mir von ihr befehlen ließ. Der befiehlt, bin ich. Ich bin der Domacin, ich sitze auf dem Stuhl des Hausherrn neben dem Kochherd, groß und braun und alt. Keiner darf es wagen, sich auf ihn zu setzen. Ich bin es, der am Fest des heiligen Georg, der den Drachen tötete und unser Haus beschützt, die Gläser füllt und das Wort erhebt.

Ich. Der letzte Cerovic in dunkler Kleidung und Krawatte.

Cetulja?

Jetzt drehe ich mir eine Zigarette. Mit meinem schwärzesten Tabak. Nicht mit dem Schwachkraut, das die Ausländer hierließen. Zu viert sind sie gekommen, haben sich Völkerkundler genannt, Zeitungsschreiber, fragten mich aus, tagelang, ich zog den roten Pullover an, der keine Löcher hat, sie folgten mir, fragten mich, sahen mir beim Melken zu, beim Brotbacken, ich schämte mich, weil dies Weiberarbeit ist, die Fremden staunten, daß ich meine Hände mit den großen Blättern des Sauerampfers trockne, sie machten große Augen, als ich erklärte, daß ich Jahr für Jahr, wenn ich mit den Kühen, dem Pferd und der Katze die Hütte erreiche, zuerst Schnee zu einem großen Haufen türme und ihn mit trockenem Heu bedecke, daß dieser Schnee, selbst im hohen Sommer, unter dem Heu nicht wegschmilzt, daß ich davon ein Stück absteche und in eine Pfanne lege, wenn ich Wasser brauche, die Ausländer verstanden mein Leben nicht und fragten und fragten, und ich merkte, sie hätten gerne gefragt, wie es um meine Blutung stand, als ich dazu noch im Alter war, aber sie wagten es nicht, die Frage zu stellen, es wäre ihre letzte gewesen. Am liebsten hätten sie mich noch im Wald beim Scheißen fotografiert.

Hürchen, bist du soweit? Nichts.

Ohne Tabak will ich nicht leben. Er wärmt mich. Mehr als die Katze, die nachts auf meinen Beinen liegt.

Immerhin waren die Ausländer Männer. Frauen lasse ich nicht in die Hütte. Wir tranken Rakja und redeten über Novica Cerovic, der unserem Njegos den Kopf des Türken brachte. Vor Freude begann Njegos zu hüpfen, er sagte: Nun bist du mir, mein Feindchen, doch noch in die Hände gefallen. Njegos sagt: Neunundneunzigmal am Tag wechselt eine Frau die Meinung. Die Fremden schworen, ich sei eine der letzten Mannfrauen in ganz Montenegro, drüben bei Bijelo Polje im Tal der Lim gäbe es eine zweite und vielleicht im Kosovo drei oder vier und in Albanien, was kümmert es mich? Sie brachten Orangen vom Meer, Orangen kenne ich nicht, Orangen esse ich nicht, am Meer war ich nie, wozu auch? Auf dem Meer wächst kein Gras.

Als der Regen begann, sind sie ins Tal geflohen, weil sie dachten, sie blieben mit ihrem Traktor im Dreck stecken, Ausländer, vom Leben und Wetter keine Ahnung.

Nachts weide ich meine Gedanken.

Sie sagten auch, ich, Mann in Frauengestalt, sei die Erfindung einer patriarchalischen Gesellschaft, ich fragte, was das sei, sie antworteten: Wenn nur die Männer zählen und die Frauen nichts. Was wissen die schon.

Seit zehn Sommern liege ich allein in meiner Hütte. Borika ist dick und krumm, hockt in Tusina am Tisch, wartet, bis es schneit und ich wiederkomme. Und Koka ist tot. Ich kann sie nicht vergessen. Mein Hühnchen. Ihr Bett steht noch neben meinem. Ihre Handtasche hängt noch an ihrem Nagel, schwarzes glänzendes Leder. Niemand sieht mich ohne die rote Mütze, die Koka mir strickte.

Immer jammert sie, die dicke Borika. Dabei bin ich es, der die Last des Hauses auf den Schultern trägt. Alles Leichte wird schwer, sobald du Mann bist.

Seit Koka gestorben ist im Krankenwagen nach Niksic, trägt Borika schwarze Kleider. Sie muß, sie ist eine Frau. Ich trage, was ich will, Rot, Blau, Braun. Ich bin ein Mann.

Kokas Gesicht haben wir auf den Grabstein meißeln lassen. Ihre langen schwarzen Zöpfe.

Es wird schon hell.

Cetulja ist seit acht oder zehn Tagen über der Zeit. Sie ist zu jung, die Hure. Vielleicht sollte ich meine Cousinen rufen, die hinter dem Wald wohnen, damit sie mir helfen, wenn sie endlich gebärt. Legt sie das Kalb ins Gebüsch, findet es nicht einmal Gott.

Zehn Sommer allein mit dem Wind.

Jeden Morgen klebt Nebel am Gras. Und manchmal finde ich die Spuren der Teufel.

Die Cousinen sagen: Feen sind wie Nebel. Wenn man liebt, die Geliebte aber weit weg ist, kann man eine Fee bitten, ihr einen Brief zu bringen.

Junges Gras macht die Milch wäßrig.

Cetulja, heute will ich dein Kalb.

Eine Zigarette.

Wenn ich tot bin, wird keiner mehr wissen, wie die Berge hier heißen. Ich bin der letzte Cerovic.

Angstberg. Wasserberg. Gerichtsberg.

Von seiner Spitze aus sieht man das Meer und das Mausoleum unseres Njegos, Petar II., der einen Cerovic zu Hilfe rief, damit er ihm den Kopf des Türken bringe. 1840.

Heute muß sie kalben.

Die Ausländer gaben der Katze von meinem Brot. Da wurde ich laut. Schluß damit.

Weil Katzen, die aus fremder Hand fressen, die Wölfe anziehen.

Vor gar nichts fürchte ich mich.

Stana Cerovic.

Nur vor Gott, den sie lebendig ans Kreuz nagelten.

Und davor, daß sie mir, wenn ich in den Sarg komme, Weiberkleider anziehen.

Stepan

Daumengroß und Fledermaus riefen sie das Kind, bis es weinte. Um dann seine Tränen zu feiern. Dann floh es auf den Schoß der Mutter, und die küßte ihm das linke Ohr, das wie ein großer dürrer dünner Flügel vom Kopf absteht seit der Geburt. Die Mutter sprach: Mein Stepan, niemand im Dorf hat schönere Ohren als du.

Das war vor grauer Zeit.

Stepan Tichonowitsch Kowaltschuk, vom Menschenleben gekrümmt, hockt auf einem Stuhl in seinem Haus, das er während siebenundfünfzig Jahren kaum verließ: aus Angst, er könnte, es könnte, jemand könnte.

Er legt das Gesicht in schwarze Hände, er schweigt und wartet, senkt den Kopf, versteht die Neugier der Fremden nicht.

Geboren sei er am 24. August 1923 im Dorf Montschinzy, das zur Gemeinde Tscherneliwka gehört, Teil des Landkreises Krassilow, Gebiet Chmelnizki, Westukraine.

Sohn eines Vaters, der eine Kuh besaß, die er heimlich verkaufte. Der von den Sowjets zur Strafe enteignet und vertrieben wurde. Und Liebstes einer Mutter, die mit ihren Kindern ins Haus der Tante zog. Das zwei kleine Zimmer hat, einen Hühnerhof und einen Dachboden mit einem schmalen Fenster, das zum Waldrand zeigt.

Väterchen, was war das Schönste in Ihrer Kindheit?

He?

Väterchen, das Schönste in Ihrer Kindheit?

Wenn Mama mein Ohr küßte, sagt Stepan im achtundsiebzigsten Jahr seines Lebens.

Am Tag des heiligen Peter, 12. Juli 1942, war plötzlich Lärm im Dorf. Deutsche Soldaten stahlen Äpfel, tranken Milch und Wodka, sie schossen nicht, mordeten nicht, sie wuschen ihre Motorräder, sangen seltsame Lieder, die Stepan gefielen. Und als er hörte, die Fremden führten eine Liste mit den Namen derer, die nach Deutschland zur Arbeit sollten, begann er zu hoffen, er sei unter ihnen. Um diesem Dorf zu entkommen, wo sie ihn Daumengroß nannten und Fledermaus.

Es wurde September, Stepan, neunzehnjährig, brach mit seiner Mutter zur Wallfahrt nach Potschajew auf, dem berühmten Kloster, in dem die Reste des seligen Hiob liegen. Sechzig Stunden reisten sie durch Wälder und Dörfer, betend, singend, nordwärts, sie sprachen mit Pilgern, die sie trafen, erschraken, als sie hörten, die Deutschen brächten alles um, was jüdisch sei. Und für jeden getöteten Deutschen töteten die Deutschen hundert Ukrainer. Und die Arbeit in Deutschland sei Sklaverei. Schlechter als Vieh sei gehalten, wer je auf eine Liste kam: Stepan begann zu weinen, Mama tröstete.

Als sie wieder in die Nähe ihres Dorfes kamen, befahl die Mutter dem Sohn, den sie einst fünf Wochen vor der Zeit geboren hatte, mit hängendem Lid und übergroßem Ohr, den sie, weil er so scheu und schmal war, mehr liebte als sich und ihre Tochter, am Waldrand zu warten, bis es dunkel sei. Und sich dann, von niemandem gesehen, ins Haus am Rand von Montschinzy zu schleichen. Sich auf den Dachboden zu legen, leise wie eine Katze. Stepan gehorchte.

Und wenn die Menschen fragten, wo er geblieben sei, antworteten Mutter und Schwester: In Potschajew, Mönch geworden.

Stepan Tichonowitsch Kowaltschuk blieb unter dem Dach, bückte sich unter Holz und Blech, sah durchs kleine

Fenster, das zum Waldrand zeigt. Er sah das halbe Dorf zum Bahnhof wandern, von deutschen Soldaten stumm über die Felder getrieben, Gewehre im Anschlag.

Es wurde Winter, Eis überzog das Land, Stepan umgab sich mit Decken, hielt die Kälte nicht aus, kroch, wenn es Nacht wurde, vom Dach, legte sich im Schlafzimmer der Mutter auf den hohen tönernen Ofen, die Beine am Kinn.

Sommer. Wenn der Mut ihn holte, rannte er am frühen Morgen ins Freie, zehn, zwanzig Meter weit, nahm sich am Baum ein paar Kirschen. Weiter reiste Stepan nicht mehr.

Was war das Schlimmste in all den Jahren?

Nichts, sagt Stepan. Seine schwarze Hand fährt über den fahlen Bart, er senkt den Kopf, schweigt und wartet. Nichts war schlimm, sagt Stepan Kowaltschuk.

Am 7. März 1944 räumten die Deutschen das Dorf, zogen nach Polen. Und Stepan dachte, es sei nun Zeit, ins Leben zurückzukehren und Soldat der Roten Armee zu werden, um den Deutschen nachzusetzen, die dreitausendvierhundertvierundsiebzig Menschen aus dem Landkreis Krassilow zu Sklaven gemacht, siebentausendeinhundertvierunddreißig Menschen ermordet hatten.

Mama wehrte. Stepan gehorchte. Du hustest mir zu stark, befahl die Mutter. Melanja aber, die Schwester, nannte ihn einen Feigling.

So geschah der Große Vaterländische Krieg ohne Stepan Tichonowitsch Kowaltschuk, der aus dem kleinen Fenster schaute und zusah, wie die Soldaten der Roten Armee westwärts stürmten.

8. Mai 1945: Tag des Sieges. Stepan, zweiundzwanzig, dachte, nun endlich sei Zeit, ins neue Leben aufzubrechen. Er besprach sich mit Mutter und Schwester.

Er blieb: aus Angst, er könnte bestraft werden, weil er sich aus Welt und Krieg gemacht hatte, er könnte nach Sibirien verbannt werden, er könnte erschossen werden, aufgehängt, erwürgt.

Stepan sah die Nachbarn auf den weiten Feldern, Sommer nach Sommer, sah sie die Erde aufreißen, von Hand, mit Ochsen, dann Pferden, dann Traktoren. Und die Nachbarn bekamen andere Gesichter, bis er keines mehr erkannte.

Nachts träumte ihm, er gehe durch den Wald dort drüben, tanze durch Gebüsch und Ähren, und wenn er erwachte, schmerzten die Beine vom nächtlichen Ausflug. Manchmal träumte ihm, ein Unsichtbarer folge ihm durch Haus und Hof, bis zur Leiter, die auf den Dachboden führt. Stepan schrie auf, tröstete sich an Jonas, der, wie er, im schwarzen Bauch des Walfischs gefangen war.

Dann, im dreiunddreißigsten Jahr seiner Wegschließung, 1975, starb die Mutter. Stepan verließ zum ersten Mal wieder das kleine Haus am Dorfrand, umrundete es in dunkler Nacht zweimal.

Immer wieder überlegte er, ans Licht zu kommen. Dachte nach, was er den Menschen erzählen könnte, damit sie ihn nicht erschössen, aufhängten, erwürgten. Fand keine Ausrede. Stepan blieb, hielt sich für einen Mönch, aß das Brot der Schwester, schiß und pißte in einen Topf, den Melanja wortlos leerte.

Stepan Tichonowitsch Kowaltschuk zieht sich die Socken über die alte Hose, er senkt den Kopf, schweigt.

Väterchen, habt Ihr Gott nie um ein besseres Leben gebeten?

Ich wagte es nicht, sagt Stepan.

Er blickt zu den Ikonen in seiner Stube, Johannes der Täufer, Sankt Georg, die Muttergottes.

Ich habe Buße getan, sagt Stepan.

Er habe die heiligen Schriften abgeschrieben, die ihm Melanja ins Versteck trug, die Bibel, Meßbücher, vor allem Prophezeiungen.

Woher hatte Melanja diese Bücher?

Schweig, schweig, fährt der Alte auf, ich schrieb von der Geburt des Antichrist, der sein Reich errichten wird, sobald

Rußland hundertachtzig Millionen Menschen zählt. Kommt der Antichrist, erlöscht jede Welt.

Melanja Kowaltschuka, vier Jahre älter als ihr Bruder, war Kirchendienerin in Pylypy, zuständig für Psalmen und Geld, und wenn sie konnte, brachte sie Stepan fromme Werke mit, die er, auf dem Ofen kauernd, in roter und schwarzer Tinte kopierte. Stepan, der Mönch, begann, die Messe zu feiern, war Priester und Volk zugleich.

Einmal, als die Schwester, Schneiderin von Beruf, Besuch hatte, verschluckte sich Stepan, der regungslos auf dem Ofen lag, kaum atmend. Er begann zu husten. Melanja aber sagte, das sei wohl der alte Hahn, der so seltsam krähe.

Einmal trat eine Frau ins Haus, brachte der Schwester Stoff, damit sie daraus ein Hemd nähe. Der war in eine Zeitung geschlagen. Stepan las sie, erfuhr von einem Mann, der sich, aus Angst vor dem Krieg, während fünfundvierzig Jahren versteckt gehalten hatte und sich nun offenbarte, straflos.

Stepan schaute aus dem Fenster zum Waldrand. Auf den Feldern sah er große stiebende Maschinen, die er nicht verstand. Nachts half er Melanja, nähte, was von Hand zu nähen war, sie saß an der Maschine. Er rauchte nicht, trank nicht Wodka und nicht Bier, aß nur Brot und Mais und Kartoffeln, wurde nicht krank. Im Sommer 1984 bat er Melanja, sie möge ihn zu einem Priester bringen, damit er seine Sünden beichte. Nach Mitternacht verließen sie das Haus, reisten drei Stunden lang durch die Felder an die Hauptstraße, die nach Antoniny führt, nahmen den ersten Bus, und als Stepan aus dem Wagen stieg, suchte er die Tür zu schließen, stieß und riß daran, bis der Fahrer rief. Trottel, die geht automatisch.

Wieder im Dorf, stieg Stepan Tichonowitsch Kowaltschuk froh auf den Ofen zurück. Weitere fünfzehn Jahre.

Im Frühjahr 1999 wurde Melanja bleich, dann krank, sie redete davon, daß sie bald sterben werde. Stepan weinte. Sie hieß ihn, Wasser und Brot auf den Dachboden zu stellen. Stepan gehorchte. Im Juli dann blieb die Schwester im Bett, Nachbarinnen kamen ins Haus, Melanja bat, wenigstens nachts allein zu sein. Nachts trat Stepan zu ihr. Schwester und Bruder beteten. Er wusch sie, drehte sie alle zwei Stunden, damit ihr Rücken nicht wund wurde. Im August, dem Tod schon nahe, befahl Melanja Stepan, am neunten Tag nach ihrem Sterben habe er sich der Welt zu stellen. Stepan versprach es.

Melanja Kowaltschuka erlosch am 1. September 1999. Ihr Bruder lag auf dem Dachboden, hörte die Gebete der Nachbarinnen, das Wimmern. Männer holten die Leiche, und als es Nacht wurde, legte sich Stepan ins Bett der Schwester, gefaltet wie eine Fledermaus.

Habt Ihr das Leben verpaßt?

Wer weiß schon, sagt Stepan Tichonowitsch Kowaltschuk, was das richtige Leben ist.

Auf seinem Tisch stehen hartes Brot, Kerzen und Melanjas roter Plastikwecker. Mißt irgendeine Zeit.

Am 10. September trat Antonina Petruschenko, eine Cousine der Toten, ins Haus am Rand des Dorfes Montschinzy, um nach den Hühnern zu sehen. Sie merkte, daß vom Brot fehlte.

Ist jemand hier? fragte sie.

Ich, sagte Stepan, nun erschießt mich.

Quellennachweis

Die vorliegenden Reportagen und Porträts sind erstmals in folgenden Printmedien erschienen:

›Dolores‹:	DAS MAGAZIN 19/1996
›Eddie und Fred‹:	SPIEGELreporter 03/2001
›Elisabeth‹:	DAS MAGAZIN 17/1997
›Imad und Adel‹:	DAS MAGAZIN 10/1999
›Jean‹:	DER SPIEGEL 04/2002
›Jesse‹:	DER SPIEGEL 20/2001
›Khaled‹:	SPIEGELreporter 10/2000
›Herr Kroh‹:	DAS MAGAZIN 40/2002
›Liria‹:	DAS MAGAZIN 49/1998
›Markus‹:	SPIEGELspecial 05/1999
›Ricardo und Mario‹:	SPIEGELspezial 09/1999
›Seine Durchlaucht‹:	DAS MAGAZIN 36/2002
›Silvia‹:	DAS MAGAZIN 48/2001
›Stana‹:	DAS MAGAZIN 34/1997
›Stepan‹:	SPIEGELreporter 02/2000